本丛书由贵州师范大学博士点建设专项资金资助出版

中国特色政治文明建设研究丛书

互联网对政治参与平等化的影响研究

罗爱武 著

HULIANWANG DUI ZHENGZHI CANYU PINGDENGHUA DE YINGXIANG YANJIU

中国社会科学出版社

图书在版编目(CIP)数据

互联网对政治参与平等化的影响研究／罗爱武著．—北京：中国社会科学出版社，2015.7

(中国特色政治文明建设研究丛书)

ISBN 978-7-5161-6572-0

Ⅰ.①互… Ⅱ.①罗… Ⅲ.①互联网-影响-参与管理-研究-中国②互联网-影响-平等-研究-中国 Ⅳ.①D621②D669

中国版本图书馆 CIP 数据核字(2015)第 160084 号

出 版 人 赵剑英
责任编辑 田 文
特约编辑 吴连生
责任校对 张依婧
责任印制 王 超

出 版 中国社会科学出版社
社 址 北京鼓楼西大街甲 158 号
邮 编 100720
网 址 http://www.csspw.cn
发 行 部 010-84083685
门 市 部 010-84029450
经 销 新华书店及其他书店

印刷装订 三河市君旺印务有限公司
版 次 2015 年 7 月第 1 版
印 次 2015 年 7 月第 1 次印刷

开 本 710×1000 1/16
印 张 16
插 页 2
字 数 275 千字
定 价 56.00 元

凡购买中国社会科学出版社图书，如有质量问题请与本社营销中心联系调换
电话：010-84083683

《中国特色政治文明建设研究丛书》
编　委　会

总　序

“政者，正也。”政治文明是人类社会政治观念、政治制度、政治行为的进步过程以及所取得的进步成果。高度的政治文明，是有史以来人类共同憧憬的美好梦想。政治文明建设通过上层建筑的能动作用，推动公共权力的规范运行、社会治理体制机制的优化、社会共识的凝聚、社会资源的优化配置、社会力量的整合，为人类社会的持续进步提供丰沛的能量，为人们的社会福祉提供坚强的保障。

在人类文明奔涌不息的历史长河中，中华民族以深邃的政治智慧和深入的政治实践，为世界政治文明作出了独特的巨大贡献。历经两千多年的科举考试制度，就是古代中国政治文明的创举，并作为西方国家选修的范本，成就了西方的文官制度。新中国建立以来，中国人民立足中国国情、解决中国问题，在政治建设、经济建设、社会建设、文化建设、生态建设进程中，探索、确立、完善人民民主的政治进步成果，创造了令世界瞩目、具有中国特色的政治文明形态和制度体系。如今，“北京共识”获得了国际学界的广泛认可；“言必称孔子”成为西方社会的时尚。

“路漫漫其修远兮，吾将上下而求索。”进一步推进中国特色政治文明建设，以促进物质文明建设、精神文明建设、社会文明建设、生态文明建设，实现中华民族的伟大复兴，仍然是一项长期而艰巨的历史任务，也是每一个中国政治学人义不容辞的历史使命。为此，贵州师范大学聚集了一批年富力强、志趣高远的政治学人，他们以推进中国特色政治文明建设为己任，立足中国现实国情，深入中国现实社会，传承中国政治文明传统，借鉴西方政治文明成果，从丰富的多学科视角展开理论探讨和实践总结。《中国特色政治文明建设研究丛书》的出版，既是其研究成果的展示，更是引玉之砖，欢迎学界同仁评头品足、指点迷津，共同为推进中国特色政治文明建设、为人类社会的和谐和平与发展进步，贡献智慧和力量。

本丛书编委会

2015 年 1 月

目　　录

导　论

一　选题的缘由和意义

政治参与是民主理论和民主制度的核心，“政治参与的扩大是政治现代化的标志”①。民主的本义是人民的统治，但与古希腊雅典直接民主政体不同，现代民主政体都是代议制政体，“人民统治”的方式是先由人民通过定期选举产生代表（议员），再由代表（议员）产生政府机构代表人民进行统治。代议制民主政体的有效运转要求政府部门倾听公众的声音，回应公众的要求，制定并执行相应的政策。“民主国家的一个重要特征就是政府不断地对公民的选择做出响应。”② 在代议制民主政体下，政治参与是公民向政府官员表达自己的意愿和需要，并要求政府作出相应回应的重要方式，“在民主社会中，政治参与给普通公民提供了一个向政府官员表达自己的关注和偏好，并施加一定的压力以促使其作出回应的机会”③。

平等是政治参与的核心，民主意味着政府不仅要回应公民的诉求，而且要平等地考虑每一个公民的利益，因此政治参与必须是平等的④。理想的民主程序的标准之一是在制定集体决策的过程中，每个公民都应当拥有充分和平等的机会来表达他们关于最终结果的偏好⑤。尽管经历了相当曲折的过程，现代民主国家大多以法律或制度形式承认、授予并保障公民平等的政治参与权，以保证每个公民有平等的机会向政府表达自己的意愿，能通过同等的渠道向政府部门表达自己的诉求。但法律制度规定的平等参

---

① ［美］萨缪尔·亨廷顿：《变革社会中的政治秩序》，李盛平译，华夏出版社1988年版，第1页。

② ［美］罗伯特·达尔：《多头政体——参与和反对》，谭君久、刘惠荣译，商务印书馆2003年版，第11页。

③ Verba, Sidney and Norman H. Nie, *Participation in America: Political Democracy and Social Equality*, New York: Harper and Row, 1972, p. 37.

④ Verba, Sidney, K. L. Schlozman and H. E. Brady, *Voice and Equality: Civic Voluntarism in American Politics*, Cambridge, MA: Harvard University Press, 1995, p. 509.

⑤ ［美］罗伯特·达尔：《多元主义民主的困境——自治与控制》，周华军译，吉林人民出版社2006年版，第6页。

与权在转变成人们实际的参与行为时却遇到了一系列的障碍，造成了现实中公民政治参与的不平等状况：有些人总是以各种方式积极参与政治，而有些人却很少甚至从不参与政治。参与，事实上的不平等与民主理念和法律规定的平等参与权之间的差距是政治参与的悖论之一，大量政治参与冷漠者的存在也被看成是对民主政体的潜在威胁。因此，西方政治学政治参与研究的一个重要方面，就是探究具备哪些特征的公民可能积极参与政治活动，哪些人可能会是政治参与的冷漠者，从理论上如何解释政治参与事实上的不平等，在实践中如何解决政治参与事实上的差距等问题。已有研究表明，影响公民政治参与水平的因素：从宏观方面看有社会经济发展水平、政治文化、政治制度化状况等方面①；从微观方面看则包括由教育、收入和职业等组成的个人社会经济地位因素，由年龄、性别、居住地、宗教、种族等组成的人口统计学因素，由政治兴趣、政治效能感、政治信息和公民意识等组成的政治心理因素，个人参与政治和非政治性组织的状况等组成的组织性因素，等等②。这些因素相互作用并最终加剧或缓解了政治参与不平等。

20 世纪 90 年代互联网技术的迅猛发展把人类社会带进了一个数字化时代，互联网对人们的生产方式、生活方式、思维方式等各个方面产生了深远影响，也改变了人们的政治行为方式。互联网强大的信息与通信功能使其相较于传统媒体，表现出一定的促进民主政治发展的潜在影响力，这引起政治学家的极大关注。评价互联网对政治民主化影响的重要方面是判

---

① ［美］加布里埃尔·A. 阿尔蒙德、［美］西德尼·维巴：《公民文化：五个国家的政治态度和民主制》，徐湘林等译，东方出版社 2008 年版；［美］萨缪尔·亨廷顿、［美］琼·纳尔逊：《难以抉择：发展中国家的政治参与》，汪晓寿、吴志华、项继权译，华夏出版社 1989 年版；Conway, Margaret. M., *Political participation in the United States* (2nd Ed.), Washington, DC: CQ Press. 1991; Lester W. Milbrath, *Political participation: how and why do people get involved in politics?* Chicago: Rand McNally, 1965。

② Verba, Sidney and Norman H. Nie, *Participation in America: Political Democracy and Social Equality*, New York: Harper and Row, 1972. Verba, Sidney, Norman H. Nie, Jae-on Kim, *Participation and political equality: a seven-nation comparison*, Cambridge, Eng.; New York: Cambridge University Press, 1978; Verba, Sidney, K. L. Schlozman and H. E. Brady, *Voice and Equality: Civic Voluntarism in American Politics*, Cambridge, MA: Harvard University Press, 1995; Rosenstone, S. J. and Hansen, J. M., *Mobilization, participation, and democracy in America*, New York: Macmillan, 1993; Conway, Margaret. M., *Political participation in the United States* (2nd Ed.), Washington, DC: CQ Press. 1991; Lester W. Milbrath, *Political participation: how and why do people get involved in politics?* Chicago: Rand McNally, 1965; Wolfinger, Raymond, E. and Steven, J. Rosenstone, *Who votes?* New Haven: Yale University Press, 1980.

断互联网的政治参与平等化效应，因此，从不同理论视角对这一问题进行研究，也就成了西方研究网络政治学的学者关注的一个焦点。已有的研究结论可以大致分为两种：一种是促进论观点，这一观点认为互联网自由、平等、包容、去中心化和交互性的特点使其重新分配了影响力，挑战了传统精英对权力的垄断，增加了人们获取信息的自由度，为公民提供了更加便捷地参与政治的渠道，减少了公民参与的成本，促进了公民之间的互动，扩大了公共领域，放大了普通公民的政治声音，从而将会促进更多线下政治参与方式下不参与或很少参与的公民，以网络方式或在网络的影响下参与政治，进而将有助于扩大公民参与的规模，减轻或缓解线下政治参与方式下公民参与的不平等状况。另一种是强化论观点，与前一种观点相反，这种观点则认为，前一种观点仅仅是人们想象的网络乌托邦，现实中由于“数字鸿沟”、网络集中与控制等因素的作用，互联网对消除或缓解线下参与方式下基于社会经济地位和非政治组织卷入差异，而造成的政治参与不平等现象实际上并没有积极影响，甚至还会进一步强化已有的政治参与不平等问题。

20世纪80年代以来，随着改革开放的逐步推进，中国社会发生了巨大变化。一方面社会经济发展成果显著；另一方面，在经济快速发展同时，社会利益也在不断分化，建立在教育、收入、职业基础上的社会经济地位差异逐步显现，社会结构分层日渐明显。随着社会利益日益分化，社会矛盾日益凸显，普通民众的权利观念和公民意识也在逐步增强，开始不断通过各种方式参与政治活动以表达自身的诉求，维护自身的利益。现阶段中国公民的政治参与大致有三个重要特征：第一，政治参与模式由改革开放前的政府动员式政治参与向公民自主式政治参与转变，政治参与功能由自上而下地贯彻党和政府的方针政策向自下而上地表达公民自身诉求、维护公民自身利益转化；第二，公民自主性政治参与的数量逐步增加，参与的方式和途径也在多样化，同时，由于制度建设相对滞后，公民的非制度性政治参与行为增长迅速；第三，在中国存在着政治参与不平等的现象，公民内部政治参与活跃度存在较大区别，既有少数积极参与者，也存在大量政治参与的冷漠者，政治参与活跃者和冷漠者的参与差距也在拉大。

政治参与行为是公民表达自身意愿、影响政府行为的重要方式，公民平等的政治参与对于平等保障公民的政治权利和利益、推动政治民主化具有积极的意义。由于现行参与机制相对落后、参与渠道相对不畅，参与代价相对较高，在线下政治参与方式中：政治参与的积极分子往往来自社会经济地位较高的强势群体；而政治参与的冷漠者通常是社会经济地位较低的弱势群体，相比较于社会强势群体，底层弱势群体的声音很难通过线下政治参与渠道让政府部门听到。由于参与者与非参与者往往具有不同的愿望和要求，政治参与冷漠者的需求在某种意义上就可能被忽视，而这些社会经济地位相对低下的参与冷漠者可能更需要政府的帮助，却因为无法参与政治而使他们的利益进一步被忽视，或者在通过常规途径无法传递自己的呼声的情况下，他们可能以某种极端的方式来表达自身的诉求，而这种方式又往往为现行法律和体制所不容，这可能会进一步引发官民矛盾、激化社会冲突，因此实现政治参与平等化从某种意义上说，对于缓解社会经济不平等、缓和社会矛盾具有更现实的意义。

互联网的出现使中国学者和民众看到了它巨大的民主潜力，特别是以孙志刚案件为起点的一系列网络监督事件的出现，标志着中国公民网络政治参与时代的来临，这也坚定了人们对互联网将有利于推动公民政治参与平等化的乐观判断。然而，事实是否果真如此简单还需要冷静地思考，因为判断互联网的参与平等化效应，不能仅仅把它看作一种新的参与方式所带来的政治参与总量上的增长，更关键的是要看谁在利用这种方式参与政治：如果互联网上的政治参与者或者受互联网影响而以线下参与方式参与政治的人群，主要来自前互联网时代的政治参与冷漠者，则互联网具有一定的促进政治参与平等化的功能；反之，如果互联网上的政治参与者或者受互联网影响而以线下政治参与方式参与政治的人群，主要来自前互联网时代的政治参与积极分子的话，则互联网的使用将会进一步强化这些优势群体的已有优势，因而会扩大已有的政治参与差距。现实状况究竟如何很难轻易下结论，因此，无论从理论上还是实践上，研究互联网对公民政治参与平等化的影响都有一定意义。

从理论方面来说，互联网对政治参与的影响如何以及如何影响政治参与，这一问题在西方政治学界还存在一定的争议，相互对立的理论都找到了一定的事实依据，互联网的政治参与功能究竟是促进还是强化这一问题并没有定论。中国学术界对网络政治参与的研究多侧重于规范研究和一般性介绍，真正回答这个问题的实证研究很少，本书将在国内外已有研究的基础上，建立互联网影响政治参与的因果路径模型，并运用实地调查的数据，检验互联网对中国政治参与平等化的具体影响，以期从理论上对这一问题作出尝试性的回答。

从现实方面来看，互联网对政治参与平等化的实际效应如何，也关系到人们对互联网的政治功能应寄予何种期望。在今日的中国，人们之所以对互联网的政治参与功能给予较大关注，一个很现实的原因就是看到了它所具有的促进政治民主化的潜力，而政治民主化一个很重要的方面是政治参与范围的扩大和人群的增加。在现行政治参与制度框架下，公民政治参与渠道相对有限、参与相对低效的现实，使得人们对互联网在促进政治参与平等化方面抱有很高的期望。但期望是一个方面，事实是另一方面。如果互联网确实能起到促进政治参与的作用，能够促进更多在线下政治参与渠道下的政治冷漠者参与政治活动，则我们应该珍惜、呵护和培育这一普通民众重要的参与渠道；如果互联网并不能起到促进弱势群体更多参与的作用，甚至还会进一步强化线下政治参与中活跃者的已有优势的话，则说明单纯寄希望于依靠技术手段推动政治民主化将面临较大的困境，中国政治民主化进程中制度建设的任务将更为迫切。

二　国内外研究现状

政治参与是政治民主化和现代化的重要内容，“在有关政治的理论研究和经验研究中，参与都是核心的概念”①。西方政治学家自行为主义革命以来，就以较大的热情投入对以公民投票竞选活动为中心的政治参与行为研究中，形成了一批经典的研究成果；中国学者从 20 世纪 80 年代初开始关注政治参与问题，自 20 世纪 90 年代中后期开始，特别是随着中共中央“扩大公民有序政治参与”主张的提出，政治参与也迅速成为中国学者研究的一个热点问题。

20 世纪 90 年代中后期互联网开始出现，作为一种全新的信息通信工具，互联网改变了社会生活的方方面面，也影响了人们的政治参与活动，互联网不仅以其强大的通信功能，为人们在线下政治参与方式之外提供了一条新的参与渠道，从而直接丰富了人们的政治参与方式，而且也通过改变人们参与政治活动所需要的政治资源、政治动机和政治动员状况，从而间接影响人们的政治参与行为。互联网对政治参与的重要作用使得国内外学者也将研究的重点转到探究互联网对政治参与的具体影响方面，产生了

① ［英］戴维·米勒、韦农·波格丹诺：《布莱克维尔政治学百科全书》（修订版），邓正来译，中国政法大学出版社 2002 年版，第 609 页。

一批初步的研究成果。

（一）国内网络政治参与研究现状

政治参与是互联网影响政治生活的一个重要方面，也是国内学术界关注和研究的热点问题。近年来，国内学术界对网络政治参与的研究，主要集中在网络政治参与的概念和特征、网络政治参与的方式和途径、网络政治参与兴起与发展的时代背景和条件、网络政治参与的社会效应、网络政治参与面临的问题和构建有序网络政治参与的策略，以及网络政治参与的发展趋势等六个方面。

1. 网络政治参与的概念和特征

基本概念的明晰是研究者进行科学判断和得出合理推论不可或缺的前提条件。关于网络政治参与的概念，李斌将网络政治参与和线下的政治参与作了区别，他认为，网络政治参与是指政治参与主体利用互联网作为信息交流的平台，通过各种合法方式直接或间接地影响国家政治决策和政治行为的活动。① 刘文认为，网络政治参与是指政治参与主体通过互联网，直接或间接地影响政府决定和与政府活动相关的公共政治生活的行为。② 在此基础上，赵春丽进一步指出，网络政治参与是指现代公民以虚拟的网民身份或者以网络社区的形式，发表政治主张和政治意愿，影响和推动政治决策过程，监督行政管理的活动，是一种直接或间接地影响政府决定和与政府活动相关的公共政治生活的参政行为。③

关于网络政治参与的特征，国内学者主要从宏观角度概括网络政治参与的特征。其表述方式多种多样，但实质内容大体相同。大多数学者认为，与传统的政治参与相比，网络政治参与具有直接性、开放性、平等性、隐蔽性、互动性、便捷性等特征。④

2. 网络政治参与的方式和途径

从政治参与的方式来看，网络的发展拓宽了公民参政的渠道。罗迪把青年网络政治参与的方式概括为四个方面：第一，利用网络获取、了解政

① 李斌：《网络政治参与的机理初探》，《中共福建省委党校学报》2007 年第 8 期。

② 刘文：《论网络政治参与的特点及影响》，《信阳师范学院学报（哲学社会科学版）》2004 年第 3 期。

③ 赵春丽：《网络政治参与：协商民主的新形式》，《中共天津市委党校学报》2007 年第 4 期。

④ 刘文富：《网络政治：网络社会与国家治理》，商务印书馆 2002 年版，第 387 页。

治信息；第二，利用网络表达政治意见、诉求，讨论现实政治议题；第三，利用网络渠道取得与政治领导人、政府机构的对话机会；第四，利用网络发起现实的政治运动。[①] 刘远柱指出，中国公民网络政治参与的形式有四个方面：通过网络参与政府政策的制定；通过各大网站的政治性论坛，发表自己的政治见解；通过网络对重大问题迅速形成舆论，实施网络舆论监督；通过网络与政府官员进行在线交流。[②]

3. 网络政治参与兴起与发展的原因

早期研究网络政治参与成因的学者习惯于从技术层面分析这一问题，从网络技术对政治参与的推动作用这一角度来研究网络政治参与的兴起。黄永炎指出，21 世纪网络技术对中国政治参与具有巨大的推动作用，主要表现在三个方面：第一，网络技术能改善政治参与的途径和手段；第二，网络技术能提高政治参与的兴趣和能力；第三，网络技术能保证政治参与的数量和质量。[③] 而后期研究网络政治参与产生原因的学者则侧重于从利益角度解释这一问题。唐亚林认为，网络政治活动就是人们围绕着利益和公意的表达、博弈、决策与分配而展开的一系列政治参与活动。网络政治空间的生成动力，来自现实政治生活中网民对公共利益和公共意志的追求，来自他们对公共事务的关心和参与。[④]

4. 网络政治参与对民主政治的影响

关于网络政治参与的积极影响，刘文认为，网络政治参与对社会政治生活的积极影响表现在三个方面：网络政治参与将促使政府管理发生深刻变化；网络政治参与会塑造出全新的政治文化；网络政治参与可推动政治社会化。从民主价值的角度，网络政治参与削弱了信息集权控制的能力，增加了政治参与的手段和途径，凸显了少数派的权利，具有正向民主化价值。[⑤] 郭小安认为，从网络政治参与和政治稳定的关系看网络政治参与的积极影响主要包括三点：第一，网络政治参与为公民提供了政治参与的新渠道，可以弥补现实政治生活中政治参与渠道狭窄的不足；第二，网络政

① 罗迪：《青年网络政治参与与政治稳定》，《中国青年研究》2007 年第 3 期。

② 刘远柱：《公民网络政治参与和政府管理创新》，《学习论坛》2008 年第 9 期。

③ 黄永炎、陈成才：《21 世纪网络技术对中国政治参与的影响》，《理论与改革》2001 年第 1 期。

④ 唐亚林：《网络政治空间与公民政治参与》，《文汇报》2009 年 3 月 17 日，第 12 版。

⑤ 刘文：《论网络政治参与的特点及影响》，《信阳师范学院学报（哲学社会科学版）》2004 年第 3 期。

治参与可以为政府提供一个了解舆论、调控舆论的有效平台；第三，在网络政治参与活动中，政府若能与参与者形成良性互动，就能将政治冲突化解在网络范围内，避免虚拟恶性向现实恶性转化。①

关于网络政治参与的消极影响，盛馨莲指出，网络公民参与的消极影响主要包括五点：一是公民参与的机会不均等导致社会分层，产生“数字鸿沟”；二是盲目推行电子政务，导致形式主义和实用主义盛行，缺乏相应的制度保障；三是网络高速发展容易导致公民参与陷入无政府状态；四是信息拥挤影响公民的理性选择；五是网络道德问题。② 张亚勇把网络政治参与的无序性概括为参与的非法化、情绪化、欺骗化以及失衡化四个方面。郭小安也认为，网络政治参与可能带来舆论的“无政府状态”，网络政治参与由于其隐蔽性、虚拟性，将会削弱甚至瓦解主流意识形态，容易导致非理性参与行为的盛行。③

5. 网络政治参与面临的问题及对策研究

关于网络政治参与面临的问题，陶建钟认为，网络政治参与的局限体现在四个方面：网络民意的代表性、网络信息的真实性、网络群体极化倾向、网络政治参与的规范性。④ 刘文指出，网络时代政治参与面临信息的客观性、参与的规范性和参与的公平性这三个难题。⑤ 胡同新认为，中国公民网络政治参与存在的问题有三个方面：网络非法政治参与的扩大、网络非理性政治参与的存在和网络政治参与的不平衡性进一步扩大。⑥

要解决网络政治参与面临的问题，学者们认为，必须从具体措施和宏观政策两个层次采取相应的对策。在具体措施上，刘文提出应从五个方面入手：第一，增强政府网上职能，加快电子政务建设；第二，加快网络技术研究，净化网络信息空间；第三，加快网络立法，规范网络秩序；第四，健全网络伦理规范体系；第五，加速信息化进程，跨越“数字鸿沟”。⑦ 与此相对应的宏观政策，郭小安认为，应包括政府和公民要构成

---

① 郭小安：《网络政治参与和政治稳定》，《理论探索》2008 年第 3 期。

② 盛馨莲：《网络环境下公民参与政策过程的问题与对策》，《东南学术》2007 年第 4 期。

③ 郭小安：《网络政治参与：政治冲突的催化剂还是缓冲带》，《党政论坛》2008 年第 4 期。

④ 陶建钟：《网络政治参与的局限及其治理策略选择》，《重庆社会主义学院学报》2008 年第 3 期。

⑤ 刘文：《网络时代政治参与的难题及对策》，《中州学刊》2003 年第 6 期。

⑥ 胡同新：《网络政治参与的民主价值透视》，《求实》2005 年第 9 期。

⑦ 刘文：《网络时代政治参与的难题及对策》，《中州学刊》2003 年第 6 期。

良性互动关系：作为政府，应积极利用和调控网络，与公民进行良性互动；作为公民，应增强参政理性和参政能力，提高参政质量。[①]

6. 网络政治参与的发展趋势

近年来，随着国内网络事件的频繁发生和政府对网络民意的高度重视，网络政治参与作为公民参政的新形式，日益显现出强大的社会影响力和发展潜力，学者们大多对网络政治参与的发展持乐观态度。陶建钟通过对“杭州事件”的分析，指出组织性是网络政治参与的新趋向，他认为，在可以预见的将来，网络政治参与仍会加速发展，并会延展出新的形式，互联网政治的发展，是信息时代的必然趋势，网络理性终将取代非理性，成为促进中国民主事业的新兴力量。[②] 李斌认为，网络政治参与将在以下五个方面呈现出新的发展趋势：网络政治文化将深刻影响政治参与；网络共同体的政治参与值得关注；“政治博客”成为网络政治参与的重要方式；电子政务平台成为网络政治参与基本途径；实行“注册参与”将成为保证网络政治参与有序的必然选择。[③]

（二）国外网络政治参与研究

20 世纪中后期以来信息和通信技术的发展，特别是互联网的快速崛起将社会生活的方方面面都带入了一个网络时代，包括政治过程和政治行为。网络信息技术的迅猛发展对现代民主体制最大的影响和冲击是，网络政治参与的发展。20 世纪 90 年代后期以来，西方学术界开始重点关注互联网的政治效应，特别是其对政治参与平等化的影响。关于互联网能否促进政治参与这一问题西方学术界仍存在争议。总体来说，已有的研究成果大致可以分为两种：一种是促进论的观点，持这种观点的学者认为，互联网能够推动公民社团和公共领域的形成，可以用来告知、组织和促进那些以前被现存政治系统边缘化的群体，如年轻一代、居住在外围社区的人、或者不受传统政治系统影响的少数派，使他们能够逐步被吸引到公共生活中来，为扩大政治参与提供资源和机会，从而将促进线下政治参与方式下的政治冷漠者积极参与政治；另一种强化论的观点则提出，那种认为互联网将推动政治参与的观点只是乌托邦式的幻想，新技术的民主价值并不像

① 郭小安：《网络政治参与和政治稳定》，《理论探索》2008 年第 3 期。

② 陶建钟：《组织性：网络政治参与的新趋向——以某艺员杭州受阻事件为例》，《中国青年研究》2005 年第 7 期。

③ 李斌：《论网络政治参与的发展趋势》，《中共福建省委党校学报》2008 年第 2 期。

想象得那么大，网络资源的使用者主要是那些通过线下渠道已经在积极参与政治活动的公民，这将进一步扩大参与者和非参与者之间的差距，甚至会强化基于线下政治参与方式所形成的政治参与不平等状况。①

1. 促进论的观点

互联网能够促进更多的人参与政治。促进论的观点认为，互联网不仅为公民获取信息提供了新的渠道，而且其匿名性、同步性、跨地域性、去时间性等传播特性，为公民政治表达和结社提供了一种相对廉价的载体。对西方民主国家而言，互联网可以复兴失去已久的公共领域，激励公众参与和选民投票，甚至有助于实现直接民主；对非民主国家而言，它能够唤起民众的权利观念和公民意识，促进公民参与，推动其民主转型。

第一，互联网是形成公民社会的强大助力。研究者认为，信息技术尤其是互联网能够有力推动公民社会的形成、发展和壮大，从而使政治制度的民主绩效得以实现。公共领域是当代民主社会的重要基石。在哈贝马斯之后，许多研究者开始强调公共领域（尤其是交往）在公民社会中的重要性，他们认为，互联网为公共领域的复兴提供了可能。这是因为，理想的公共空间所必需的几项条件互联网都能实现：首先，公共空间必须公开且自由，公众有平等的机会参与讨论，并能畅所欲言。就此而言，互联网公开性高，参与者较少受阶级及社会身份限制，且容许个人与个人之间的密切接触。其次，资讯完整客观，摆脱政治和市场力量的控制。互联网属于“开放媒介符码”，它不受篇幅、地域和时间的限制，能提供详尽而多元化地资讯和分析，网民也可以各自发表和传播意见②。再次，公共空间必须提供辩论场地，而大家进行的沟通及辩论又必须是理性且具批判性的。互联网最大的特点就是互动，各类论坛、电子公告板及聊天室能让网民同其他用户自由交流甚至跨越国界交流。语言的非专业化能使发言者的意见和理由被完整理解，发言的匿名性能使讨论充分展开。电子公共领域以及多元、自主公民社会的产生本身就是在线政治参与的一种形式，同

① Davis, Richard and Diane Owen, *New Media and American politics*, Oxford: Oxford University Press, 1998, p. 185. Michael Margolis and David Resnick, *Politics as Usual: The Cyberspace "Revolution."* Thousand Oaks, CA: Sage. 2000. Norris, Pippa. Who Surfs? New Technology, Old Voter, and Virtual Democracy, In Elaine Ciulla Kamarck and Joseph S. Nye, Jr. (eds.) *Democracy. Com: Governance in a Networked World*, Hollis, NH: Hollis Publishing. 1999.

② ［美］尼古拉·尼葛洛庞蒂：《数字化生活》，胡泳、范海燕译，海南出版社1997年版，第274页。

时，网络公共领域的成熟还将有助于提高民众的公民意识和政治动机，从而也会促进公民线下政治参与活动的增长。

第二，互联网方便公民主动参与公共事务。参与是民主的应有之义，以往公民政治参与受到限制，很大原因在于技术上的制约，即公民无法随时方便地参与公共事务的讨论和政治决策。互联网：一方面促进政务活动的公开化，民众方便地运用互联网了解相关的政治信息；另一方面，互联网特有的交互性为民众发表意见提供了一种新工具，可以及时方便地展开讨论和发表见解。互联网的交互性使其摆脱了过去政治家与选民单通道沟通所存在的缺陷。与选民仅仅依靠选举和代议制行使主权相比，信息技术能让民主政府更加负责。有人甚至认为，互联网为熊彼特式的精英民主转向大众直接民主提供了技术条件。此外，互联网还鼓励公民接触政府官员，进行集会或签名请愿。一些实证研究结果也确证了这点，沙阿等人（Shah et al.）发现，使用互联网与人际信任、公民参与和政治满意度呈正相关[①]。韦伯和伯格曼（Weber and Bergman）的研究表明，那些使用电子邮件和聊天室的人更愿意参加各种政治活动[②]。宾伯尔（Bimber）通过研究也认为，虽然互联网会加剧交往中的性别差异，但会使更多的人变得活跃[③]。

第三，互联网鼓励公民进行投票。选举是西方民主国家的主要制度安排，互联网的使用不仅使选举获得了改进空间，而且事实上增加了投票人数。美国及西欧的一些地区和机构开展了网络投票的实践，不少研究者认为，相比于线下投票方式，这种投票办法更为容易，成本更低，计票更为准确，投票人数会因此而增加。Solop 研究了美国首个全州范围内的网络投票，即 2000 年美国亚利桑那州的民主党初选，发现网络投票致使投票人数激增（增幅明显超出其他州），并且相对于其他投票者而言，网络投票者更具政治效能感[④]。托尔伯特和麦克尼尔（Tolbert and McNeal）通过

① Shah, D. , N. Kwak and R. Holbert. Connecting and Disconnecting with Civil Life: Patterns of Internet Use and the Production of Social Capital, *Political Communication*, 2001, 18, pp. 141 – 162.

② Weber, L. M. and J. Bergman, "Who Participates and How? A Comparison of Citizens 'online' and the Mass Public. Presented at the Annual Meeting of the Western Political Science Association", 2001 March 15 – 17, Las Vegas, NV.

③ Bimber, B. , The Internet and Citizen Communication with Government: Does the Medium Matter? *Political Communication*, 1999, 16 (4), pp. 409 – 428.

④ Solop, F. I. , Digital Democracy Comes of Age: Internet Voting and the 2000 Arizona Democratic Primary Election, *Political Science and Politics*, 2001, 34 (2), pp. 289 – 293.

研究1996年和2000年美国总统选举也得出结论，使用互联网获取选举信息的人更愿意去投票①。

2. 强化论的观点

互联网对政治参与平等化没有明显积极作用，甚至还会进一步强化已有的政治参与不平等现象。与那些认为互联网对政治参与平等化有积极影响的观点相反，另外一些研究者则对互联网政治参与促进功能表示怀疑，他们的理由跟促进论的理由针锋相对。

第一，互联网会造成公共领域的分裂和丧失。不少研究者认为，互联网提供的只是一种“公共领域”的幻觉。首先，哈贝马斯的理想言语情境根本无法实现，网络上不断改变的主体身份造成责任缺失，共识难以形成。其次，信息鸿沟阻隔了公众的平等参与，因为互联网并没有摆脱商业化和精英的操纵。② 此外，网络协商质量也受到质疑。巴伯（Barber）认为信息技术会降低政治协商的质量，侵蚀社会互动。③ 社会资本构成公民社会的基础，然而，罗伯特·普特南（Robert Putnam）的研究结论表明，互联网会阻碍人际合作与信任，并危及实现民主所必需的社区群体和志愿性协会。跟传统社区基于成员多种兴趣构成不同，虚拟社区的成员相对异质，因为只需一种兴趣就可以将他们联系起来。因此，它的身份和文化很难长久维持④。凯斯·桑斯坦（Cass Sunstein）也指出，互联网用户能将他们的在线经历个人化，只与他们感兴趣的群体中的成员进行交流，这使互联网成为了一种以自我为中心的媒体，它允许人们回避反面观点并造成分裂（cyberaparthical）和极化（cyberbalkanization）。⑤

第二，互联网只是公民政治参与的乌托邦。即使互联网表现出促进政治参与的潜力，但与之相矛盾的是，与传统媒体相比，社会各群体对互联

---

① Tolbert, C. J. and R. S. McNeal, Unraveling the Effects of the Internet on Political Participation? *Political Research Quarterly*, 2003, 56 (2), pp. 175 - 185.

② ［美］希瑟·萨维尼：《公共舆论、政治传播与互联网》，张文镝译，《国外理论动态》2004年第9期。

③ Barber, Benjamin. The New Telecommunications Technology: Endless Frontier or End of Democracy. In Roger G. Noll, Monroe E. Price (Ed.), *A Communications Cornucopia*. Washington, DC: Brookings Institution, 1998, pp. 72 - 98.

④ Putnam, Robert. *Bowling Alone: The Collapse and Revival of American Community*, NewYork: Simon and Schuster, 2000, p. 176.

⑤ ［美］凯斯·桑斯坦：《网络共和国——网络社会的民主问题》，黄维明译，上海人民出版社2003年版，第36—52页。

网资源获取的不平等即“数字鸿沟”（digital divide）的存在又缩小了政治参与者的范围和政府合法性的基础。[1] 首先，与普通公众相比，互联网用户更为年轻，受教育程度更高。其次，网络信息的无限性和可操纵性限制了公众获取信息的效率，因为相当多的用户无法驾驭海量资讯、区分信息真假。再次，从理论上讲，虽然任何人都能利用互联网发表意见和进行讨论，但这种参与的有效性值得怀疑。这不仅是因为人们很难找到足够多的受众接受他们的观点，而且也因为在线讨论并不总会引起政府的重视。最后，网络政治参与存在的非规范性可能导致政治不稳定，也有可能导致民间非理性舆论膨胀而影响政府决策。

第三，互联网并未改变投票衰减的现实。目前大范围的网络投票技术还不具备，安全问题也没解决[2]。不仅如此，由于电子选举没有涉及辩论或讨论，使得选民变得更为被动，另外，现存的信息鸿沟也将一些群体排除在政治参与范围外。皮帕·诺里斯（Pippa Norris）通过对皮尤研究中心（Pew Research Center）数据的考察发现，互联网强化了已有政治参与不平等状况，基于互联网的政治参与者常常是那些兴趣强烈、信息充分和经常参加各种选举活动的公民，互联网并没有促进那些对政治不感兴趣者参与选举。[3] 宾伯尔（Bimber）通过研究 1998 年美国中期选举也发现，使用互联网对投票参与没有影响，接触互联网和网上政治信息只能增加公民政治捐赠的可能性。[4]

第四，互联网并未消除传统媒体中的“看门人”，信息监控和操纵现象仍然存在，这使得谁在互联网上说话和谁最终被听到成为两个不同的问题。部分公众和学者之所以对互联网政治参与平等化效应抱有乐观态度，是因为他们相信互联网可以排除传统媒体中的“看门人”（gatekeeper），但马修·欣德曼（Matthew Hindman）研究发现，虽然网络降低了普通公民发出声音的门槛，使普通公民的声音具有被全国甚至全世界人听到的可

---

① White, C. S., Citizen Participation and the Internet: Prospect for Civic Deliberation in the Information Age, *Social Studies*, 1997, 88, pp. 23 – 28.

② Rubin, Avi. Security Considerations for Remote Electronic Voting over the Internet. http://avirubin.com/e-voting.security.html, 2000.

③ Norris, Pippa, Who Surfs? In El aine Kamarck, Joseph Nye (Ed.), *Democracy.com: Governance in a Networked World*, New York: Hollis Publishing, 1999.

④ Bimber, B. Information and Political Engagement in America: The Search for Effects of Information Technology at the Individual Level, *Political Research Quarterly*, 2001, 54 (1), pp. 53 – 67.

能，但事实上谁在网络上说话和谁最后被听到是两个不同的问题，在互联网上两者的联系要比在政治生活中其他任何地方都要弱。虽然公民在互联网上发表自己观点时所面临的正式障碍减小了，但从大众政治的观点看，人们关注最多的不是谁在发表观点，而是谁的观点被大众读到了，互联网上存在大量正式和非正式的障碍让普通公民的声音很难被公众听到，因为即使在互联网上仍然大量存在各种“看门人”，他们过滤网上信息的方式有些很老套，因为传统新闻媒体和广播公司在互联网上的影响依然很强大，他们可以将传统的信息过滤方式运用于网络信息的过滤，而有些过滤方式则相对新颖，搜索引擎和门户网站就是其中重要的力量，他们决定了哪些网页被链接，哪些信息可能被大众看到①。总之，欣德曼认为，互联网并没有消除政治生活的排他性，只是将排他性从政治信息的生产环节转换到了政治信息的过滤环节。互联网并不遵循平均主义的模型，网络上可以看到的政治内容仍然遵循着“赢者通吃”的模式，大多数网页没有链接，没能吸引人们的眼球，网络中仍然存在建立在社会经济地位差别基础上的等级结构，通常被听到者是教育水平较高、收入水平较高的男性中年职业人员，对于普通公民来说，虽然在网络中说话变得容易了，但他们的声音仍然很难被听到。

毋庸置疑，近年来国内学术界关于网络政治参与的研究的确已取得了一定的阶段性成果，研究领域不断扩展，研究深度不断增加。然而，通过对已有文献的分析不难看出，目前国内对网络政治参与的研究尚处在起步阶段，还存在一些不足之处：第一，研究层次较低。已有研究成果对前沿课题的研究还不够成熟，系统研究的力度不够，观点雷同和内容重复的现象比较普遍，研究层次相对较低。第二，研究视角单一。已有研究多侧重于从宏观角度对网络政治参与的概念、特征、方式、影响因素和发展趋势等问题进行探究，从微观公民个体行为视角对这一问题进行分析的较少。第三，研究方法单调。学者们大多从学理上对网络政治参与的问题作规范性的定性分析和探讨，而很少对具体网络事件作实证性的定量研究或个案研究。已有研究在层次上需要进一步深化，在视野上需要进一步拓展，在方法上需要进一步创新。

相比较于国内网络政治参与的研究现状，国外网络政治参与研究无论

① Hindman, Matthew. Scott, *The myth of digital democracy*, New Jersey: Princeton University Press, 2009.

在研究问题的集中度、理论框架的清晰度，还是研究方法的创新性等方面都要明显高出一筹。这是一个不容否定的客观事实。但关于互联网对政治参与平等化效应的具体影响这一问题，国外已有的研究也还并无定论，因此，与其说他们解决了这一问题，不如说他们明确地提出了这一问题，并为解决这一问题提供了一定的理论框架和研究方法，为后续研究指明了方向。

三　本书的研究方法、数据来源与篇章结构

（一）研究方法

1. 文献研究方法

政治参与是政治学的经典研究主题，相关研究文献非常丰富，前人和他人的研究成果为本书进一步研究提供了理论基础和方法指导。本书将首先运用文献研究法，通过分析国内外已有相关文献，理清政治参与概念的内涵和外延，评析解释政治参与的理论模型，分析互联网的特性与功能，并在此基础上从个体层面、微观视角提出互联网影响政治参与的可能路径。

2. 实证研究法

本书的研究问题是互联网对政治参与平等化的影响，这是一个经验问题，要用数据来回答。因此本书将运用实证研究方法，在参考已有相关理论的基础上，首先建立一个解释互联网影响政治参与的理论模型，然后利用问卷调查所获得的数据对理论模型进行统计检验，最后得出相应的结论。

3. 比较研究法

本书还将运用比较研究方法来判断互联网的政治参与平等化效应，通过比较网络使用者和非网络使用者两类人群不同的政治资源、政治动机和政治动员状况，来判断政治参与者的主要来源，进而检验互联网的政治参与平等化效应，对比包括以下几个具体问题：相比较于线下政治参与活动，网络政治参与活动的参与者的个体特征是否有显著变化，网络使用者和非网络使用者在线下政治参与活动中是否有显著区别，网络政治参与者是主要来自线下政治参与的活跃者群体，还是主要来自线下政治参与中的非活跃者群体，两者是否具有显著区别等等问题，通过对这些具体问题的比较研究来探讨互联网对政治参与平等化的作用。

（二）数据来源

本书实证分析部分所使用的数据来自作者组织的一次问卷调查，调查以湖北省 18 岁以上公民为研究总体，采用分层的四阶段不等概率抽样方法，各阶段的抽样单位为：第一阶段以区（武汉市、各地级市的各城区和郊区）、县（包括县级市）为初级抽样单位（PSU）；第二阶段以街道、乡镇为二级抽样单位；第三阶段以居民委员会、村民委员会为三级抽样单位；第四阶段以家庭住户并在每户中确定 1 人为最终单位。根据湖北省行政区划资料，湖北省共有 103 个区县单位，以这些区县单位作为初级抽样单位，构成调查总体，按社会经济发展状况具体划分为 3 个抽样框。抽样框 1，武汉市 7 个市辖区；抽样框 2，宜昌市 5 个市辖区与襄阳市的 3 个市辖区；抽样框 3，湖北省除去武汉市、宜昌市及襄阳市市辖区部分以外的其他 88 所有区县。确定调查的总样本数 1600 个，在抽样框 1（武汉市 7 直辖市市辖区）中，共抽出 2 个初级抽样单位，在抽样框 2（宜昌市及襄阳市市辖区）中，共抽出 2 个初级抽样单位，在抽样框 3（其他所有区县）中，抽出 2 个初级抽样单位。在每个抽选出的初级抽样单元（区/县）中抽出 2 个二级抽样单元（街道/乡镇），在每个抽选出的二级单元中抽出 2 个三级抽样单元（村委会/居委会），最后在每个抽选出的三级抽样单元中抽出 70 个最终抽样单元。

调查于 2010 年 11 月至 2011 年 2 月间进行，共发放问卷 1600 份，回收 1356 份，回收率 85%。其中无效答卷 102 份，有效问卷 1254 份，有效率 78%。问卷主要调查了公民政治参与以及相关影响因素的状况，本书实证部分的数据主要利用这次问卷调查所得的数据。

（三）篇章结构

全书的基本框架分为四大部分。第一部分是导论，这一部分主要说明本书选题的背景和意义、国内外相关研究文献综述、研究问题、研究假设、研究方法、数据来源、研究思路、篇章结构和可能的创新点等方面的内容。

第二部分是第一章，这一部分是本书的理论框架部分。政治参与理论以民主理论为背景，在不同的民主理论中，政治参与的含义不同，因此本章首先介绍并评价了现代西方四种主要民主理论（精英民主理论、多元民主理论、参与民主理论和协商民主理论）的政治参与观，并在此基础上给出了本书所采用的政治参与概念的含义和类型。接着本章介绍了西方政治学解释公民政治参与差距原因的六种主要理论模型：理性选择理论、标准社会经济地位模型、政治动机模型、政治动员模型、社会资本理论和公民志愿主义模型。在介绍这六种理论模型的主要内容基础上，本章提出了研究互联网影响政治参与平等化的因果路径模型，为本书的研究提出了一个理论框架。

第三部分包括第二章、第三章和第四章，是本书的主体部分，分别从互联网对政治参与所需的政治资源、政治动机和政治动员所可能带来影响的角度，具体考察了互联网对政治参与平等化的影响。

第二章从互联网对政治参与所需政治资源影响的角度，考察互联网对政治参与平等化的影响。影响线下政治参与的资源因素主要包括空余时间和公民技能等两种线下资源，影响网络政治参与的资源因素则主要是包括网络技能、网龄和上网时长等三种网络资源。本章在回顾相关理论的基础上，提出了互联网影响公民的政治资源进而影响其政治参与行为的理论模型，然后利用调查数据检验了这一理论模型，并根据统计分析结果得出相应的结论。

第三章从互联网对政治参与所需政治动机可能带来的影响角度，考察互联网对政治参与平等化的影响。影响线下政治参与的政治动机主要包括政治效能感、政治信任、政治知识、政治兴趣和社会信任等心理因素。互联网作为政治信息新来源和政治讨论新平台，所具有的强大的信息和沟通功能，也使得它有可能会通过改变互联网使用者的政治动机从而影响政治参与。本章在回顾相关理论的基础上，提出并利用调查数据检验了互联网影响公民的政治动机，进而影响其政治参与行为的理论模型。

第四章从互联网对政治参与所需政治动员可能带来影响的角度，考察互联网使用对政治参与平等化的影响。影响线下政治参与的因素除了政治资源、政治动机以外，公民所接受政治动员的状况也是重要因素之一。互联网的使用可能改变政治动员的形式和规模，进而也会影响政治动员的最终效果即公民的政治参与状况。本章在回顾相关理论的基础上，提出并利用调查数据检验了互联网影响公民所受政治动员，进而影响其政治参与行为的理论模型。

最后一部分是结论，这一部分利用第二、三、四章的研究结果，通过逻辑推理，总结了互联网对政治参与平等化的具体影响，并对本书研究的不足和有待进一步探讨的问题进行了反思和说明。

第一章　政治参与的含义、类型及影响因素

探讨互联网对政治参与的影响，首先要回答的一个问题是什么是政治参与，哪些行为可以看成是政治参与。虽然自20世纪40年代行为主义革命以来，政治参与研究已经成为西方政治科学最重要的研究领域之一，但关于什么是政治参与、哪些行为可以称为政治参与行为，还没有最终的定论，因为对这个概念性问题的回答取决于我们根据哪个规范民主模式[①]，"参与概念在很大程度上来源于民主概念"[②]，不同的民主理论有不同的政治参与观，事实上，"任何一本关于政治参与的书也是一本关于民主的书"[③]。

第一节　民主理论与政治参与

自卢梭、洛克以来，以代议制为核心的古典民主理论，为近现代西方民主制度的形成和发展奠定了坚实的基础。然而，随着西方国家民主制度的巩固和发展，古典民主理论遇到了一些问题和挑战，价值至上的理想性特征使它难以圆满地解释西方不断发展变化的社会现实，民主理想与现实的矛盾主要表现在民主理想与参与现实之间的反差。"在有关政治的理论研究和经验研究中，参与都是核心的概念。"[④] 因此对古典民主理论进行反思、改造、修正以使之适应社会客观条件的变化和发展，势所必然。正是在这样的历史背景下，出现了各种有别于古典民主理论的新的民主思想或流派，它们的视角方法有别，见解主张各异，影响大小不等。这些民主

---

① Teorell, Jan., Political participation and three theories of democracy: A research inventory and agenda, *European Journal of Political Research*, 2006, 45, pp. 787 – 810.

② Shi, Tianjian, *Political participation in Beijing*, Cambridge, Mass.: Harvard University Press, 1997, p. 1.

③ Parry, Geraint, George Moyser, and Neil Day, *Political Participation and Democracy in Britain*, Cambridge: Cambridge University Press, 1992, p. 3.

④ ［英］戴维·米勒、韦农·波格丹诺：《布莱克维尔政治学百科全书》（修订版），邓正来主编，中国政法大学出版社2002年版，第609页。

思想所关注的共同焦点问题之一，是如何认识民主制度与公民政治参与之间的关系，虽然这些理论都对古典民主理论与现实民主实践之间的差距进行了反思，但由于各自的理论视角和价值取向不同，形成了不同的政治参与观。根据民主与参与关系的不同，至少可以区分出四种不同的民主理论及其相应的参与观。

一　精英民主理论及其政治参与观

古典民主理论把代议民主看作是“主权在民”或“人民的统治”的具体表现。但是人们逐渐发现代议制民主远未能实现这种理想。精英民主理论是在反思古典民主理论与现实民主实践差距的基础上形成的。精英民主理论采用实证主义的方法，对当代西方民主国家的权力运行机制进行经验描述。精英民主理论认为，古典民主理论“人民主权”的政治理想在现代社会是行不通的，一切社会都存在着统治者与被统治者，而且统治者永远是少数人，他们是社会的精英，垄断着国家的权力，行使着各种政治职能。精英民主理论主要代表人物有帕累托、莫斯卡、米歇尔斯、韦伯和熊彼特等著名政治思想家，其中约瑟夫·熊彼特（Joseph Schumpeter）是公认的精英民主理论的集大成者。

（一）熊彼特精英民主理论的主要观点

1. 对古典民主理论的批评

熊彼特对古典民主理论的“修正”是从批判古典民主理论的价值基础开始的，他指出：“18 世纪的民主哲学可以用下面的定义来表达：民主方法就是实现共同福利作出政治决定的制度安排，其方式是使人民通过选举选出一些人，让他们集中在一起来执行它的意志，决定重大问题。”[①] 熊彼特认为，古典民主理论的基础是两个基本假设：第一，存在着某种能被认识和论证的“共同福利”；第二，能找到某种可以发现这种“共同福利”的人民意志。熊彼特首先批驳了“共同福利”的假设，他认为，古典民主理论的核心——“共同福利”既不存在，也不可能存在。其原因有三：“首先，不存在全体人民能够同意或者用合理论证的力量可使其同意的独一无二的共同福利。这点主要不是因为某些人可能需要不同于共同

---

① ［美］约瑟夫·熊彼特：《资本主义、社会主义与民主》，吴良健译，商务印书馆 1999 年版，第 370 页。

福利的东西，而是由于更根本的事实，即对于不同的个人和集团而言，共同福利必然意味不同的东西。其次，即使有一种充分明确的共同福利——譬如功利主义者提出的最大经济满足——证明能为所有人接受，这并不意味着对于各个问题都能有同等明确的回答……再次，作为前两个命题的结果，功利主义者据为己有的这个人民意志的特殊概念就烟消云散了，因为这个概念必须以存在人人辩认得出的独一无二地决定的共同福利为先决条件。"①

关于"人民意志"的假设，熊彼特指出，人民意志的概念必须以存在着某种明确的共同福利为前提条件。只有在存在着这种共同福利的条件下，才能吸引所有的个人意志而形成这种特殊的人民意志，然而"当关于公益的观念对我们说来已无法理解时"②，人民意志的概念也就难以成立了。这样，通过论证"共同福利"和"人民意志"这类抽象概念的不存在及不可能存在，熊彼特就否定了支撑古典民主理论的两大假说。

2. 对民主的命题

竞争性精英民主。在批判古典民主理论的基础上，熊彼特提出了他的竞争性精英民主理论。"民主是一种政治方法，即为达到政治——立法与行政的——决定而作出的某种形式的制度安排。因之其本身不能是目的，不管它在一定历史条件下产生的是什么决定都是一样。任何人要为民主下定义必须以此为出发点。"③ 熊彼特的民主理论基本内容体现在以下几个方面：第一，民主不是目的，只是一种方法，一种程序性机制。民主不可能按照"人民"和"统治"这两个词的意义联系起来理解，不仅人民没有能力来进行统治，而且也没有能力支撑人民统治的技术和物质基础。因此，民主只是人民选择政治领导人的程序，这种选择还必须伴随着可能成为政治领导人的候选人之间相互竞争选票的环节。熊彼特还认为，选民的这种选择并不是主动的，而是被动的。因为选民的选择并不是来自选民的倡议，而是被政党和利益集团塑造的，塑造选民的选择才是民主程序的本质部分。在一切正常情况下，选民的投票仅限于接受他愿意接受的政治领袖，拒绝他不愿意接受的政治领导人。直白地说，选民的投票仅仅是在竞

① ［美］约瑟夫·熊彼特：《资本主义、社会主义与民主》，吴良健译，商务印书馆1999年版，第372—373页。

② 同上书，第315页。

③ 同上书，第359页。

争的政治精英之间作出选择。

第二，民主是政治家之间竞争领导权的过程。熊彼特把这一竞争过程类比成市场经济的运用模式，他认为，在政治家们的选举竞争中，选民就像是消费者，选票就像选民的“货币”，政治家就像是企业家，政治家的政治主张就像是他制造的商品，竞选宣传就像广告宣传，政治家的竞选就是为了争取得到或者保护已得的作政治决定的权利。选民则通过手中的选票换取政治家的某种承诺。在民主国家中，政治家制定法规、管理国家事务并不是出于所谓高尚的信念，而是为了维护和改善自己的政治地位，但政治市场的自由竞争，把政治家对私利的追求转化为实现社会某种目的和满足公众某些要求的手段。

（二）精英民主理论的政治参与观：参与选举

精英民主理论认为，公民参与政治的方式是在选举中参与投票，从作为候选人的精英人物中选举出政治领导人，并仅限于以此方式参与政治。精英主义理论，批判了古典民主理论没有对政治生活中分工的重要性给予足够重视的问题：古典民主理论把政治的功能等同于民主的功能，赋予了人民无所不包的权责，而许多权责是人民无法直接或者亲自实现的。熊彼特指出，在政治社会中“决策”与“统治”有着明确的区分。如果把两者等同起来，就会产生对民主的简单化理解。“根据我们所持的观点，民主政治并不意味着也不能意味人民真正在统治——就‘人民’和‘统治’两词的任何明显意义而言——民主政治的意思只能是：人民有接受或者拒绝将要来统治他们的人的机会。但是，因为人民也能用全然不民主的方式来决定接受或者拒绝，我们不得不增加另一个识别民主方法的标准。现在，定义的一个方面可以用这么一句话来表达，即民主政治就是政治家的统治。”① 除了在一些关系到每个人切身利益的全国性问题上，以及一些有直接民主传统的小规模共同体中人民可以直接决策和管理外，人民的作用应该是产生政府，或者说是产生一个中间体，再由中间体产生全国行政部门或者政府。“民主政体的争取领导权的竞争只限于自由投票的自由竞争。这样做的理由是，民主政体看来是指导竞争的公认方法，而选举方法

---

① ［美］约瑟夫·熊彼特：《资本主义、社会主义与民主》，吴良健译，商务印书馆1999年版，第415页。

实际上是任何规模社会唯一可行的方法。”①

二　多元民主理论及其政治参与观

多元民主理论同精英民主理论一样，也是在对当代西方民主现实进行考察和反思的基础上形成的。不过，多元民主理论，批判和修正了精英民主理论认为政治权力集中于一个精英集团手中的观点，提出民主政体的权力是多元的和分散的，是“多重少数人的统治”，其主要代表人物是美国著名政治学家罗伯特·达尔（Robert Dahl）。

（一）达尔多元民主理论的主要观点

1. 多元社会观

多元社会观是达尔多元民主理论的基础。在达尔看来，现实社会是一个多元的社会，主要表现在以下几个方面：第一，意见的多元性。由于各人的天资才能、教育程度、认识水平、文化修养等因素的不同，人们的思想意识也是不同的，必须保证每个人都有充分的言论自由。第二，利益的多元性。随着社会政治经济的发展，利益分化日益明显。在经济、政治、社会、文化、宗教等领域也随之出现了众多的利益集团，它们具有相对的自主性，成为了一种追求自身利益的实体。第三，冲突的多元性。达尔并不认为，社会会形成两极分化的尖锐对立状况；而是认为，除极少数同质性较强的社会之外，在绝大多数社会里，冲突都是普遍存在而且是纷繁交错的。第四，权力的多元性。达尔认为，权力多元性是多元民主社会的重要特征。这种权力多元性原则要求政治权力互相独立、彼此制衡，从而在体制上防止政治权力集中到任何一个机关或者某一官员之手；从分裂和冲突的模式上防止出现一个持久、强大、连续的政治联盟和权力中心。②

2. 多头政制

基于多元社会理论，达尔重新界定了人们所熟悉的“民主”概念，并提出了一个新的概念——“多头政制”。他指出，人们常常在以下两个场合、两种意义上使用“民主”一词：第一种“民主”作为一种理想的政治制度，指的是“主权在民”或“多数人的统治”，这种理想的民主制

---

① ［美］约瑟夫·熊彼特：《资本主义、社会主义与民主》，吴良健译，商务印书馆1999年版，第397—398页。

② ［美］罗伯特·达尔：《民主及其批评者》，曹海军、佟德志译，吉林人民出版社2006年版，第347—352页。

度应当包括五个标准：第一，投票中的平等；第二，有效地参与；第三，明智的理解；第四，对议程的最终控制；第五，民主适用于所有成年人。达尔认为这五个标准缺一不可，当且仅当决策制定过程满足这些标准的时候，才能合情合理地称这一过程是民主的，这五个标准构成了理想民主制度的标准，但这些标准非常苛刻，以至于从未有任何现实的政府形式可以完全符合这些标准，今后也不会有任何制度可能满足这些标准。换句话说，作为“主权在民”或者“多数人的统治”的民主，只是一种理想的政治制度，在现实中从未真正出现过，今后也很难出现。[①] 第二种“民主”是指经验世界中的实际存在的一些政治制度，包括两种类型，即古代城邦的民主和现代民族国家的民主。这两种实际的民主政体与理想的民主政体有实质性的区别，无论是城邦民主还是现代国家民主都与理想的民主相距甚远，相比较而言，大规模的现代国家民主比小规模的古代城邦民主更不容易符合或接近理想的民主。达尔认为，正是人们对理想民主和现实民主这两种含义的民主概念的混用，造成了“民主”一词意义含混不清和屡遭争议的问题。

因此，达尔将两者做了一种概念的区分：“民主”这一术语专门用来指理想状态的制度；而“多头政制”一词用来表示现实世界中接近这一理想状态，或者至少是沿着这一方面发展的政治制度。达尔认为，与这种多头政制对应的是“寡头政制”或“霸权政制”。[②] 在他看来，判断一种政治制度是“多头政制”的两个重要标准是公民参与（主要是指公民参加的周期性选举）和公开竞争（主要是指各利益集体、政党以及个人之间的政治竞争）。[③] 同熊彼特一样，达尔也认为，民主是一种过程，但它并非是熊彼特所说的政治精英竞取权力、人民选择领导的过程，而是众多代表不同利益的集团之间在政治上的讨价还价过程。这些组织包括商业组织、工会、政党、妇女机构、宗教组织等，民主过程的价值就是多重集团共同参与政府决策。达尔认为，许多社会精英和其他利益群体之间在进行互相竞争，但没有哪一个群体能够强大到独享权力。多元主义认为，精英

---

① ［美］罗伯特·达尔：《多元主义民主的困境：自治与控制》，周军华译，吉林人民出版社 2006 年版，第 4—7 页。

② 同上书，第 10 页。

③ ［美］罗伯特·达尔：《民主及其批评者》，曹海军、佟德志译，吉林人民出版社 2006 年版，第 304 页。

是功能上的和特定化的，他们的需要与其他群体和阶级的需要相冲突，所有的利益群体以不同的和相互交叉重叠的选民为公民基础。因此所谓“民主”就其实际意义而言，就是一种权力为众多团体所分享的多头政制，是“多重对立的少数人”的统治，而不是古典民主理论所标榜的“主权在民”或“多数人的统治”。从这里可以看出，达尔的多元民主论既与古希腊以来的传统民主理论不同，又与熊彼特的精英民主理论有别。

（二）多元民主理论的政治参与观：影响决策

和熊彼特一样，达尔也认为，政治事务最好是交给那些积极参政的少数人，这些人靠他们的兴趣、知识、判断力，显示他们有能力管理一个现代国家。但是他认为，为了制衡少数人统治，统治者必须从社会各个部分选取，他们必须为得到某一职位而公开地相互竞争，向选民解释他们的所作所为。同时达尔认为，民众参与政治的活动不能像精英民主理论所主张的一样仅仅局限于选举性参与，除了可以参与选举活动之外，民众还可以通过其他方式参与政治，达尔将民众的政治参与方式分成选举性参与、非选举性参与和地方性活动三种类型。选举性参与活动包括参加政党提名、出席捐款餐会、劝说其他人投某一候选人或者政党的票等九项有关选举期间的参与活动；而非选举性参与活动包括与朋友谈论政治、为某一问题而接触地方政府官员或者政治人物、在地方问题或议题中扮演积极角色，以及近年来为某些问题接触政府官员或者政治人物四项具体活动；而地方性政治参与活动则由以上两类活动综合而成。①

随着民主理论从精英主义转向多元主义，政治参与观也相应地由精英主义单维度的参与投票参与观，扩大到多元主义多维度的影响决策参与观。精英主义认为，投票是政治参与的核心，而且是公民可能影响政府过程的唯一方式，而多元主义则认为，除了投票和竞选活动以外，人们还可以通过其他非选举性方式影响政府决策。同期研究政治参与的政治学家伏巴和尼（Verba and Nie）也将政治参与定义为“平民或多或少以影响政府人员的选择以及（或者）他们采取的行动为直接目的而进行的合法活动”②。这一定义在精英主义参与观基础上，增加了允许公民表达他们对

① Dahl, Robert, *Who Governs? Democracy and Power in an American City*, New Heaven: Yale University Press, 1961, pp. 278, 342 – 343.

② Verba, Sidney and Norman H. Nie, *Participation in America: Political Democracy and Social Equality*, New York: Harper and Row, 1972, p. 2.

政府政策偏好的参与方式。多元主义参与观发现并确认了公民在投票和竞选活动之外的政治参与行动，即非选举政治参与，如社区参与，特别接触等。不过多元民主参与观与精英主义参与观也有一致之处，那就是公民的政治参与就政治结果来说仍然是一个间接的行为，公民只能间接影响政府决策，而不能直接决定政治结果。

三　参与民主理论及其政治参与观

参与民主理论形成于20世纪60年代至70年代，参与民主理论也是在反思古典民主理论与现实民主实践差距的基础上提出来，不过与精英民主理论不同的是，参与民主理论更加强调公民参与政治生活的价值，认为公民对于影响他们生活的政府决策应该拥有参与权，主张高程度的公民参与和自我管理，特别是强调公民对超越传统政治之外的社会领域的参与。

（一）参与民主理论的内涵

参与式民主理论的主要代表人物是卡罗尔·佩特曼（Carole Pateman），她批判了当代自由主义民主理论专注于对民主的经验主义分析，而忽视将民主理论用于指导现实政治生活的问题，并为大众参与和工业民主从多方面作了辩护。她强调参与民主是保护人民利益的一种重要机制，主张把代议制民主与大众的直接参与结合起来，把直接民主广泛地运用于政治、社会和经济领域，强调直接参与对于实现民主的意义，“只有当个人在当前的社会中有机会直接参与决策过程和选择代表，他才有希望控制自己的生活前景以及自己周围环境的发展”①。同时，佩特曼认为，参与民主对于培养公民的政治兴趣和提高公民的政治能力具有重要作用，她强调，真正的民主应当是所有公民直接、充分地参与公共事务决策的民主，从政策议程的设定到政策的执行都应该有公民的参与。对政治生活的广泛参与也能够提高人们的政治效能感，“参与活动具有累积性的效果，一个人参与的领域越多，他在政治效能感方面的得分可能就越高”②。同时，广泛的参与也能够培养和开发公民参与所需的心理品质和民主技能。佩特曼认为，公民参与的领域除了政治领域外，最恰当的领域是与人们生活息息相关的领域，如社区或工作场所，因为这是人们最为熟悉也最感兴趣的

① ［美］卡罗尔·佩特曼：《参与和民主理论》，陈尧译，上海人民出版社2006年版，第103页。

② 同上书，第70页。

领域。

与佩特曼一样，巴伯（Barber）的“强势民主”理论也在批判自由主义民主的基础上，为直接民主作了辩护和倡导，他认为，民主有两种形式：一种是现存的自由主义民主，他称为“弱势民主”；一种是理想的但尚未实现的民主，他称为“强势民主”。巴伯认为，现行的自由主义民主是一种“弱势民主”，“其民主的价值是谨慎的、也是暂时的、相对的和有条件的，它服务于排他性的个人主义企图与私人目的”[①]，这种弱势民主“既不承认参与的乐趣也不认可公民交往的友谊，既不承认持续政治行动中的自主与自我管理，也不认可可以扩大公民彼此共享的善——共同协商、抉择和行动”[②]。巴伯提出的改革方案是建立“强势民主”，所谓“强势民主”是“参与模式的政治，它是在缺乏独立理据的情况下，通过对正在进行中的、直接的自我立法的参与过程以及对政治共同体的创造，将相互依赖的私人个体转化为自由公民、并且将部分的和私人的利益转化为公共利益，从而解决冲突”[③]。巴伯对强势民主的制度设计的具体原则是讨论的制度化、决策的制度化以及行动的制度化[④]。巴伯认为，强势民主需要依靠有能力、负责任的公民来支撑，而只有真正自治和亲自参与的民主才能造就这样的公民。

（二）参与民主理论的政治参与观：参与决策

从词源学的观点看，“参与”一词在民主背景下是指个人亲自参与决策过程的行为，这就是参与民主理论中参与的含义，“参与必须是一种在一些事情中的参与过程，这里是指决策活动中的参与（这是参与民主理论的定义）”[⑤]，根据参与民主理论的主张，政治参与是直接由相关个人参与决策过程，在这一过程中，个人的权威不再被代表，而是直接由他们自己来行使。按照巴伯的说法，“强势民主是参与型民主的一种独特的现代模式”[⑥]。政治参与是公民自治而不是由代表管理，“强势民主要求没有中

① ［美］巴伯：《强势民主》，彭斌、吴润州译，吉林人民出版社 2006 年版，第 4 页。

② 同上书，第 26 页。

③ 同上书，第 160 页。

④ 同上书，第 306—344 页。

⑤ ［美］卡尔罗·佩特曼：《参与和民主理论》，陈尧译，上海人民出版社 2006 年版，第 65 页。

⑥ ［美］巴伯：《强势民主》，彭斌、吴润州译，吉林人民出版社 2006 年版，第 145 页。

介的自治，这种自治是由参与性的公民群体进行的”①，以扩大公民对政治的直接参与为核心，以“社群”“共识”等理念为特征，强调公民直接参与政治，尤其是“面对面”的讨论、审议及判断，将市场社会中的个人重新连接在一起，找回在自由竞争的市场中失散的、孤零零的个体。与把政治参与看成是公民试图影响决策的多元民主参与观不同，参与民主理论认为，参与是指直接参与决策。当然这一定义不意味着参与民主理论主张废除代议制度，参与民主只是建议放宽直接参与的机会，通过在传统代议制制度之外，在小规模的环境中，为普通民众提供新的参与平台，佩特曼区分了部分参与与完全参与两种直接参与方式：“部分参与是指双方或多方在决策过程中相互影响，但最终的决策权只在其中一方”，而完全参与是指“决策整体中的每一个成员平等地享有决定政策结果的权力的过程”②。她认为，部分参与与完全参与都可以在管理活动的所有层次上进行③。参与民主理论的重点是在代议制民主的框架中，使公民更多地直接参与解决社区问题的活动。

四　协商民主理论及其政治参与观

协商民主（deliberative democracy）又可以称为商议民主、商谈民主或审议民主。协商民主理论形成于20世纪末期，作为一种现时代的政治思潮和政治制度设计，它是在西方传统自由民主理论遭受质疑，西方社会迫切要求扩大公民参与，加强公民和团体间的对话与合作，从而促进政治共识，维护社会稳定与发展的背景下形成的。④

（一）协商民主理论的内涵

总的来说，协商民主理论始于对自由民主实践的批评。作为一种具有潜在影响的政治理想和改革计划，协商民主延续了“激进”民主的传统。不过，它延续的方式是通过强调公共讨论、推理和判断来调和激进的人民观点。⑤

---

① ［美］巴伯：《强势民主》，彭斌、吴润州译，吉林人民出版社2005年版，第306页。

② ［美］卡尔罗·佩特曼：《参与和民主理论》，陈尧译，上海人民出版社2006年版，第67页。

③ 同上书，第67页。

④ 陈家刚：《协商民主与当代中国政治》，中国人民大学出版社2009年版，第1页。

⑤ ［美］詹姆斯·博曼、威廉·雷吉主编：《协商民主：论理性与政治》，陈家刚等译，中央编译出版社2006年版，中文版序第1页。

关于协商民主的内涵，学者们从不同视角给出了三种解释①。部分学者将协商民主看成是一种决策机制，或者说决策形式。例如，米勒认为，当一种民主体制的决策是通过公开讨论——每个参与者能够自由发表观点和意见，同时愿意倾听并考虑相反的观点——做出的，那么，这种民主体制就是协商的。② 这种决策不仅反映了参与者先前的利益和观点，而且还反映了他们在讨论过程中思考各方观点之后做出的相应判断，以及所形成的用来解决分歧的原则和程序。作为一种决策形式，协商民主要求在决策过程中每个受决策影响的公民都应该被吸纳进来，以实现公众对政治生活的平等参与，这种协商民主观的实质是强调在政治平等的前提下决策方法和议程上的平等，通过自由、公开的信息交流，赋予理解问题和其他观点的充分理由。这种协商民主观认为，只有满足这些条件的协商过程才能够形成具有合法性的决策。另一部分学者将协商民主看成是一种民主治理的形式。如瓦拉德兹认为，多元文化民主所面临的最大危险就是公民的分裂与对立，他认为，协商民主作为一种具有巨大潜能的民主治理形式，它能够有效回应多元文化间的某些核心问题。这种协商民主观尤其强调对于公共利益的责任、强调促进政治话语的相互理解、主张辨别所有政治意愿，以最终达成重视所有人需求与利益的政策。③ 作为民主治理形式的协商民主，强调以公共利益为取向，主张通过平等、自由、公开的对话实现共识，进而做出民主决策。还有部分学者将协商民主看成是一种团体组织或政府形式。如科恩认为，协商民主是指一种公共事务由其所有成员共同协商所支配的团体。这种团体将协商民主本身看成是基本的政治理想，看成是能够根据公正和平等价值来解释的协商理想。④

虽然学者们对协商民主具体含义的理解存在差异，但他们具有一个共同的核心观点，即公共协商。“公共协商是政治共同体成员参与公共讨论和批判性地审视具有集体约束力的公共政策的过程。形成这些政策的协商

---

① 陈家刚：《协商民主引论》，《马克思主义与现实》2004 年第 3 期。

② Miller, David. Is Deliberative Democracy Unfair to Disadvantaged Groups? Maurizio Passerin D'entrèves, *Democracy as Public Deliberation: New Perspectives*, Manchester University Press, 2002, p. 201.

③ Valadez, Jorge M. , *Deliberative Democracy, Political Legitimacy, and Self-Democracy in Multicultural Societies*, USA Westview Press, 2001, p. 30.

④ Cohen, Joshua, Deliberation and Democratic Legitimacy. Bohman, James and William Rehg, *Deliberative Democracy: Essays on Reason and Politics*, The MIT Press, 1997, p. 67.

过程最好不要理解成政治讨价还价或契约性市场交易模式，而要将其看成公共利益责任支配的程序。公共协商的主要目标不是狭隘地追求个人利益，而是利用公共理性寻求能够最大限度地满足所有公民愿望的政策。"①可见，协商民主在肯定公民应该积极参与政治生活的同时，又尊重国家与社会间的界限，力图通过完善民主程序以扩大参与范围，它强调通过自由平等的对话来消除冲突，并在保障个人权利的基础上为公民积极参与提供一个有效的民主机制。②

（二）协商民主理论的政治参与观：政治讨论

协商民主理论家对于什么是协商观点并不一致，争议的一个问题是，协商是指整个决策的过程还是仅仅指决策前的观点形成过程，埃尔斯特（Elster）将协商定义为"通过讨论做决策"，③ 这就将协商看成了一个决策过程，而钱伯斯（Chambers）认为协商并不直接指向达成决定，而是一种决策之前的观点形成过程，④ 不论从哪种观点来看，协商民主模型下的参与观，都强调参与政治讨论的重要性，詹姆斯·费伦（James Fearon）认为，集体决策之前讨论问题可以带来六大好处，"揭示私人信息；减少或者克服有限理性；推动或鼓励一种赋予需求或要求正当化的特殊模式；有助于在团体的监督下促进最终选择合法化，加强团体团结或促进决策实施的可能性；提高参与者的道德素养和知识水平；独立于讨论结果，做'正确的事情'"⑤。也就是说，无论是将协商看成是整个决策的完整过程，还是将协商看成是仅仅指决策前的观点形成阶段，协商民主都强调各种利益相关的政治主体在决策前应该积极参与政治讨论，以通过平等、公开、自由和广泛的讨论与对话，最终达成共识。而且，即使经过充分广泛的政治讨论仍然没有达成共识，也不影响政治讨论本身的价值，因为协商民主中公开广泛的政治讨论本身就具有形成偏好、影响他人观念的价值，而不仅仅是达成最终共识的一种工具。

① ［美］乔治·M. 瓦拉德兹：《协商民主》，《马克思主义与现实》2004 年第 3 期。

② 卢瑾：《当代西方协商民主理论研究：现状与启示》，《政治学研究》2008 年第 5 期。

③ Elster, J., "Introduction", *In Deliberative Democracy*, Cambridge: Cambridge University Press, 1998, p. 8.

④ Chambers, S., *Reasonable democracy: Jürgen Habermas and the politics of discourse*, Ithaca, N. Y.: Cornell University Press, 1996, p. 171.

⑤ ［美］詹姆斯·费伦：《作为讨论的协商》，陈家刚选编《协商民主》，上海三联书店 2004 年版，第 2 页。

五 四种民主理论政治参与观的比较与评析

（一）四种民主理论政治参与观比较

通过以上分析可以看出，西方四种现代民主理论的政治参与观是不同的，他们对待公民参与的态度也存在一定差别，有人曾经说过“关于民主的各种理论可以划分为两大类，即强调公民参与的民主理论和限制公民参与的民主理论”①。根据这一观点，可以看出以上四种民主理论中，精英民主理论应该是主张限制公民参与的，而后三种民主理论是主张扩大公民政治参与的，但应该注意到的是，精英主义民主理论主张限制公民参与而不是反对公民参与。事实上，所有的民主理论都是赞成公民参与政治的，只不过是在“合适的政治参与规模和水平应该是怎样的”这一问题上态度不同而已，“如果民主不是指人民的统治，那它就不值得拥有这个名字。没有一些最低水平政治参与，民主就不能起到作用。缺乏政治参与被人们看成是对民主破坏，民主理论争论的焦点集中于政治参与的度——并不是在政治参与的必要性上”②。从精英主义到多元主义、再到参与民主和协商民主他们所支持的参与规模和水平是逐渐扩大和提高的，精英主义主张最低程度的参与，即参与投票，但同时精英民主理论也认为，如果公民投票率偏低，将会使政府官员脱离人民的控制，对于民主制度的健康发展会带来不利影响，当然，精英民主理论也反对公民在投票之外的参与。根据精英主义民主理论的观点，公民角色仅限于参与投票以选择出他们的政府官员，精英主义坚持自由主义民主模式，认为选民有三个特征：第一，他们仅仅在政治官员的选择上具备有意义的偏好；第二，这些偏好只能通过代议组织间接表达；第三，这些偏好是固定的，并产生于民主程序。③

多元民主主义参与观，是对精英民主理论认为公民仅仅在政府官员的

---

① ［英］戴维·米勒、韦农·波格丹诺：《布莱克维尔政治学百科全书》（修订版），邓正来译，中国政法大学出版社 2002 年版，第 608 页。

② Van Deth, Jan W., Studying Political Participation: Towards A Theory of Everything? Introductory paper prepared for delivery at the Joint Sessions of Workshops of the European Consortium for Political Research Workshop “Electronic Democracy: Mobilization, Organization and Participation via new ICTs”, Grenoble, 2001, April, 6 – 11.

③ Teorell, Jan, Political participation and three theories of democracy: A research inventory and agenda, *European Journal of Political Research*, 2006, 45, pp. 787 – 810.

选择上具备有意义的偏好这一观点的挑战，他们认为，公民不仅在政府官员的选择上有自己的偏好，而且在对政府政策的选择上也有自己的偏好。在精英主义理论支持公民投票参与的基础上，多元民主主义还赞成公民通过非选举性政治参与来表达他们对政府政策的偏好，它认为，人们仅仅参与投票是不够的，因为投票作为一种参与方式，其表达公民偏好和需求的能力是最弱的，[①] 因此，这一民主理论支持在选举参与之外的政府性参与。但与精英民主理论一样，多元民主理论也认为，公民参与政治的主要作用是信息传达，公民只能通过参与将关于自身偏好和需求的信息传达给政府部门，供他们制定政策时综合考虑，而不是公民代替政府部门直接做决策。

参与民主理论的参与观，是对精英民主理论认为公民的偏好只能通过代议组织间接表达这一观点的挑战，参与民主理论认为，公民自己的偏好可以并且应该由他们自己来直接表达，那种通过代表传达公民声音的制度设计效率有限，而且容易忽视少数人的声音。参与民主理论主张在选举参与和政府性参与的基础上，进一步扩大公民参与的领域，提高公民参与的层次。参与民主理论主张公民直接参与决策，由公民自己做决策而不是仅仅影响政府决策。

协商民主理论是对精英民主理论认为公民的偏好是固定的，并外生于民主过程这一观点的挑战。参与民主理论并没有正面回应这一问题，精英主义民主理论和多元主义民主理论主张，民主的目的是将个人偏好整合成一个集体选择[②]，但精英主义和多元主义都没有提出一个规范的标准来评价个人偏好的形成过程，协商民主理论提供了一个标准，即公民参与决策的程序应该建立在广泛、平等、自由和公开的政治讨论基础上的。

总的来说，根据精英民主理论，政治参与是指选举出那些在政府中有发言权的人；根据多元民主理论，政治参与是指试图影响那些在政府中有发言权的人；根据参与民主理论，政治参与是指在政府中亲自发言的过程；根据协商民主理论，政治参与是指找到要说什么的过程。通过四种民主理论政治参与观的比较，可以看出，从精英民主到多元民主再到参与民

---

① Verba, Sidney and Norman H. Nie, *Participation in America: Political Democracy and Social Equality*, New York: Harper and Row, 1972, p. 48.

② Miller, D. Deliberative democracy and social choice, In D. Held (ed.), *Prospects for democracy: North, South, East, West*, Oxford: Polity Press, 1992, pp. 75 – 78.

主最后到协商民主，这四种民主理论所赞同和支持的公民参与的广度在不断扩大，参与的深度也在不断增加。四种民主理论相对应的政治参与观简要比较结果见表1－1。

表1－1　　四种民主理论的参与观比较

民主理论＼参与特征	参与内容	与政府决策的关系	对待参与的态度	参与的实质
精英民主理论	参与选举	影响做决策的人的选择	最小限度的参与	仅限于选举参与
多元民主理论	影响决策	影响决策或影响做决策的人的选择	积极参与	选举性参与及政府性参与
参与民主理论	参与决策	直接参与决策	最大限度的参与	政治参与及社会参与
协商民主理论	政治讨论	决策前的讨论	最大限度的参与	政治讨论

（二）四种民主理论政治参与观评析

虽然四种民主理论各有自己的政治参与观，从而形成了四种不同的政治参与概念。但是从概念应反映客观现实这一角度看，多元民主理论的影响决策政治参与观更加合适现实的政治参与状况。

精英民主参与观将政治参与仅限于选举性参与，这一观点：一方面反映了精英民主理论家对待政治参与的态度，即赞成选举性参与，主张限制公民在选举行为之外的参与；另一方面也反映了早期政治参与研究的实际情况，即早期政治参与研究的研究对象大多数都集中于公民的选举行为。如坎贝尔（Campbell）的《美国选民》①，米尔布雷斯（Milbrath）的《政治参与》② 等都只研究公民参与选举的情况及影响公民参与投票的因素。

维巴在20世纪70年代所进行的公民参与研究中，将政治参与定义为在任何性质的政治系统中，普通公民试图影响或实际影响他们统治者行为，因而政治参与也由先前的单维度观念转换成多维度观念，在单维度观念看来，投票是政治参与的核心，而且是公民可能影响政府过程的唯一方式，而维巴在对美国、日本、澳大利亚、荷兰、印度、尼日利亚和前南斯拉夫等七国公民政治参与行为的比较研究中发现，除了投票和竞选活动以

① Campbell, A., Convers, P. E., Stokes, D. E., and Miller, W. E., *The American voter*, New York: Wiley, 1960.

② Milbrath, Lester W., *Political participation: how and why do people get involved in politics?* Chicago: Rand McNally, 1965.

外，人们也使用其他方式影响政府决策，如社区活动和个人接触，或者寻求政府官员的帮助，或者将他们的偏好传达给政府官员[①]。维巴的发现说明，就公民将他们的政治偏好传递给政府并影响公共政策来说，投票很显然是一个重要的方式，但不是唯一的方式。

所以，现阶段如果仍将政治参与局限于选举性参与，则一方面与公民参与政治活动的现实状况不符，现在公民除了参与选举活动外，也还要在两次选举间隔期参与一些非选举性政治活动；另一方面也与政治科学家对政治参与的研究现状不符，他们现在已很少将研究对象仅限于选举性参与。

参与民主理论的政治参与观是参与决策。虽然其政治理念是希望扩大公民参与的范围与规模，但是由于其将参与界定为直接参与决策，而不是间接影响决策，所以也面临着一些困境：一方面在现实中，政治领域很少出现普通公民能直接参与政治决策的情况，因为在现行代议民主制度框架中，最终决策权掌握在由公民选举出的代表（议员）和政府官员手中，只有他们才有政策的决策权，决策也是由他们作出的，普通公民无法直接进入决策领域做出决策，因此参与民主理论主张的直接参与决策的观点，在现实民主制度框架中缺乏可操作性；另外参与民主理论认为，"参与性社会的观念要求'政治'的范围延伸至政府以外的领域"[②]，但如果将直接参与决策不局限于狭义的政治领域，而是扩大到社会领域的一些低层次的生产、生活领域，比如佩特曼所说的工作场所的参与，这种参与实际上是狭义的社会参与，不能称为政治参与，因为政治参与的对象必须指向政府权力部门，而不是非政府部门。所以，参与民主理论的政治参与观如果是指向政治领域的话，那就面临着在现实中很难实现的问题，如果指向社会领域的话，在政治参与经验研究中，一般都将这种参与形式作为社会参与活动，而不是政治参与活动。

关于协商民主理论的政治参与观点，不同的协商理论家有不同的参与观，有的将其界定为决策前的政治讨论，有的将其限定为政治讨论以后再直接参与决策，有的将其界定为政治讨论以后再影响决策而不是参与决

① Verb, Sidney, Norman H. Nie and Jae-on Kim, *Participation and Political Equality: a Seven-nation Comparison*, Cambridge, Eng.; New York: Cambridge University Press, 1978, p. 75.

② ［美］卡尔罗·佩特曼：《参与和民主理论》，陈尧译，上海人民出版社2006年版，第99页。

策。如果将协商民主的政治参与观定义为政治讨论，如迭戈·甘贝塔的观点，协商是“个人借此在集体决策之前表达并倾听各种观点的对话或交流”①，那它实际上不是政治参与，因为仅仅讨论政治本身是不能直接影响政府的。如果将政治参与界定为政治讨论以后再直接参与决策的话，那就会面临与参与民主相似的问题，要么在实践中很难实现，要么只是社会参与而不是政治参与。如果将其定义为政治讨论之后再影响决策而不是参与决策的话，那这种参与观实际上与多元民主理论的影响决策参与观是一致的，虽然后者并没有强调参与前的政治讨论。

政治学经验研究中绝大部分的政治参与概念都是多元主义理论的政治参与观，即影响决策参与观。这主要因为这种参与观相比其他三种民主理论的参与观更加符合代议制民主制度的实际状况。第二次世界大战以后，在科技革命的推动下，西方各国经济发展迅速，社会分化日益显著，各种组织、集团如雨后春笋般地涌现出来，组成了政治舞台上一股新兴的强劲势力。这些组织和集团积极介入政治过程，参与政治竞争与合作，以最大限度地追求自身利益，这使得传统政治结构和权力关系发生了很大的变化。同时教育的普及和大众传播媒介的扩展，激发了广大公众的自主精神和自我意识，他们也通过各种方式广泛地参与政治活动，多元主义民主的参与决策政治参与观，适应了当代西方民众参与政治的现实状况。

现阶段大多数政治科学家对政治参与的研究都是采用这种参与观，虽然在这种参与观之下，具体哪些行为可以看成政治参与行为，不同的研究者看法不完全相同，但基本共识还是存在的。这种影响决策参与观的定义由维巴和尼（Verba and Nie）最早提出：“平民或多或少以影响政府人员的选择以及（或者）他们所采取的行动为直接目的而进行的活动。”② 这一参与概念强调公民参与政治的目的是试图影响政府，这一定义几乎完全主导了政治参与的经验研究领域。20 世纪 70 年代两个大规模的跨国比较研究使用了这一定义界定政治参与。③ 20 世纪 90 年代美国和英国的两个

① Elster, Jon Edited, *Deliberative Democracy*, Cambridge University Press, 1998, p. 19.

② Verba, Sidney and Norman H. Nie, *Participation in America: Political Democracy and Social Equality*, New York: Harper and Row, 1972, p. 2.

③ Verba, Sidney and Norman H. Nie. Participation in America, *Political Democracy and Social Equality*, New York: Harper and Row, 1972, p. 46. Kaase, M. &Marsh, A. Political action: A theoretical perspective. In S. Barnes et al. (eds.), *Political action: Mass participation in five Western democracies*, Beverly Hills, CA: Sage, 1979, p. 42.

大规模政治参与研究也与这一定义一致①。而且，这一定义也获得了很多教科书和评论文章的广泛认可②。

六　经验研究中政治参与的含义与类型

（一）经验研究中政治参与的含义

虽然多元主义理论影响决策的政治参与观几十年来主导了政治参与领域的经验研究，而且已经形成了一定的基本共识，但是对政治参与的具体含义在一些方面还存在一定的分歧，最主要的是维巴和亨廷顿的争论。

1. 维巴的政治参与的定义与特征

西德尼·维巴（Sidney Verba）是较早研究政治参与的美国著名政治学家，也是将政治参与研究由选举性研究扩展到非选举性研究的最主要的研究者之一，在《美国参与：政治民主与社会平等》一书中，他将政治参与定义为“平民或多或少以影响政府人员的选择以及（或者）他们采取的行动为直接目的而进行的活动”③。即平民旨在影响政府决策的行为。

这一定义中政治参与行为有以下几个特征：第一，政治参与是试图影响政府行为的活动，或者是通过影响政府工作人员所做的选择而直接影响政府行为，或者是通过影响政府工作人员的选择而间接影响政府行为，不管公民的活动是否成功，只要这种活动发生了就表示公民参与政治了。但是这一定义中不包括“礼仪性”或者“支持性”参与，因为公民参加这类活动主要是为了表达对政府的支持。第二，政治参与是指政治活动，不包括对参与的态度，如个人的政治效能感或者公民规范，这些心理取向作为参与的源泉可能很重要，但不是公民的实际参与行为。第三，政治参与的对象指向政府部门，即旨在影响政府的行为。第四，政治参与是限定在“系统内部”的活动，只包括以合法手段影响政治的活动，即只包括“普通”（ordinary）政治行为，而不包括“非制度性”甚至“非法”的各种

---

① Parry, G., Moyser, G. and Day, N. Political participation and democracy in Britain, Cambridge: Cambridge University Press, 1992, p. 16. Verba, S., Schlozman, K. L. and Brady, H., *Voice and equality: Civic voluntarism in American politics*, Cambridge, MA: Harvard University Press, 1995, p. 37.

② Brady, H. Political participation. In Robinson, J., P. Shaver and L. Wrightsman (eds.), *Measures of political attitudes*, San Diego, CA: Academic Press, 1999, p. 737.

③ Verba, Sidney and Norman H. Nie, *Participation in America: Political Democracy and Social Equality*, New York: Harper and Row, 1972, p. 2.

政治抗议的行为。第五，政治参与并不局限于投票和竞选这类选举性政治参与活动，在两次选举之间公民也可以参与政治。只是那时公民不是试图影响政府工作人员的选择，而是试图影响政府工作人员所作的选择。[①] 简单地说，维巴的政治参与定义排除了“仪式性”支持行为，因为这种行为不涉及对政府的影响；排除了社会参与行为，因为这种行为并不旨在影响政府行为；也排除了各种非常规的行为，包括各种抗议行为。

2. 亨廷顿的政治参与定义与特征

亨廷顿在《难以抉择：发展中国家的政治参与》一书中，将政治参与定义为“平民试图影响政府决策的活动”[②]。这一定义简洁明了，与维巴一样，亨廷顿强调了政治参与是平民试图影响政府决策的行为。这一定义所界定的政治参与行为的具体特征有：第一，政治参与只包括活动而不包括态度。有关政治的知识、政治兴趣和功效感以及对政治相关性的认识，尽管它们可能常常与政治行为密切相关，但在有时候又与政治行为不发生直接关系。因此，将客观政治活动和主观政治态度看作两个分离的变量。第二，政治参与是指平民的政治活动，或者更确切地说，是指充当平民角色的那些人的活动。由此把政治参与者与政治职业者区分开来。第三，政治参与行为的对象指向公共当局，因为人们通常认为，公共当局对于社会价值的权威性分配拥有合法的最终决定权。政治参与活动包括试图影响政府决策的所有活动，并不考虑这些活动根据政治系统的既定准则是否合法，即无论是合法行为还是非法行为，只要是试图影响政府的行为，都是政治参与行为。但职业革命者的行为不包括在内，因为其行为已具有职业性，不满足亨廷顿政治参与定义的第二个特点。第四，政治参与包括试图影响政府的所有活动，而不管这些活动是否产生了实际效果。第五，政治参与不仅包括本人自发参与的影响决策的活动，而且还包括行动者受到他人动员而参与的旨在影响政府决策的活动，前者称为自动参与，后者称为动员参与。[③]

3. 维巴与亨廷顿政治参与定义的比较

比较维巴和亨廷顿对政治参与行为特征的界定，可以发现两者之间的

① Verba, Sidney and Norman H. Nie, *Participation in America: Political Democracy and Social Equality*, New York: Harper and Row, 1972, pp. 2 – 3.

② ［美］萨缪尔·亨廷顿、琼·纳尔逊：《难以抉择：发展中国家的政治参与》，汪晓寿、吴志华、项继权译，华夏出版社 1989 年版，第 5 页。

③ 同上书，第 5—7 页。

三个相同之处：第一，两者都认为，政治参与是指客观的行动而不包括主观的态度；第二，两者都认为，政治参与行为指向的对象是政府部门；第三，两者都强调，行为的主体是平民。两者的区别有两点：第一，维巴的政治参与定义中不包括非法的行为，而亨廷顿的定义中包含了非法行为。第二，亨廷顿的政治参与定义中包括了动员参与，而维巴的定义不包括“支持性”或者“礼仪性”动员参与。

关于政治参与方式是否应该包括以非制度形式甚至是以非法形式进行的活动，如游行示威、抗议暴乱等活动，仅从政治参与的定义出发，很难作出判断，经验研究中有的学者将这些以非法形式进行的活动看作政治参与，① 而有的学者则仅考虑以合法手段进行的活动，总的来说后一种情况占多数，但是较少研究这种以非法方式进行的政治参与活动，并不表示这种行为不重要，只是因为合法和非法这两类政治参与活动的表现形式和影响因素差异很大，在一个理论框架中很难研究。这一点正如维巴所说，“我们关注‘普通’（ordinary）政治行为，并不意味着这些（政治抗议）行为不重要，只是研究这些行为是另外一本书的内容了”②。

关于受到动员后参与政治的行为是否属于政治参与行为，亨廷顿认为，受到动员以后而参与政治的行为应该算是政治参与活动。这是因为：第一，动员参与和自动参与之间的界限在现实中不像理论上那么容易分辨，与其在界限不甚分明的两者之间人为地划出一条线，不如把这两种参与都纳入研究范围。第二，所有政治系统的政治参与，实际上都是动员参与和自动参与的混合，如果把注意力局限于自动参与，就容易错误地认为，政治参与是民主政治特有的现象。第三，从动态关系上来看，自动参与和动员参与都有可能相互转化。第四，动员参与和自动参与都能为领导人提供机会或构成约束，两种参与都对政治系统产生重大影响。③

而维巴认为，政治参与不应该包括“礼仪性”或者“支持性”参与，因为公民“参加”这类活动是为了表达对政府的支持，而不是传递对政

① Barnes, Samuel H. , Max Kaase et al. , *Political Action*: *Mass Participation in Five Western Democraies*, Beverly Hills, Sage, 1979; Nelson, John M. , *Access to Power*: *Politics and the Urban Poor in Developing Nations*, Princeton: Princeton University Press. 1979.

② Verba, Sidney and Norman H. Nie, *Participation in America*: *Political Democracy and Social Equality*, New York: Harper and Row, 1972, p. 3.

③ ［美］萨缪尔·亨廷顿、琼·纳尔逊：《难以抉择：发展中国家的政治参与》，汪晓寿、吴志华、项继权译，华夏出版社 1989 年版，第 8—10 页。

府的要求。维巴认为，“这种区分很重要特别是在很多注意力都集中于对公民进行的‘支持’意义上的政治动员这样的时代”。如果据此认为，维巴将动员参与排除在政治参与行为之外的话，那就是一个误解。维巴定义的政治参与行为并不排除动员参与，只是排除“支持性”或者“礼仪性”参与，反对的是支持性政治动员，不是反对所有的政治动员。接受动员后而参与政治的行为是否属于政治参与行为，关键之处不在于是否受到了动员，也不在于是受到了谁的动员，而在于动员之后参与行为的性质如何，公民动员起来后是影响政府还是支持政府，是公民自下而上地影响政府，还是政府自上而下地影响公民，是形成决策还是宣传贯彻决策，如果是前者则是政治参与行为，如果是后者则不是政治参与行为，而是一种行政管理行为。因为维巴认为，政治参与是公民影响政府的行为，“这种参与应该称为民主参与，它强调群众源源不断地自下而上影响政府。而且，它不要求支持先前存在的统一的国家利益，相反，它是创造国家利益过程的一部分”①。

另外，维巴也相当重视政治动员对政治参与的作用，在他的三部主要研究政治参与的著作中，维巴都重点研究了志愿协会、教会、政党等组织的政治招募活动对公民政治参与的影响，② 他所说的政治招募活动实际上就是罗森斯托恩（Rosenstone）所谓的政治动员，③ 只不过维巴重点研究志愿组织的政治动员对公民政治参与的影响，而罗森斯托恩重点关注政治领导人及政党的政治动员对公民政治参与的影响，不过两者都认为，接受政治动员后，公民参与政治的行为是自下而上地影响政府，而不是自上而下地受政府影响。

4. 其他学者对政治参与的定义及其特征

政治参与是西方政治学家广泛关注的研究领域，研究成果相当丰富，其中很多都涉及对政治参与的定义，除了前面介绍的两种定义外，其他的

---

① Verba, Sidney and Norman H. Nie, *Participation in America: Political Democracy and Social Equality*, New York: Harper and Row, 1972, p. 3.

② Verba, Sidney and Norman H. Nie, *Participation in America: Political Democracy and Social Equality*, New York: Harper and Row, 1972; Verba, Sidney, Norman H. Nie, Jae-on Kim, *Participation and political equality: a seven-nation comparison*, Cambridge, Eng.; New York: Cambridge University Press, 1978; Verba, S., Schlozman, K. L. and Brady, H., *Voice and equality: Civic voluntarism in American politics*, Cambridge, MA: Harvard University Press, 1995.

③ Rosenstone, S. J. and Hansen, J. M., *Mobilization, participation, and democracy in America*, New York: Macmillan, 1993.

定义还有：米尔布雷斯和格尔（Milbrath and Goel）将政治参与定义为“公民个人试图影响或者支持政府及政治的行为”[①]；卡斯和玛希（Kaase and Marsh）认为，政治参与是指“公民所有旨在直接或间接影响各个层次政治系统的政治选择的志愿行为”[②]；巴里等人（Parry et al.）将政治参与界定为“公民旨在影响公共代表及官员决策的行动”[③]。巴恩斯（Barnes）认为：“政治参与是指在政治体制的各个层次中，意图直接或间接影响政治抉择的个别公民的一切志愿活动。”[④] 纳尔逊（Nelson）将政治参与定义为“旨在影响国家或地方政府的行动或有组织的平民行动”[⑤]。康威（Conway）将政治参与定义为“公民试图影响政府结构、政府权威选择或政府政策的行为”[⑥]。

仔细分析以上政治参与定义可以看出，尽管所强调的侧重点不同，但它们的共同之处还是相当明显的。首先，政治参与是指人们以公民角色而不是以职业政治家或政府工作人员角色参与的活动。其次，政治参与只指行动而不包括态度。再次，公民政治参与行为指向政府部门，不包括加入志愿组织等社会参与活动。最后，这些政治参与都是在宽泛意义上关注政府及政治，即政治参与活动既包括选举性政治参与也包括非选举性政治参与。

（二）经验研究中政治参与的类型

与经验研究中政治参与的内涵相对应，对于政治参与的外延具体应包括哪些活动，不同研究同样有不同的观点。早期的经验研究由于受精英民主政治参与观的影响，政治参与的研究对象往往仅限于公民的选举性参

---

① Milbrath, Lester W. and Madan Lal Goel, *Political Participation. How and Why People Get Involved in Politics*, Chicago: Rand McNally, 1977, p. 2.

② Kaase, Max and Alan Marsh. Political Action. A Theoretical Perspective. Barnes, Samuel, Max Kaase et al., *Political Action: Mass Participation in Five Western Democracies*, London: Sage, 1979, p. 42.

③ Parry, Geraint, George Moyser, and Neil Day, *Political Participation and Democracy in Britain*, Cambridge: Cambridge University Press, 1992, p. 16.

④ Barnes, Samuel H., Max Kaase et al., *Political Action: Mass Participation in Five Western Democraies*, Beverly Hills, Sage, 1979.

⑤ Nelson, John M., *Access to Power: Politics and the Urban Poor in Developing Nations*, Princeton, Princeton University Press, 1979.

⑥ Conway, Margaret. M., *Political participation in the United States* (2nd Ed.), Washington, DC: CQ Press, 1991.

与，如坎贝尔的《美国选民》一书仅研究公民投票这一种参与行为①，米尔布雷斯的《政治参与》书名虽然叫政治参与，但其研究的范围也仅限于选举性政治参与活动，他将公民的十四种具体政治参与行为，根据参与活跃度的不同，分为旁观行为、过渡行为与角斗行为三大类②。从维巴的《美国参与》开始，政治参与的研究对象就从选举性政治参与扩大到非选举性政治参与。

1. 维巴对政治参与的分类

维巴对政治参与模式的研究建立在经验分析的基础上，他首先提出了政治参与行为的四个影响维度作为分类的标准：第一，政治参与行为施加影响的类型。公民活动可以通过两种方式来影响政府领导人的行为：他们可以向政府官员传递自己喜欢的信息或者可以对政治领导人施加压力，或者两者都采用。有些政治活动向政府部门传递的信息较多，而有一些传递的则少些，有些活动对政府施加的压力大一些，而有些行为所带来的压力则小些。即不同的政治参与活动，其施加影响的类型不同。第二，政治活动结果影响的范围。政府做出的决策不总是影响广泛，有时候它所造成的结果常常只影响某个公民或者这个公民的直系亲属。不同的政治参与活动，其最终结果影响的范围也不同，因此应根据政府活动的范围，即受影响的公民数量来对它们加以区分。第三，政治参与所造成的冲突面的大小。政治参与不可避免地会引起社会冲突与调和的问题。有些参与活动是不利于其他参与者，而在另一些情况中，一部分参与者在没有“对立参与者”的情况下试图获得有利结果，他们的所得并不意味着他人明显的损失，所以不同的参与行为所造成的冲突状况不同。第四，政治参与所需要的主动性。即不同的政治参与活动，所需要的行动主动性也是不同的③。

在提出这四个维度的基础上，维巴利用调查所得的数据，通过因子分析法这种统计分析技术，最终将美国公民的十五种政治参与活动归纳成四种政治参与类型，这四种类型及其包括的参与活动为：第一，竞选活动，包括劝说其他人去投票、积极为政党或者候选人服务、参加政党会议或者

① Campbell, A., Convers, P. E., Stokes, D. E., and Miller, W. E., *The American voter*, New York: Wiley, 1960.

② Milbrath, Lester W., *Political participation: how and why do people get involved in politics?* Chicago: Rand McNally, 1965, p. 18.

③ Verba, Sidney and Norman H. Nie, *Participation in America: Political Democracy and Social Equality*, New York: Harper and Row, 1972, pp. 47–51.

集会、为政党候选人捐钱、加入政党俱乐部等；第二，投票，包括在1964年美国总统选举中投票、在1960年美国总统选举中投票、在美国地方选举中投票等；第三，社区活动，包括和其他人合作解决地方性的问题、建立一个组织来解决地方性问题、成为社区活动积极分子、因社会问题接触地方官员、因社会问题接触州及联邦政府官员等；第四，特殊接触，包括因个人问题接触地方官员、因个人接触州及联邦政府官员等①。后来维巴将这一分类方式运用于美国、日本、澳大利亚、荷兰、印度、尼日利亚和前南斯拉夫等七国的比较研究，发现这七个国家的政治参与模式也与这四种类型基本吻合。② 罗森斯托恩在维巴分类的基础上进一步将公民政治参与行为概括为选举性政治参与与政府性政治参与，前者对应于维巴政治参与分类中的投票行为与参与行为，后者对应于维巴的特别接触与社区活动。③ 表1－2是对维巴的四类政治参与活动及其影响特征的综合概况。

表1－2　政治参与的模式与维度

活动模式		影响类型	结果规模	冲突的存在	所需主动性
选举性政治活动	投票	高压力、低信息	集体性结果	冲突	很少
	竞选活动	高压力、低到高信息	集体性结果	冲突	一些
非选举性政治活动	社区活动	低压力、高信息	集体性结果	通常没有冲突	一些或很多
	特殊接触	低压力、高信息	特殊化接触	没有冲突	很多

资料来源：根据诺曼·尼和西德尼·维巴的《政治参与》及西德尼·维巴和诺曼·尼的《美国参与：政治民主与社会平等》改编。④

2. 亨廷顿对政治参与行为的分类

亨廷顿对政治参与的分类与维巴的分类有些类似，包括以下五种模

① Verba, Sidney and Norman H. Nie, *Participation in America: Political Democracy and Social Equality*, New York: Harper and Row, 1972, p. 72.

② Verba, Sidney, Norman H. Nie, and Jae-on Kim, *Participation and political equality: a seven-nation comparison*, Cambridge, Eng.; New York: Cambridge University Press, 1978, pp. 53－54.

③ Rosenstone, S. J., and Hansen, J. M., *Mobilization, Participation, and Democracy in America*, New York: Macmillan, 1993.

④ ［美］格林斯坦、波尔斯比编：《政治学手册精选》，储复耘译，商务印书馆1996年版，第304页。Verba, Sidney and Norman H. Nie, *Participation in America: Political Democracy and Social Equality*, New York: Harper and Row, 1972, p. 73.

式：第一，选举活动，它除了包括投票行为外，还包括为竞选捐款、为选举组织工作、为候选人游说或者其他影响选举过程和结果的活动。第二，院外活动，它是指个人或者团体通过与政府官员和政治领导人的私下接触，在涉及个人或公共利益的问题上试图影响政府官员和政治领导人决定的活动。第三，组织活动，它是指某一组织中的骨干或者成员的参与活动，这种组织的基本目标是影响政府决策。第四，接触，它是指为谋求个人或者小一部分人的利益而指向政府官员的个人活动。第五，暴力，即以伤害人身或者毁坏财产的方式来影响政府决策的活动。① 亨廷顿对政治参与分类与维巴的分类的最大区别是前者包括了暴力活动，而后者不包括。这是由于两者对政治参与的定义不同造成的。

3. 伦纳德·毕福勒（Leonard Beeghley）的政治参与类型

毕福勒 1986 年提出了六大类不同性质的政治参与形式，这六大类的政治参与行为是：认知性参与、表达性参与、组织性参与、选举性参与、党派性参与以及政府性参与。

（1）认知性参与（Cognitive Participation）包括公民观看电视新闻、收听广播新闻、与朋友及同事交谈、阅读报纸或者杂志、回应来自他们所属政治组织或群体的接触等活动，通过这些活动公民可以获得政治信息和知识。（2）表达性参与（Expressive Participation）是指公民与他人就政治问题进行交谈、讨论和辩论，向其他人表达自己观点的行为。人际间的这种交流行为也是政治行为，因为人们通过政治讨论可以相互交流政治观点，以达成某种共识。（3）组织性参与（Organizational Participation）是指公民加入各种志愿组织的活动。即使在组织目标明显不是政治性目标时，加入志愿组织的组织性参与也与政治参与有关，这是因为这类非政治性组织为人们讨论政治问题提供了一个平台，在协会中人们可以讨论问题，相互鼓励对方积极参与，而且当组织利益或者他们成员的利益受到政府政策影响时，组织还可以动员其成员向政府部门表达诉求。更重要的是，组织成员资格给人们提供了一种利益代表的工具，使得组织成员在参与投票、政党接触、游说政府官员等方面变得更加容易，组织性参与为利益代表提供了一个基础，保护成员利益是组织的一种功能。（4）选举性参与（Electoral Participation）是指公民在各类选举活动中参与投票的行

① ［美］萨缪尔·亨廷顿、琼·纳尔逊：《难以抉择：发展中国家的政治参与》，汪晓寿、吴志华、项继权译，华夏出版社 1989 年版，第 13—15 页。

为。(5) 党派性参与（Partisan Participation）是指公民对政治党派的认同并为其候选人工作的行为，工作的时间范围从偶尔服务到经常服务、参与活动的形式从佩戴徽章到参与志愿服务、捐款、为候选人做战略性指导、张贴竞选海报、组织示威，及其他旨在影响决策者选择的活动。(6) 政府性参与（Government Participation）是指旨在直接影响政府决策的活动，影响政府行动的范围可以从给学校董事会成员打电话到拜访当选代表等等。[1] 前三大类参与模式（认知性、表达性、组织性）为后三大类参与模式（选举性、党派性、政府性）提供了基础，是后三类参与模式的先决条件。

将毕福勒的六类参与模式与维巴的四类参与模式相比较，可以发现前者的选举性参与及党派性参与其实和维巴的选举性参与是一致的，维巴的选举性参与模式包括投票参与与竞选活动两大类，其中竞选活动主要涉及为政党或者候选人服务、捐款、说服其他人为自己支持的政党或候选人投票等具体行为，这与毕福勒的党派性参与是一致的。另外，毕福勒的政府性参与模式和维巴的非选举性政治参与模式也是一致的，后者主要包括各种接触政府官员的活动。但是，毕福勒提出的认知性参与、表达性参与及组织性参与这三类政治参与活动在维巴的政治参与研究中没有被看成政治参与形式，而是被当作影响政治参与的外在因素：认知性参与就是指参与者学习政治知识、获取政治信息的行为；表达性参与就是指公民参与政治讨论的活动；组织性参与是指参加各类志愿组织的活动，之所以不把它们当作政治参与活动，是因为这些活动本身不能影响政府行为，不符合维巴对政治参与的定义。

（三）本书的政治参与定义与类型

1. 本书的政治参与定义

在综合考虑已有研究的基础上，本书参考维巴的观点，将政治参与定义为“普通公民试图影响或者实际影响政府行为的活动——或者通过影响公共政策的制定或执行而直接影响政府行为，或者通过影响制定政策的人员选择而间接影响政府行为”。这一定义都包括四个基本因素：活动、普通公民、政治以及影响，这四个因素都是政治参与概念的必要条件。

---

① Beeghley, Leonard. Social Class and Political Participation: A Review and an Explanation, *Sociological Forum*, 1986, 1 (3), pp. 496 -513.

第一个因素活动是指参与者必须“做”某些事情，政治参与不是思想或者心理倾向。个人的政治兴趣、政治效能感、政治信息、对政治问题的关注度等参与政治的心理动机或倾向，虽然对政治参与有重要影响作用，但是它们本身不是政治参与行为，没有表明某人是否参加了政治活动，赞成某种政治活动或者愿意去做它，与实际上做它不一样。第二个方面强调的是政治参与行为是指普通公民的行为，是非职业性的行动，将政府部门公务人员的政治管理活动排除在外。第三，政治参与活动指向的对象是政府部门。政治是指对价值的权威性分配，政治参与不包括公民在家里、工作中或者其他并不试图影响政府行为的活动，如加入一些非政治组织，这类活动可能会促进人们参与政治，但这种活动本身不是政治参与行为，因为它们不试图影响政府行为，政治参与必须指向政府政策或政府行动。第四，政治参与必须是试图影响政治结果，这一要求就排除了以下几种行为：如通过阅读报刊或观看电视来获取政治信息的行为，这种行为就是伦纳德·毕福勒的认知性政治参与活动。本书排除这种活动是因为人们阅读报纸、观看电视虽然可能会涉及政治内容，但是，看、听或者读本身没有包含影响政治的意图。同时，这一概念也排除了人们之间讨论政治的行为，即伦纳德·毕福勒的表达性政治参与，这种行为本身虽然是一种客观活动，而不像政治兴趣等一样仅仅是一种主观态度，但本书仍然将它排除在政治参与活动之外，这主要是因为私人之间的讨论活动本身并不指向政府部门，并不是为了影响政府行为，当然政治讨论作为影响政治参与的重要因素之一，也是本书要研究的一个因素。另外比较重要的一点是，本书所指的政治参与行为是以合法方式进行的行为，不包括非制度性、非法的参与行为。

虽然中国的社会性质不同于西方国家，但政治制度从形式看仍然属于代议民主制度，无论中国公民政治参与的形式怎样变化，本质上公民的政治参与行为依然只能是影响政府部门决策，而不是直接参与决策。另外，改革开放以来，随着过去那种运动式参与方式的逐渐退出，政治参与慢慢转变成为一种志愿活动，人们不再因为外来压力而参与某些仪式性或者宣传性的政治活动。而且，随着改革的深入和社会经济的发展，中国社会各阶层的利益分化日益明显，社会矛盾日益凸显，为了维护自身的合法权益，传递自身的利益诉求，越来越多的公众积极主动地通过各种方式参与政治活动，目的就是希望将自身或者自身所在群体的利益诉求传达给政府部门，以影响相应的政府决策，要么促使政府部门制定对自身有利的政策，要么阻滞对自身不利政策的出台或者执行，不论这些参与活动的最终效果如何，都不能否定这种行为本质上就是一种政治参与活动。因此，本书采用“影响决策”的参与观是符合中国国情的。

而且，“影响决策”的参与观也是中国政治学界的一个基本共识，几种主要政治学教科书基本上都采用这类定义。如：王浦劬认为，“政治参与是普通公民通过各种合法方式参加政治生活，并影响政治体系的构成、运行方式、运行规则和政策过程的行为”①；陈振明指出“所谓政治参与，就是普通公民通过各种合法途径影响政府决策与公共管理的行动”②；杨光斌认为，政治参与是指“普通公民通过一定的方式去直接或间接地影响政府的决定或与政府活动相关的公共政治生活的政治行为”③；孙关宏也认为，“政治参与是公民或公民团体试图影响和推动政治系统决策过程的活动”④。这些政治参与定义的一个共同之处就是将参与行为限定为“影响决策”的过程。

2. 本书的政治参与类型

结合我国公民政治参与的现实状况，本书将政治参与按参与形式分为线下政治参与和网络政治参与两类。线下政治参与是指不借助互联网进行的政治参与活动，网络政治参与则是指借助互联网进行的政治参与活动。另外，参考维巴和罗森斯托恩的分类方式，本书将政治参与按参与内容分为选举性政治参与和非选举性政治参与两大类。其中选举性政治参与包括参与投票及竞选活动两类，非选举性政治参与包括特殊接触及社区活动两类。虽然毕福勒提出的认知性参与、表达性参与及组织性参与作为影响参与活动的因素是很重要的，但是这些行为本身不符合政治参与的定义，因此，本书将这三类参与行为排除在政治参与行为模式之外，但将它们作为政治参与的影响因素来加以分析。

将参与形式与内容结合起来，中国公民的政治参与类型从理论上就可以分为线下选举参与、线下非选举参与、网络选举参与和网络非选举参与四类。但由于中国现在还没有通过互联网进行的选举活动，所以实际上只

① 王浦劬：《政治学基础》，北京大学出版社 1995 年版，第 207 页。

② 陈振明：《政治学》，中国社会科学出版社 2004 年版，第 324 页。

③ 杨光斌：《政治学导论》，中国人民大学出版社 2000 年版，第 231 页。

④ 孙关宏、胡雨春：《政治学》，复旦大学出版社 2002 年版，第 245—249 页。

有线下选举参与、线下非选举参与和网络非选举参与三类政治参与活动，为简便起见将这三类政治参与重新命名为选举参与、传统政治参与和网络政治参与，其中传统政治参与是指线下进行的非选举参与，网络政治参与是指通过互联网进行的非选举参与。

第二节　解释政治参与影响因素的理论模型

政治参与是民主政治的核心问题之一，所有的民主价值和意义只有通过公民参与才能真正实现。尽管经历了相当曲折的过程，现代民主国家中合格公民大都拥有普遍、平等的政治参与权，可现实中人们参与政治的状况却是不平等，莱斯特·米尔布雷斯（Lester W. Milbrath）按照公民是否参与投票和竞选活动而将公民划分为三个不同等级：基本上置身于政治过程之外的“冷漠者”、只是在较低的程度上卷入政治的“旁观者”，以及一小群以若干种方式积极介入政治的“好斗者”。[①] 在多元民主理论、参与民主理论和协商民主理论看来，社会中大量政治参与冷漠者的存在是不利于民主政治健康发展的，因而探究影响人们参与政治活动的因素就成了政治参与研究的一个重要方面。已有研究表明影响政治参与的因素可以分为宏观和微观两个层面。从宏观层面看影响因素有社会经济发展水平、政治文化状况、政治制度化水平等方面[②]；从微观方面解释政治参与的理论模型主要有理性选择理论、标准社会经济地位模型、政治动机模型、政治动员模型、社会资本理论以及公民志愿主义模型等。

一　理性选择理论

理性选择理论继承了亚当·斯密古典经济学的一个基本假设——“经济人”假设，同时承接了马克斯·韦伯的“工具理性”概念，重点分析个

---

① Milbrath, Lester W. *Political participation: how and why do people get involved in politics?* Chicago: Rand McNally, 1965, p. 18.

② ［美］加布里埃尔·A. 阿尔蒙德、西德尼·维巴：《公民文化：五个国家的政治态度和民主制》，徐湘林等译，东方出版社2008年版，第29—32页；［美］萨缪尔·亨廷顿、琼·纳尔逊：《难以抉择：发展中国家的政治参与》，汪晓寿、吴志华、项继权译，华夏出版社1989年版，第45页；Conway, M. M., *Political participation in the United States* (2nd ed.), Washington, DC: CQ Press, 1991. Milbrath, Lester W., *Political participation: how and why do people get involved in politics?* Chicago: Rand McNally, 1965。

人在既定的环境中所作选择和所采取行动的动机。理性选择范式的基本构件包括：第一，把理性的个人作为分析的基本单位和根本的出发点，所谓理性指的是个人有能力判断所作的选择和所采取行为的成本和收益；第二，理性个人的选择和行为的动机是在成本最小化的前提下，实现收益最大化，这是社会运行的基本动力；第三，制度和文化是既定的，是解释范式的外生变量，对所有个人的影响是均质的，因此不是范式解释中的自变量。

理性选择理论以理性经济人的假设为研究前提，从投票行为的成本和收益视角分析公民如何做出投票决策，安东尼·唐斯（Anthony Downs）认为，如果公民投票的预期效用大0的话，他就会去投票，[①] 投票预期效用用公式表示即 $R = PB - C + D$。式中：R 代表公民个人参与投票的预期效用；P 代表个人投票影响选举结果的可能性；B 代表如果公民支持的候选人赢得选举后，公民个人获得的利益；C 代表投票的相关成本；D 代表投票带来的社会满足感。由于公民个人仅一张选票，影响选举结果的概率 P 很小，投票的收益 PB 也会很小，因此一般来说，投票的收益不会超过其成本。[②] 戈登·塔洛克（Gordon Tullock）将唐斯结论进一步推广，认为至少从表面上看人们的投票决定是不理性的。[③]

曼瑟尔·奥尔森（Mancur Olson）同样从理性经济人的假设前提出发，研究发现了集体行动的困境：除非集团规模很小或者集团共同利益分配具有共容性选择激励机制，或者存在强制或者其他某些特殊手段以使个人按照他们的共同利益行事，否则，有理性的、寻求自我利益的个人不会采取行动以实现他们共同的集团利益。[④] 这是因为，虽然集体的存在是为了提供公共物品或是寻求共同利益，但由于公共物品能够为集体中所有人共同享有，没有人会被排除在外，个体通过个人努力获得的集体物品会自动地为集体中的所有人享有，依照前面提到的理性人假设，个人参与集体行动是为了在成本最小化的前提下实现自身利益最大化，这样当集团的人数越多时，个人参与对集体结果的影响也就越小，而公共物品的共享性会

① ［美］安东尼·唐斯：《民主的经济理论》，姚洋、邢予青、赖平耀译，上海人民出版社2005年版，第237—248页。

② 同上。

③ Tullock, Gordon, *Toward a Mathematics of Politics*, Ann Arbor, Michigan: University of Michigan Press, 1967.

④ ［美］曼瑟尔·奥尔森：《集体行动的逻辑》，陈郁、郭宇峰、李崇新译，上海三联书店、上海人民出版社2007年版，第1—3页。

逐渐削弱个人参与的动力，最后导致个体宁愿坐享其成而不愿付出辛劳。也就是说，在集团中个人的冷漠是其理性的表现。面对这种困境，集团行动若要成为可能，除非存在下述条件：集团的人数很少、存在强制或是独立的激励，不然集体物品就不会被提供。① 集体行动的逻辑揭示出了个人理性（利益）和集体理性（利益）之间的冲突，说明了个人理性并不是集体理性的充分条件。②

根据理性选择理论可以得出有关选举参与等集体性政治参与活动所面临的两个难题。

第一个难题是著名的“投票悖论”（paradox of voting）或者更广泛地说，是“政治参与悖论”（paradox of participation in politics）③，如果人们是理性的，而且如果人们仅仅获得集体性收益，那么他们将由于很好的原因而不去投票：不论他们是否参与，选举的结果都一样。在任何选举中，成百上千过万的选民参与投票，每张选票决定最终结果的概率是极其微小的。同时，参与投票是有成本的，投票者至少必须花费时间、精力和金钱赶到投票点去投票，因此，即使选举的结果真的对人们很重要，试图影响选举结果的行为也并没有意义，理性的人会选择最有效的方式来达到自己的目标，所以他们不会浪费自己宝贵的资源。这样看来，参与投票的行为就是不理性的，因为它消耗了人们宝贵的资源但却无法实现人们的目标。对于其他形式的政治参与活动，这个悖论也同样会起作用。任何单个人的行为影响政治结果的概率是极其微小的：多一个参加选举会议的人、多一个劝说别人投票的人，对于最后的结果几乎没有作用，但是它却要花费参与者一定的成本。因此，如果人们仅仅从政治结果中获得集体性报酬，他们将不会参与政治活动，在这种情况下，政治参与活动如果发生的话，那它一定是非理性的。④

第二个难题是“理性无知”（rational ignorance）⑤，如果政治参与是非

---

① ［美］曼瑟尔·奥尔森：《集体行动的逻辑》，陈郁、郭宇峰、李崇新译，上海三联书店、上海人民出版社2007年版，第40—42页。

② 同上书，第2页。

③ ［美］安东尼·唐斯：《民主的经济理论》，姚洋、邢予青、赖平耀译，上海人民出版社2005年版，第237—248页。

④ ［美］曼瑟尔·奥尔森：《集体行动的逻辑》，陈郁、郭宇峰、李崇新译，上海三联书店、上海人民出版社2007年版，第42页。

⑤ ［美］安东尼·唐斯：《民主的经济理论》，姚洋、邢予青、赖平耀译，上海人民出版社2005年版，第201—236页。

理性的，那么，由于同样的原因，政治学习也是非理性的。首先，政治学习要收集有关政治和政府的信息，而这一个过程也是有成本的，政治是件很复杂的事情，政府是一个很复杂的机构，新闻机构只报道政府部门的一部分事情，其他的信息需要人们自行通过各种渠道去收集。其次，有价值的信息即使获得了，其价值也是很小的，因为政治参与悖论的存在，即使选民获得了有关大量选举方面的信息，也不会给他们带来什么好处。对于选民来说，根据这些信息采取行动是没有意义的：不管怎样结果都是一样的。因此，公民很少有动机去获取政治信息，他们会保持“理性的无知”。

这样，理性选择理论根据理性人假设，利用成本收益分析方法，解释了为什么选举过程中会有很多人不参与，即因为投票活动对于他们来说成本大于收益，所以不参与投票是理性的。但是理性选择理论在解释投票行为时，也遇到了另外一个难题：这就是它虽然可以解释人们为什么不会去投票，但是却无法解释人们为什么会投票。因为按照理性选择理论的逻辑，人们不投票是理性的，但是现实社会中，每到选举日，就会有成百上千万的人在那一天走向投票点，这一现象又该如何解释呢？难道他们的行为都是非理性的吗？理论预测和现实状况的反差所形成的“参与之谜”是对理性选择理论的挑战，也成了说明理性选择理论失效的主要例子。①

为破解“参与之谜”，部分学者将研究视角从考虑人们为什么会投票转向研究哪些人会投票，具备哪些特征的人更可能去投票，相关的解释理论包括：认为公民的社会经济地位越高，参与政治可能性就越大的标准社会经济地位模型②；认为公民的参与动机越强，就越可能参与政治的政治动机模型③；认为公民受到来自志愿组织、政党组织或大众传媒的政治动员越多，就越可能参与政治的政治动员模型④；认为公民社会资本越丰富

---

① Verba, Sidney, K. L. Schlozman and H. E. Brady, *Voice and Equality: Civic Voluntarism in American Politics*, Cambridge, MA: Harvard University Press, 1995, pp. 99 – 100.

② Campbell, A., Convers, P. E., Stokes, D. E. and Miller, W. E., *The American voter*, New York: Wiley. 1960. Verba, Sidney and Norman H. Nie, *Participation in America: Political Democracy and Social Equality*, New York: Harper and Row, 1972.

③ Campbell, A., Convers, P. E., Stokes, D. E. and Miller, W. E., *The American voter*, New York: Wiley. 1960; Verba, Sidney and Norman H. Nie, *Participation in America: Political Democracy and Social Equality*, New York: Harper and Row, 1972; Milbrath, Lester W., *Political participation: how and why do people get involved in politics?* Chicago: Rand McNally, 1965.

④ Rosenstone, S. J., and Hansen, J. M., *Mobilization, Participation, and Democracy in America*, New York: Macmillan, 1993; Verba, Sidney and Norman H. Nie, *Participation in America: Political Democracy and Social Equality*, New York: Harper and Row, 1972.

就越有可能参与政治的社会资本理论[①]，以及西德尼·维巴等人（Sidney Verba et al.）提出的公民志愿主义（Civic Voluntarism）理论[②]。

二 标准社会经济地位模型

几乎所有政治参与的经验研究都以标准社会经济地位（Standard Socioeconomic Status Model，SES）模型为基础，这一模型最早由坎贝尔政治参与研究小组提出[③]，由维巴政治参与研究小组完成[④]，它是从大量经验数据中概括出来的、有关个人社会经济地位与政治参与关系的理论模型，主要内容是：一个人的社会经济地位越高，其政治参与可能性越大。社会经济地位主要由教育程度、收入水平及职业层次三个部分组成，或者由教育程度与收入水平两个部分组成。标准社会经济地位模型具体来说就是一个人的受教育程度越高、收入水平越高、职业层次越高，就越可能积极参与政治。社会经济地位模型的一个长处在于它预测政治行为的能力，这一经验模型得到了大量经验研究的证实。米尔布雷斯综合数十位政治学者的研究成果发现，"研究一致表明社会阶层高的人比社会阶层低的人更可能参与政治，这一观点至少在六个国家已得到证实"[⑤]。

这个模型的第二个长处是它的政治相关性。社会经济地位模型中的政治含义也很丰富，因为社会经济地位模型的预测变量即教育程度、收入水平和职业层次三者是任何社会分层系统中重要的部分，社会经济地位模型也是预测政治相关群体政治参与不平等状况的模型，即预测对政府行为有不同偏好和需要的群体之间参与差距状况的模型。[⑥]

然而，SES模型的缺点也是很明显的，这就是它的理论支持存在不

---

① ［美］罗伯特·帕特南：《使民主运转起来》，王列、赖海榕译，江西人民出版社2001年版，第195页。

② Verba, Sidney, K. L. Schlozman and H. E. Brady, *Voice and Equality: Civic Voluntarism in American Politics*, Cambridge, MA: Harvard University Press, 1995.

③ Campbell, A., Convers, P. E., Stokes, D. E. and Miller, W. E., *The American voter*, New York: Wiley, 1960.

④ Verba, Sidney and Norman H. Nie, *Participation in America: Political Democracy and Social Equality*, New York: Harper and Row, 1972, p. 126.

⑤ Milbrath, Lester W., *Political participation: how and why do people get involved in politics?* Chicago: Rand McNally, 1965, p. 116.

⑥ Verba, Sidney, K. L. Schlozman and H. E. Brady, *Voice and Equality: Civic Voluntarism in American Politics*, Cambridge, MA: Harvard University Press, 1995, p. 281.

足，没能说明联系社会经济地位与政治参与关系的机制，没有提出一个解释社会经济变量和政治参与之间关系的一致清晰的说明，人们可以提出很多的中介变量来说明两者之间的关系，如不同的资源、规范、对政治结果的关注度、政治心理卷入、机会以及法律地位等，都可以用来说明为什么受教育程度越高、收入水平越高，政治参与的可能性就会越大这一问题。这个模型本身没有清晰界定连接社会经济地位与政治参与活动之间的中介变量，到底是哪一个或哪一些，也没有清晰说明中介变量的影响机制。与这个问题相关的另一个问题是，虽然这一模型具有较强经验解释力，但有很多时候也会遇到该模型本身解释不了的例外情况。如按经济发达程度来说，日本和澳大利亚要高于印度，但是维巴在做比较研究时却发现日本人和澳大利亚人的经济社会地位与政治参与之间的相关系数，要小于印度人的社会经济地位与政治参与之间的联系①。另外，美国 20 世纪 60 年代以来人们的收入水平、受教育程度在不断提高，但这一时期与之相伴的却是美国人投票参与率的持续下降②。这些“参与之谜”，说明标准社会经济地位模型本身的解释力来说是有限的，需要结合其他因素来联合说明政治参与的不同状况，特别需要建立说明人们社会经济地位与政治参与行为之间关系的中介机制。

三　政治动机模型

人是有理性的，大多数时候人的行为都会受到一定心理因素的影响，政治参与行为也不例外，很难想象在完全没有心理动机的情况下人们会参与政治活动。政治动机模型主要是用有关心理动机变量来解释公民政治参与行为的模型，这一模型中作为解释变量的心理动机不是单个变量，而是一组变量，是一组与政治参与有关的心理变量，不同的研究中涉及的具体变量并不完全相同。已有研究中使用的比较多的心理变量主要包括：政党认同、政治效能感、政治信任、政治兴趣、政治信息等。

政党认同是指公民对某个政党特殊的心理依恋状态。政党认同感强的

① Verba, Sidney, Norman H. Nie and Jae-on Kim, *Participation and political equality: a seven-nation comparison*, Cambridge, Eng.; New York: Cambridge University Press, 1978, p. 64.

② Rosenstone, S. J. and Hansen, J. M., *Mobilization, Participation, and Democracy in America*, New York: Macmillan, 1993, p. 1.

人比心理认同感弱的人更有可能参与政治①。强烈的政党心理依恋提高了政治参与内在报酬的价值，提高了政治参与所带来的内部满足感。正如一个体育迷从为自己喜欢的球队欢呼中可以获得愉悦感一样，政党忠实的党员也可以从为他们喜爱的候选人、政党或组织的工作中获得享受。粉丝越忠诚，他们的欢呼越热烈；党员越忠诚，他们参与的可能性越大②。

政治效能感是指个人所具有的对自己理解和参与政治能力的自信心（内部效能感），以及对自己的政治活动能够实际影响政府行为的信念（外部效能感）。政治效能感是政治心理研究的一个重要领域，正如一个研究政治心理的学者所说："除了政党认同之外，还没有哪一个政治态度像政治效能感一样受到如此广泛的研究。"③ 个人的政治效能感主要来自两个方面：一方面来自政治社会化过程，在日常社会中，父母、老师、朋友反复地告诉参与者，他们的努力是有作用的，这样，有些人开始相信他们的个人能力；另一方面重要来源是实际参与政治活动，通过实际参与政治活动并取得一定的效果，一部分人就会开始相信他们的个人能力。政治效能感是一种重要的政治资源，对政治参与有重要影响，政治效能感较高的人比政治效能感较低的人更可能积极参与政治，当人们在请愿书上签名时一定会认为，最后的结果不是没有希望，如果人们不相信他们的努力会对政治结果起到实质性作用的话，那么参与政治活动就是在浪费时间。对自己参与活动将产生作用充满信心的人，比缺乏这种自信心的人更可能参与政治活动④。

政治兴趣是指公民以牺牲其他可能的主题为代价而关注政治现象的意愿⑤。当我们说某些人对政治感兴趣时，意思是指他们在政治事务方面花费了很多时间；当我们说某些人对政治不感兴趣时，就意味着他们把时间

---

① Campbell, A., Convers, P. E., Stokes, D. E., and Miller, W. E., *The American voter*, New York: Wiley, 1960, chap, 6. Verba, Sidney and Norman H. Nie., *Participation in America: Political Democracy and Social Equality*, New York: Harper and Row, 1972, chap, 12.

② Rosenstone, S. J. and Hansen, J. M., *Mobilization, Participation, and Democracy in America*, New York: Macmillan, 1993, p. 19.

③ Abramson, Paul R., *Political Attitudes in America: Formation and Change*, San Francisco: W. H. Freeman, 1983, p. 135.

④ Rosenstone, S. J. and Hansen, J. M., *Mobilization, Participation, and Democracy in America*, New York: Macmillan, 1993, pp. 15 – 16.

⑤ Lupia, Arthur and Tasha S. Philpot Views from inside the Net: How Websites Affect Young Adults' Political Interest, *The Journal of Politics*, 2005, 67 (4), pp. 1122 – 1142.

和精力都花在了其他方面，而不是花在了与政治相关的事情上。对政治感兴趣的公民，也就是那些关注政治事件、关心公共事务、关切选举结果的人，他们更可能积极参与政治。①

政治信任是公民对政府部门、政治制度和政治共同体表示赞同的一种心理状态。与政治信任这种主观态度相对应的客观行为是政治支持，支持是一种行为，是对政府部门及其制定的政策和法律、法规的自愿服从，信任政府就预示着会支持政府。相反，不信任政府即会造成对政府的不支持、不服从，从而增加政府的管理成本。一般来说，政治信任越高，公民政治参与的可能性也越大。

政治参与的心理动机模型虽然可以解释某些人的政治参与行为，但从政治参与的经验研究方面来说它也存在一些不足。第一个不足之处在于心理变量难以测量，与收入水平、年龄层次等客观事实的测量相比较，主观的政治动机测量的效度和信度可能更低，心理动机的测量必须依靠调查问卷所收集到的问题答案，这种测量在某种程度上可以说是在进行主观评价，各种测量指标也不太清晰②，其测量结果难以在个人之间有效地进行比较。第二个不足之处是政治动机与政治参与之间的因果方向不是十分明确，社会科学中因果方向一直是一个问题。政治动机与政治参与的因果方向也是一个特别麻烦的问题。如政治兴趣与政治效能感可能引起政治参与行为，但是，政治参与也可能提高政治兴趣并培育政治效能感③。

四　政治动员模型

政治参与的动员模型主要由罗森斯托恩和汉森（Rosenstone and Hansen）提出，他们认为，人们参与政治的原因包括两个方面的因素：一个是个人因素，一个是政治因素。个人因素主要包括个人的教育程度、收入水平、时间状况、知识技能等资源状况，和参与政治效能感、兴趣、信念等的心理动机状况等特征。从个人因素看，当人们参与政治

---

① Milbrath, Lester W. and M. L. Goel, *Political Participation: How and Why do People Get Involved in Politics?* 2nd, Chicago: Rand McNally Pub. Co., 1977, p. 46.

② Verba, Sidney, K. L. Schlozman and H. E. Brady, *Voice and Equality: Civic Voluntarism in American Politics*, Cambridge, MA: Harvard University Press, 1995, p. 276.

③ ［美］卡尔罗·佩特曼：《参与和民主理论》，陈尧译，上海人民出版社2006年版，第48页。

的收益大于成本时他们就会参与政治；从政治因素看，人们参与政治的状况则取决于政治领导人的策略性动员，当政治领导人劝诱公众参与政治时，他们才会参与。个人因素可以解释为什么有些人参与政治，有些人不参与政治，那是因为他们的资源不同，有些人比其他人更能够负担得起政治参与的成本；那是因为他们的兴趣、偏好、认同和信念不同，有些人比其他人能够从政治参与获得更大的利益。很显然，对于政治参与来说，这两个方面共同在起作用：不管政治参与所带来的报酬价值有多大，如果人们没有足够的参与所需资源的话，他们就不能参与政治；不管资源有多么丰富，如果人们从政治参与中获得的利益没有从其他工作中所获得的收益多的话，他们也不会参与政治。但是当运用这些个人因素来解释人们什么时候参与政治时，也有其不足之处，因为短时间内人们的个人因素状况一般不会有较大变化，而短时间内人们的政治参与状况却会有很大波动。①

对这个问题解释必须考虑政治因素的影响，即政治领导人、候选人、政治活跃分子对公民的政治动员活动，政治动员可以分为两种形式：直接政治动员和间接政治动员。直接政治动员是指动员主体亲自接触公众并鼓励他们参与；间接政治动员是指这些已经被动员过的人再去动员他们的亲朋好友去参与政治活动。② 因为动员是有成本的，为了取得最大的动员效果，所以动员主体一般不会动员所有的人，他们一般只会选择那些在受到动员之后最可能参与政治的人作为动员对象，而这些人主要是以前参与过政治活动的人、拥有政治资源较多的人，政治领导人的政治动员会促进他们更多地参与政治活动。③

罗森斯托恩和汉森主要研究了政党、候选人、政治活动分子等政治因素的动员对公民政治参与的影响，而维巴（Verba）则重点关注了工作场所、教堂、各种志愿组织等非政治因素的政治动员作用。结果表明志愿组织“提高了个人成为参与者的倾向，因为志愿组织为其成员提供了锻炼参与能力的机会，这种参与能够转换到政治领域中，重要的不仅是志愿组

① Rosenstone, S. J. and Hansen, J. M. , *Mobilization, Participation and Democracy in America*. New York: Macmillan, 1993, pp. 10 – 20.

② Huckfeldt and Sprague, Political Parties and Electoral Mobilization. Rosenau, James N. , *Citizenship between Elections: An Inquiry into the Mobilizable American*, New York: Free Press, 1974. chap. 3.

③ Rosenstone, S. J. and Hansen, J. M. , *Mobilization, Participation and Democracy in America*, New York: Macmillan, 1993, pp. 30 – 33.

织的成员资格而且包括组织所提供的参与活动的机会”①。

但是，政治参与的动员模型同样面临着因果方向问题，这就是人们的行动来源于行动的要求：在受到邀请后，特别是在受到朋友的邀请后，人们一般会参与政治活动，这种参与活动在其他情况下可能不会发生。然而，那些邀请别人参与政治的人也没有动机将他们的精力浪费在那些不可能参与者的身上。也就是说，由于资源的有限性，动员主体一般都希望以最小的成本去动员最多人参与政治，但是并不是所有的人动员之后都会参与，那些受到动员之后最有可能参与政治活动的人，就是那些以前参与过的人。因此，政治领导人动员的对象主要就集中在这些人身上，他们受到动员的机会更多，参与的可能性也更大，但是就他们的参与行为来说，显然是因为他们受到了动员才导致了参与，但同时也是因为他们以前的参与才导致他们受到了动员。那么，对于这些人来说，政治动员和政治参与到底是谁引起了谁就会成为一个问题。

五　社会资本理论

社会资本理论实际上是用来说明集体行为困境的解决之道的。从理性选择理论观点来看，参与投票是一种不理性的行为，其逻辑简单地说就是：投票是一种大规模的集体行动，其收益不能排除不参与行动的人来分享，因为政府政策是公共物品，不论是否参加推动或反对政策的行为，它都会影响所有公民，单个公民不可能对其期望的政治结果产生显著影响，因此，理性自利的个体将选择“搭便车”，不会参与这类无法提供选择性激励的集体性行动，因为他们可以不必付出相应的代价就能获得其他人政治参与带来的政策利益，为什么还要花费一定的成本去参与呢？可是理性选择理论无法解释这一事实：成百上千万的公民为了集体目标参与投票或其他各种志愿活动。社会资本理论认为，是人们之间的信任、互惠的规范和横向参与网络提高了人们的合作水平，从而克服了休谟困境、集体行动的困境、公共的悲剧和搭便车等行为。

社会资本（social capital）这一概念最早由皮埃尔·布迪厄（Pierre Bourdieu）提出。詹姆斯·科尔曼（James Coleman）发展了社会资本理论。罗伯特·帕特南（Robert Putnam）首先运用这一理论来说明人们如

① Verba, Sidney and Norman H. Nie, *Participation in America: Political Democracy and Social Equality*, New York: Harper and Row, 1972, p. 184.

何克服集体行动的困境①，也就是解释公民志愿性合作行为何以可能这一问题。帕特南认为，解释公民志愿性合作行为何以可能这一问题的关键因素在于共同体的社会资本。“社会资本是指社会组织的特征，诸如信任、规范以及网络，它们能够通过促进合作行为来提高社会的效率。”② 社会资本有三个组成部分：信任、互惠的规范和横向的社会网络，这三者可以相互促进，即信任可以促进互惠规范的形成和横向社会网络的建立，互惠规范可以促进信任的扩散和横向网络的发展，横向网络的建立使得信任可以在其中传递和扩散、互惠规则得以在其中形成，这三者之间的良性互动就是较高的社会资本表现。社会资本可以促进自发的合作，集体行动困境可以通过社会资本加以克服，因为社会资本促进了交往和有关个人品行信息的流通，增加了博弈的重复性和各种博弈之间的联系，增加了人们在任何单独交易中进行欺骗的成本，减少了投机、逃避和欺骗行为，从而有助于克服集体行动的困境。在一个社会共同体中社会资本越高，志愿合作的可能性越高③。政治参与活动也有一些是集体行动，其收益不能排除不参与行动的人来分享，因此人们为什么会参与政治活动也可以运用社会资本理论来解释：社会资本越丰富就越可能克服集体行动的困境，越有利于公民自发地参与政治活动。

六 公民志愿主义模型

公民志愿主义模型（Civic Voluntarism Model，CVM）由西德尼·维巴（Sidney Verba）等人首先提出。这一理论从一定意义上说是对以上五种模型的综合和超越④，在承认政治参与作为一种集体性行动但会带来选择性物质或精神利益的基础上，公民志愿主义理论从政治参与所需条件的角度，在考虑人们为什么会参与政治这一问题时，将这个问题反过来，即首先不问人们为什么会参与政治，而是问人们为什么不参与政治，维巴认为，政治参与是一种非强迫、无报酬的志愿行为，人们之所以不参与政

① 周红云：《社会资本：布迪厄、科尔曼和帕特南的比较》，《经济社会体制比较》2003 年第 4 期。

② ［美］罗伯特·帕特南：《使民主运转起来》，王列、赖海榕译，江西人民出版社 2001 年版，第 195 页。

③ 同上书，第 195—212 页。

④ Verba，Sidney，K. L. Schlozman and H. E. Brady，*Voice and Equality*：*Civic Voluntarism in American Politics*，Cambridge，MA：Harvard University Press，1995，p. 208.

治，原因有三点：一是“不能参与”，二是“不想参与”，三是“没有人动员他们参与”。具体来说，不能参与是因为他们缺乏公民技能、金钱和时间等政治参与所需资源；不想参与是因为他们对政治不感兴趣，缺乏政治效能感、政治知识、政治信息和政治信任感等政治参与的心理动机；没有人动员他们参与是因为他们没有加入志愿组织、教会或政党组织，处于政治动员的社会网络之外。① 根据公民志愿主义理论，影响公民政治参与的因素主要包括公民的政治资源（political resources）、政治动机（political motivation）和所受到的政治动员（political mobilization）状况。政治资源和政治动机是政治参与的必要条件，政治动员或者说政治招募（political recruitment）是那些可能参与并想要参与的人参与政治的催化剂。②

在公民志愿主义模型中，政治资源主要包括三种：时间、金钱与公民技能。很多形式的政治活动如竞选工作、解决社区问题的合作行动，甚至是投票等政治活动都需要时间；为政治事件捐款很明显需要金钱；拥有组织和沟通能力即公民技能的公民，将更少会因畏缩而不参与政治活动。拥有较多空余时间、比较充足资金及掌握较高公民技能的人不仅参与的可能性更高，而且参与的效率也可能更高。③

政治动机是公民志愿主义模型的第二个组成部分，维巴将其称为政治卷入（political engagement），包括如政治兴趣、政治效能感、公民价值、集体意识等各种心理倾向。④

政治动员或政治招募是指来工作场所、教会或者志愿组织的参与请求，特别是来自亲戚、朋友或者熟人的参与请求。政治动员是政治参与的一个引发因素，在动员公民参与政治活动的过程中，这些非政府组织起到了重要作用，那些受到邀请的人可能会以各种形式参与政治活动。⑤ 综合以上介绍的公民志愿主义理论的主要内容，可以将这一模型用图 1－1 简略表示。

① Verba, Sidney, K. L. Schlozman and H. E. Brady, *Voice and Equality: Civic Voluntarism in American Politics*, Cambridge, MA: Harvard University Press, 1995, p. 15.

② Ibid., p. 17.

③ Ibid., pp. 270－271.

④ Ibid., p. 272.

⑤ Ibid., pp. 272－273.

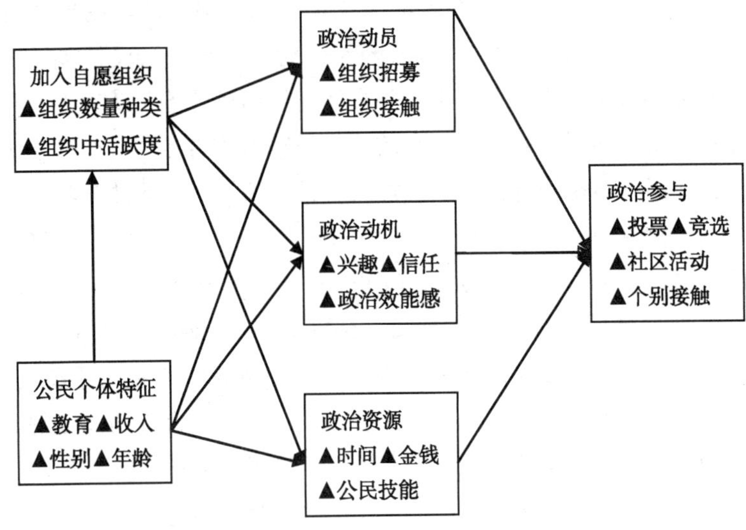

图1－1 政治参与的公民志愿主义模型

第三节 互联网影响政治参与的路径

互联网出现以来所产生的广泛而深刻的影响引起了广泛关注，在政治领域人们关注的焦点主要是互联网、政治参与与民主之间的关系，其中一个重要问题是互联网能否以及如何影响政治参与。要回答这一问题，首先必须了解互联网可能影响政治参与的途径。

互联网是一个多层面的媒体，与传统媒体相比较，互联网是同时具有“一对一”、“一对多”、“多对一”、“多对多”等多种沟通形式的通信媒介，从互联网影响政治参与的可能途径看，可以从三个层面来进行分析：作为信息来源的互联网、作为沟通媒介的互联网以及作为虚拟公共空间的互联网。与这三个层面相对应，形成了互联网可能影响政治参与的三条因果路径：第一条，互联网会提高政治信息量，较高政治信息量将促进政治参与；第二条，互联网会改善沟通形式，沟通形式的改善将促进政治参与；第三条，互联网会促进虚拟公共空间的发展，虚拟公共空间的发展将推动政治参与。可以看出三条因果链中每一条都包括两个环节，为具体说明互联网影响政治参与的因果路径，下面将具体分析各条因果链的不同环节，以探究这些不同环节能否以及如何影响政治参与。

一　互联网、政治信息与政治参与

互联网具有提高政治参与的潜力，因为它使得人们能够更容易、更方便地获得大量政治信息，但是政治信息量与政治参与可能性这两者之间的联系是不明显的。这里涉及两个问题：第一，互联网是否能提高人们的政治信息量；第二，政治信息量的提高是否能促进政治参与。

（一）从互联网到政治信息的获取

已有研究表明，大众传媒是主要的信息来源，印刷媒体、广播、电视以及互联网对于传播政治信息起到了重要作用。但是与传统媒体不同，互联网能够快速、廉价地传播大量信息。它还可以让互联网用户将信息传播给其他用户而不用额外付出成本，使得互联网上每一个信息使用者同时也可能成为信息提供者。但是，互联网上政治信息的可获得性并不意味着人们会获得并使用这些信息，因为互联网提升人们政治信息量的效果至少受到四个限制。

第一，互联网不平等的分配即互联网“接入鸿沟”的存在，限制了部分人群从互联网上获取信息的能力。“接入鸿沟”是“数字鸿沟”的一种表现形式，从互联网的现实接入状况来看，较多使用互联网的人更可能是那些处于优势地位的人，也就是说，那些使用互联网的人主要是男性、相对年轻、受过较高教育或者拥有中等到高等收入的人。另外，由于电信基础设施建设偏向发达地区，农村和城市地区之间的不平等也进一步拉大。简单地说，缺乏互联网物质接入是利用互联网提高人们政治信息量的第一个障碍。

第二，接入互联网后人们是否会浏览政治新闻、参与政治讨论，还要受到人们使用互联网目的的影响。即人们上网后实际上做什么，是出于政治目的在使用互联网，还是仅仅为个人休闲娱乐、商业服务、人际沟通的目的在使用互联网？这就是说，即使接入了互联网，如果人们上网不是为了搜索政治新闻而是做其他的事情的话，那么互联网提高人们政治信息量的作用也会受到限制。根据美国南加大学数字未来研究中心提供的2010年数字未来报告（the Digital Future Report）的调查数据显示，大部分使用互联网的人是为了收发电子邮件或者通过即时通信工具聊天，或者是为了网络冲浪或者搜寻、浏览新闻，搜索旅游信息，跟踪信用卡及玩电子游戏等等，出于为政治参与服务的目的而使用互联网的人较少①。出于政治目的的互联网使用可能在选举期间有一定增长，然而，皮尤（Pew）调查研究中心在2010年美国选举期间进行的一项调查表明，即使是在选举期间，人们也更可能只是使用互联网来考察候选人的位置或者收发有关选举笑话的电子邮件，而不是参加政治讨论或者为候选人在网上捐款。②

另外，出于不同动机而使用互联网的人其分布也不是随机的。受教育水平较高的人更能够使用并理解特定媒体信息，他们也拥有较多有关公共事务问题的一般知识，这提高了他们对新信息的获取或理解能力。沙阿等人的研究（Shah et al.）表明：受教育程度越高的人以工具性方式使用互联网的可能性越大；受教育程度越低的人，以娱乐为目的使用互联网的可能性越大。③ 范迪克和海克尔（Van Dijk and Hacker）的研究也发现，那些广泛使用网络政治信息的人很可能就是那些已经对政治很感兴趣的人，互联网物质接入方面的不平等可能或多或少会缩小，但真正的危险来自“使用鸿沟”（usage gaps），即人们出于政治目的使用互联网的兴趣存在较大差距④，这说明仅仅技术本身并不能自动提高人们的政治信息水平。

第三，即使人们有浏览政治信息的愿望，互联网提供的信息也可能并不比传统媒体提供的信息来源更多。尽管关于某一特定主题，人们在互联网的帮助下可以获得的相关信息在逐步增长，然而大多数情况下这只是数量的增长⑤。由于媒体“看门人”（gatekeeper）的加工处理，导致网络上所涉及的信息虽然数量在增长，但是思想的多样性或者主题的深刻度等方面仍然是有限的。有些人可能会认为，互联网上既没有主人也没有“看门人”，信息传播很自由。但是马修·欣德曼（Matthew Hindman）认为，这一观点似乎有些过于乐观，他指出，在互联网上仍然大量存在着各种

① Digital Future Report, *Surveying the Digital Future*: *Ten Years*, *Ten Trends*, Los Angeles: University of California, 2010, http://www.digitalcenter.org/pages/current_report.asp? intGlobalId = 19.

② The Internet and Campaign 2010, *Pew Internet and American Life Project*, 2010, Washington, DC: Pew Center. http://www.pewinternet.org/Reports/2011/The-Internet-and-Campaign-2010.aspx.

③ Shah, Dhavan V., Nojin Kwak and R. Lance Holbert, "Connecting" and "Disconnecting" with Civic Life: Patterns of Internet Use and the Production of Social Capital, *Political Communication*, 2001. 18, pp. 141 – 162.

④ Van Dijk, Jan and Kenneth Hacker, The Digital Divide as a Complex and Dynamic Phenomenon, Special Issue: Remapping the Digital Divide, *The Information Society*, 2003, 19, pp. 315 – 326.

⑤ Bonfadelli, Heinz. The Internet and Knowledge Gaps: A Theoretical and Empirical Investigation, *European Journal of Communication*, 2002, 17, pp. 65 – 84.

“看门人”，他们过滤网上信息的方式有一些很老套：因为传统新闻媒体和广播公司在互联网上的影响依然很强大，他们可以将传统的信息过滤方式运用于对网络信息的过滤。而有一些过滤方式则相对新颖，搜索引擎和门户网站就是其中重要的力量，它们决定了哪些网页被链接，哪些信息可能被大众看到。[①] 另外，尽管互联网提供了一个可选择的信息来源，但是很多人在互联网上仍然保持着他们原有的习惯，只通过自己信赖的网站搜寻信息。2010 年皮尤（Pew）研究中心的一项调查研究表明，主流新闻来源仍然主导网络政治信息环境。这个调查还显示大多数互联网使用者报告说：他们主要访问传统新闻组织如 CNN 或者《纽约时报》的网站以获取新闻[②]。这一点正如诺里斯（Norris）所总结的：“互联网看起来经常被用来作为一个接入传统新闻的工具，而不是作为一个无中介信息的新来源、公民与官员之间沟通的新途径。”[③]

第四，即使克服前面三道障碍，人们也不一定能理解所获取的信息。互联网增加了信息的可获得性，但是这并没有改变人们处理信息的认知能力。互联网的接入增加人们可以获得的信息量，但这并不会自动提升人们的信息水平，因为人们从互联网上获得的信息如果要有意义的话，就必须经过使用者的加工处理。没有这样一个过程，信息只不过是原始数据。“不是信息本身对民主有用，而是知识。信息必须经过提取和语境化才能表达一定的意义。”[④] 然而，人们往往只具有解释某一部分信息的能力，媒体的改善并没有改变人类认知方面的局限性。事实上，过多的信息有时反而会妨碍人们作出判断。珀西·史密斯（Percy Smith）就曾指出，信息的可获得性对于人们作出正确的判断并不是足够的，如果人们不能对所获得的信息做出有效利用的话，过多的信息事实上反而可能对政治参与有

---

① Hindman, Matthew Scott, *The myth of digital democracy*, New Jersey: Princeton University Press, 2009.

② The Internet and Campaign 2010, Pew Internet and American Life Project, Washington, DC: Pew Center, 2010, http://www.pewinternet.org/Reports/2011/The-Internet-and-Campaign-2010.aspx.

③ Norris, Pippa, Who Surfs? New Technology, Old Voters and Virtual Democracy, in E. C. Kamarck and J. S. Nye Jr (eds.), *Democracy.com: Governance in a Networked World*, Hollis, NH: Hollis Publisher, 1999; at ksghome.harvard.edu/~pnorris/Acrobat/WhoSurfs%20Revised%202001.pdf, pp. 71 - 98.

④ Noveck, B. Simone, Paradoxical Partners: Electronic Communication and Electronic Democracy, *Democr-atisation*, 2000, 7, pp. 18 - 35.

害：个人可能被大量的信息所压倒，并变得依靠其他人来评价这些信息[①]。

在互联网时代，“注意力”是最有价值的资源之一，然而仅仅有信息的可获得性可能不会总是吸引人们的注意。而且，对于很多人来说，为了从作为信息来源的互联网中获益，具有获取信息及搜寻不同观点的动机也是必要的。事实上，即使在互联网使用之前，通过其他渠道如电视、广播和印刷媒体，公众也可以获取大量信息。而这些传统媒体使用对政治参与的现实影响，并不如当初它们刚开始出现时人们对它们的预期。因此，即使互联网有助于提升人们的信息化水平，也需要探索这种提升是否确实会影响政治参与的水平。

（二）从信息获取到政治参与

尽管存在以上四种限制，总体上互联网还是为增加信息的数量及来源提供了新的机会。但问题是政治信息的增加能否促进政治参与。从理论上看，拥有更多政治信息的人可能更多地参与政治活动，因为他们能够更清楚地理解政府政策对他们生活可能带来的影响。但也可以说，那些拥有更多政治信息的人可能更有挫败感，这会导致他们远离政治、放弃参与[②]。例如，根据相对剥夺模型[③]，受过高水平的教育与拥有较高水平收入的人，他们对政治的期望也更高，这些人更希望表达他们的政治要求，而且也更有能力表达他们的要求。然而，如果政府的表现让他们失望的话，就会降低他们对政治系统的信任，从而导致他们形成参与是不值得的观念。

总体来说，从互联网改变政治信息获取方式并进而影响政治参与的因果途径看，不能否定互联网促进政治参与的可能性。然而，这个可能依赖于以下几个条件：人们要有获得信息的渠道，要有足够的兴趣去获取相关的信息；并且要有解释信息所必需的知识储备和认知技能；如果不满足这些条件，那么仅仅技术的可获得性本身，是不能提高人们的信息水平，并促进人们参与政治活动的。

---

① Smith, Percy, Digital Democracy: Information and Communication Technologies in Local Politics, *Research Report*, No. 14, London: Commission for Local Democracy, 1995.

② Warren, Mark E., What Can Democratic Participation Mean Today? *Political Theory*, 2002, 30, pp. 677 – 701.

③ Goodin, Robert and John Dryzek, Rational Participation: The Politics of Relative Power, *British Journal of Political Science*, 1980, 10, pp. 273 – 292.

二　互联网、政治沟通与政治参与

互联网除了可以为人们提供大量信息外，也因为其能够使得沟通变得更加容易、便宜、快速和方便而受到人们的普遍欢迎。一般认为，互联网强大的沟通能力能够促使人们更加频繁地参与政治活动；而且，互联网分权化及多元化的特征将推动个人、组织之间，通过电子邮件、网络聊天群或者网络讨论区等方式来进行沟通。这里涉及两个相互关联的问题：第一个是互联网是否会改善沟通能力，第二个是如果它确实改善了沟通能力，那么这种作用又将如何进一步影响政治参与的水平与模式。

（一）互联网与沟通能力

互联网为人们提供了一个方便、便宜、快速的沟通工具，它使得人们无论在什么时间、无论相距多远都可以进行沟通。然而，为了理解互联网增加沟通能力的潜力，必须注意到沟通本身也是一个多层面的现象，存在着多种类型的沟通方式，互联网本身的多面性特征，使得它并不是同等地支持所有的沟通类型。对于这一问题，克里斯多夫·韦尔（Christopher Weare）提出的沟通分类标准作了很好的回答，他引入了四种不同的沟通形式，并讨论了互联网是如何影响这些不同沟通方式的。理解这些不同的沟通形式很重要，因为每一种沟通形式各自支持着不同的政治参与形式。互联网作为沟通媒介与传统媒介最大的不同是它“内在的多维性”[①]。例如，电话能够进行“一对一”的交流，电视和印刷媒体能够进行“一对多”的传播，互联网也能够支持这些沟通形式，它的不同之处在于它支持另一种维度的沟通：“多对多”的沟通形式。下面在韦尔沟通分类的基础上，本书将说明互联网是如何支持这四种不同沟通形式的。[②]

第一，交谈（converse），这是与面对面交谈或者电话交谈相似的“一对一”沟通方式。互联网技术使得人们能够通过电子邮件在他们选择的时间内快速沟通。电子邮件不同于电话沟通的好处是它不要求沟通的另一方同时在线，电子邮件可以在任何时间发送出去，不受工作、休息时间的限制，这种“一对一”的沟通方式是异步沟通（asynchronous communication）。互联网的另一种重要的“一对一”沟通方式：即时通信工具如

---

① Weare, Christopher, The Internet and Democracy: The Causal Links between Technology and Politics, *International Journal of Public Administration*, 2002, 25, pp. 659 - 691.

② Ibid., pp. 659 - 691.

QQ、MSN 等，则要求交谈者如电话交流一样同时在线，这是一种同步沟通方式（synchronous communication）。

第二，信息聚合（Information aggregation），这是一种从很多人到单个代理机构的信息收集、分析和传送方式，即一种“多对一”的沟通方式。如网络选举、网络调查或者网络请愿等。互联网能够极大地促进这种沟通形式的发展，互联网对这种“多对一”沟通形式的支持，也使得它在支持与这种沟通形式有关的政治参与发展方面具有巨大潜力，如互联网可以使得网络选举、网络调查及网络请愿等政治参与活动变得更迅速、频繁，成本也更低。

第三，广播（broadcast），这是一种最主要的从一个中心到多个个体的大众传播媒介，即一种“一对多”的沟通方式。如报纸、广播及电视等，互联网也具有这种传播形式。不过，与传统媒介不同的是，互联网对这种沟通形式主要的贡献是它去中心化（decentralization）的特征。使用者不再是信息的被动消费者或者是信息的被动接受方。由于互联网去中心化的特征，信息使用者也能够通过建立自己的网站而成为信息的发布者。

第四，小组对话（group dialogue），这意味着互动在很多发送者和接受者之间进行，即这是一种更困难“多对多”的沟通形式。因为它需要广泛的联系及高水平的协调，如研讨会、电话会议、讨论小组等就是这种沟通形式。互联网上的网络讨论小组或者网络聊天室也是这种沟通形式。这种沟通形式与前三种沟通形式的不同之处在于，它由很多人员平等地进行交流，而不是由一个中心人物去决定主要问题。

这些由韦尔提出的不同沟通形式说明，它们并不是同等地受互联网影响。互联网对前两种形式（交谈和信息聚合）的影响只是数量上的而不是性质上的。对于这两种沟通形式，互联网的作用并不在于改变沟通性质而是在于使得沟通变得更加方便。而且，互联网也不可能取代传统沟通形式，特别是面对面的互动形式。尽管互联网是一个具有提高互动性潜力的媒体，但也有人认为，它会削弱对话的价值。例如，帕特南就曾指出，在地方社区中虚拟的或有中介的政治与社会沟通形式，是不能够代替传统面对面社会网络的，他认为，尽管互联网是传统沟通形式的有利补充，但是互联网上的虚拟联系也会妨碍有利于建立社会信任的面对面沟通。[①] 简单

---

① Putnam, Robert, *Bowling Alone: The Collapse and Revival of American Community*, New York: Simon and Schuster. 2000.

地说，互联网只是更加支持某种形式沟通而不是同等地提高所有沟通形式。

（二）沟通能力与政治参与

互联网清楚地代表了通信技术的主要进步。然而，它并没有同等地影响所有沟通形式，有些沟通行为如“一对一”及“一对多”形式已经得到了提升①。对互联网影响不同沟通形式潜力的准确评价，有助于我们更好地理解互联网将如何能够支持不同形式的政治参与。从现实状况来看，互联网不是同等地支持所有的政治参与活动，而是更有助于某些特定模式政治参与行为。例如，范·迪克（Van Dijk）曾经指出，对于某些单方面政治参与模式，如给政府官员写信或者在请愿书上签名等，有可能更方便在互联网上进行，而对于那些要求面对面进行沟通的政治参与模式，如参加政治会议等则可能更少在互联网上进行②。

互联网使用支持了传统形式的政治参与，如投票（即网络投票），也促进了以前很难或者成本很高的参与模式，如公投、民意调查等的发展（即信息聚合）。由于在互联网上，人们可以很方便地建立自己的个人网站，并通过网站传播他们在某一议题上的政治立场，因此，互联网的使用也可以支持表达形式的政治参与（即广播）。

在韦尔划分的四种沟通形式中，互联网提高“多对多”沟通方式（小组对话）的潜力最为引人关注。事实上，现在有大量的相关研究探索了互联网促进网络政治协商及讨论的程度。对于提高“多对多”小组对话的沟通能力来说，互联网所具有的潜力从理论上说是很大的，但现实中这种作用的发挥却是相当有限的。林肯·达尔伯格（Lincoln Dahlberg）认为这是因为：第一，政策决策者们可能更喜欢通过网络投票、网络调查及公民和代表之间的电子邮件等方式来进行“信息聚合”，而不是进行网络协商；第二，小组对话这种沟通方式需要大量的时间和精力，这也限制了它的发展；第三，即使是小组对话可以进行，也还面临着大多数人可能没有兴趣参与的问题。这是因为技术的使用和设计主要依赖于政治选择，内嵌于社会网络中的技术不能脱离社会网络，互联网是在代议民主制度中使

① Weare, Christopher, The Internet and Democracy: The Causal Links between Technology and Politics, *International Journal of Public Administration*, 2002, 25, pp. 659 – 691.

② Van Dijk, Jan, Models of Democracy and Concepts of Communication', in Kenneth L. Hacker and Jan van Dijk (eds.), *Digital Democracy: Issues of Theory and Practice*, London: Sage. 2000, pp. 30 – 53.

用的，所以它的使用也必须支持这种制度模式，如选举（通过电子投票），或者通过电子邮件联系代表，尽管通过网络讨论小组、论坛及评审团等形式进行更多的协商民主实验在技术上可行，但这种形式还不像使用互联网收集信息那么普遍。①

总的来说，互联网的通信能力并没有同等地影响不同政治参与模式。它主要还是用来为人们通过电子邮件联系官员与代表、通过网络调查与网络投票表达个人观点服务。当然互联网也为网络小组协商这类“多对多”沟通模式的政治参与提供了一些支持，特别是为支持那种围绕某个具体问题进行的网络讨论提供了便利条件，这说明互联网也可能为那些面临共同问题、拥有共同利益的网络社区，以廉价、方便的形式参与政治提供一个新的机会。

三 互联网、公共领域与政治参与

互联网除了可能作为信息来源和沟通媒介影响政治参与之外，它还可能通过促进各种网络组织及网络论坛的发展来影响政治参与。尽管政治参与在某种意义说是公民个人的行为，独立于社会其他部分，但是政治参与并不是发生在真空中，它离不开个人与社会的互动。而且，参与也不仅是要获得大量信息或者表达个人观点，还需要有政治协商的机会。民主的发展需要“公共领域”的存在，所谓“‘公共领域’我们首先意指我们社会生活中的一个领域，在这个领域中，像公共意见这样的事物能够形成。公共领域原则上向所有公民开放。公共领域的一部分由各种对话构成，在这些对话中，作为私人的人们来到一起形成公众”②。公共领域是一个独立于政府及商业利益的领域，在公共领域中人们可以进行理性的批判性辩论，公共领域的重要性在于它为这种辩论提供了一个平台，而不是像民意调查等信息聚合工具那样仅仅记录公民个人的观点，它更加关注通过公平、平等的协商形成或改变公民偏好的过程，在这一过程中重要的是观点如何形成，而不是观点如何表达。有些学者认为，这样的讨论本身就是一

① Dahlberg, Lincoln, The Internet and Democratic Discourse: Exploring the Prospects of Online Deliberative Forums for Extending the Public Sphere, *Information*, *Communication and Society*, 2001 , 4, pp. 615 – 633.

② ［德］尤根·哈贝马斯：《公共领域》，载汪晖译，汪晖、陈燕谷主编《文化与公共性》，生活·读书·新知三联书店 1998 年版，第 125 页。

种政治参与行为，并对这种以公民之间水平政治沟通方式进行的政治参与给予了很高的评价①。虽然本书并不把政治讨论本身作为政治参与的一种方式，但是也并不否认它是影响政治参与的一个重要因素，因为这种理性批判性的讨论也可能会引起更多正式形式的政治参与，如在选举中参与投票等。这里同样存在着两个相互关联的问题：第一，互联网是否会延伸扩展公共领域；第二，如果互联网延伸扩展了公共领域，它又能否以及如何影响政治参与的水平及模式。

（一）互联网与公共领域的延伸

本书的目的不是广泛地讨论公共领域的含义及特征，公共领域在这里只是用作理解互联网扩大理性批判性讨论及提高政治参与潜力的概念。尽管哈贝马斯原本坚持说，公共领域只是一个特殊的历史阶段，而不是一种评判所有交流的工具，但是后来大多数学者已经抛弃了哈贝马斯公共领域的经验主义断言，而将它视为用来批判当代社会现存交流结构的一种理想标准。②

为了评价互联网扩大公共领域的潜力，首先必须清楚公共领域的要求。达尔伯格认为，如果要在哈贝马斯式的意义上创造出真正的协商公共领域，必须满足一些条件③：第一，公民领域必须对所有人平等地开放，每个人都能够成为公共领域的一员并参加协商，以保障观点的多样性。只有通过这种方式，公平的有代表性的民主实践才能得以实现和维持。第二，在公共领域内，作为价值中立的理性批判性讨论的结果，人们可以达成一致意见。从理想状态上说，公共领域可以将人们相互联系起来，以使他们能够参与理性批判性讨论。公共领域是一个交流的平台，可以促进人们互惠、互助及团结。第三，公共领域必须独立，免受政府权力及商业利益的侵入。

按照这些标准来评价互联网延伸扩展公共领域的作用，可以看出互联网并不能为公共领域的扩大提供较大的帮助。

---

① Fishkin, James S., Robert C. Luskin and Roger Jowell, Deliberative Polling and Public Consultation, *Parliamentary Affairs*, 2001, 53, pp. 657 - 666.

② ［英］安德鲁·查德威克：《互联网政治学：国家、公民与新闻传播技术》，任孟山译，华夏出版社 2010 年版，第 116 页。

③ Dahlberg, Lincoln, The Internet and Democratic Discourse: Exploring the Prospects of Online Deliberative Forums for Extending the Public Sphere, *Information, Communication and Society*, 2001, 4, pp. 615 - 633.

首先，互联网上的政治讨论并不是每个人都可以参与，主要局限在那些已经较多参与过理性批判性讨论的人群之中。而且，公众并不能普遍地接入互联网，转移到互联网上进行的政治讨论，将那些无法接入互联网的人排除在讨论活动之外，“数字鸿沟”限制了互联网的作用。因此，即使理性批判性讨论可以在互联网上举行，它也不具有足够的公共性。正如帕帕查理斯（Papacharissi）所说，电子公共领域是“排外的、精英的、远非理想的”①。不过，来自虚拟公共领域的信息也可能通过大众新闻报道或人际交流而扩散到其他空间，这样互联网可能不是形成一个统一公共领域，而是一个联系多个不同规模公共领域的媒体。

其次，互联网缺乏团结一致与理性统一，而这一点是公共领域的基础。网络对话总体上过于碎片化及去中心化，以至于无法组成一个统一的公共领域。网络协商总体上在思想观念相同的人群中产生的，这导致网络对话分裂成相互排斥的虚拟社区，使得人们对特定议题缺乏共同的理解。而互联网小范围传播的特征又造成了网络信息的块状分裂，加剧碎片化状况。②

再次，互联网具有带来丰厚广告收益的潜力，使得它在很大程度上已经成了商业利益的殖民地。有研究表明互联网现在已经转变成了一个商业导向的媒体，与促进社会福利或者民主实践没有太大关系。③ 即使是在网络讨论内容没有受到政府部门直接控制的时候，获得某些公司支持的网站也不得不回避一些有争议的议题，以及对公司或者政府部门的严厉批评，以免把赞助方吓跑。某些情况下，政府部门也会为公民提供政治协商的网络空间，尽管自上而下发动的讨论对于鼓励政治参与可能会起到很大作用，但这种协商论坛，并不符合哈贝马斯的理性批判性讨论应该独立于政府权力的观点。

总而言之，互联网扩展公共领域的潜力是有限的，因为它的分布不

① Papacharissi, Zizi. The Virtual Sphere: The Internet as a Public Sphere, *New Media and Society*, 2002, 4, pp. 9 – 27.

② Dahlberg, Lincoln. The Internet and Democratic Discourse: Exploring the Prospects of Online Deliberative Forums for Extending the Public Sphere, *Information, Communication and Society*, 2001, 4, pp. 615 – 633.

③ Papacharissi, Zizi. The Virtual Sphere: The Internet as a Public Sphere, *New Media and Society*, 2002, 4, pp. 9 – 27.

平等，它的结构高度碎片化，以及它的日益商业化。然而，尽管有这些限制因素的影响，不能否认的是，仍有很多网络社区的成员在积极参与网络政治讨论。互联网可能没有组成一个哈贝马斯式的公共领域，但这些网络社区还是为参与者行使他们的公民权、参加网络协商提供了一个平台。

（二）互联网作为讨论与参与的虚拟平台

互联网为人们在网络上便利地集合起来提供了某些机会，特别对于那些为解决某些特定问题而建立的网络组织而言更是如此。通过这些网络社区，互联网使得人们可以从其他观点相似的人群中获取信息和支持，并进一步提高人们参与政治的可能性；通过网络社区，人们可以更快捷、更方便组织起来；借助于互联网人们还可以很方便地找到与自己有共同兴趣爱好、共同关注点的人，并可以很方便地和这些人聚到一起[①]。有人认为，网络政治讨论中的匿名性，可能使得某些人能够更加自由地表达他们的观点，因此将导致更加有启发意义的思想交流[②]。也有人认为，互联网能够形成比面对面交流更有启发意义的政治协商，因为与面对面交流不同，网络交流时人们有时间来思考、组织他们的信息与观点，以便形成更加合理的判断，而在面对面交流中人们常常需要迅速地做出回应。[③]

尽管网络社区对于提高政治参与有这些潜在的优势，但是，这些潜力的发挥至少受到三种限制。

第一，网络参与者可能是那些已经积极参与过政治活动的人。威尔曼等人（Wellman et al.）的研究发现，互联网上最活跃的人正是那些在网络下已经积极参与过的人，网络协商可能增加政治参与的总量，但是这并不必然提高政治参与者的多样性。[④] 达尔伯格也曾指出，网络协商在数量

---

① The Internet and Campaign 2010, *Pew Internet and American Life Project*, Washington, DC: Pew Center, 2010, http://www.pewinternet.org/Reports/2011/The-Internet-and-Campaign-2010.aspx.

② Papacharissi, Zizi. The Virtual Sphere: The Internet as a Public Sphere, *New Media and Society*, 2002, 4, pp. 9-27.

③ Wilhelm, Anthony G. Virtual Sounding Boards: How Deliberative is Online Political Discussion? *Information, Communication, and Society*, 1998. 1, pp. 313-338.

④ Wellman, Barry, Anabel Quan-Haase, James Witte and Keith Hampton. Does the Internet Increase, Decrease, or Supplement Social Capital? *American Behavioural Scientist*, 2001, 45, pp. 436-455.

上及质量上都被那些少数人所主导，这是线下社会不平等在互联网上的延伸。①

第二，正如前面已经提到的，网络政治对话可能太过碎片化。即使政治协商得以参与进行，它也可能只是围绕某种狭窄利益或议题来进行，而不是以一种多角度的方式来沟通。网络政治论坛具有很大的同质性，参与论坛者往往是那些拥护同一政党组织，赞成或者支持同一政治候选人、政纲、议题或者意识形态的人，观点看法相异的人很难在网络论坛中长期存在下去。② 这一点就是桑斯坦所说互联网的“回音室”效应，他认为，如果有选择的话，人们往往会去寻找那些与自己思想相似的意见，而避免接触与自己观点不同的意见。③ 考虑到思想多样性对政治协商的重要性，在很多论坛中实际上并没有多少真正的协商发生。威廉（Wilhelm）分析了人们将互联网作为政治协商工具使用的情况，结果表明，尽管存在几百个电子邮件群组及网络论坛的记录，但是这些记录的数量并没有保证平等的参与或者活跃的观点交流。④

第三，网络社区缺乏可靠的承诺，再加上匿名性及转换身份的可能性，限制了互联网作为政治参与平台的潜力。因为互联网上的身份是流动的、可变换的，鼓励妥协的前提条件在虚拟公共领域中是不存在的。从这个意义上说，网络沟通缺乏面对面沟通的好处，如彼此之间的相互信任感等等。当然这并不是说当人们通过互联网进行交流时相互之间的这种信任感就完全没有，只是互联网上人际信任的表现方式可能和现实生活中人际信任的表现方式有所不同。

简单地说，互联网可能会给政治协商提供另一个空间，但是由于互联网的结构是碎片化的，由于互联网的接入面临着“数字鸿沟”的困扰，同时由于网络群体的组成也是围绕单个议题，而没有组成一个横跨多种议题及包含各种身份的密集网络，所以互联网扩展公共领域的作用是有限

① Dahlberg, Lincoln. The Internet and Democratic Discourse: Exploring the Prospects of Online Deliberative Forums for Extending the Public Sphere, *Information*, *Communication and Society*, 2001, 4, pp. 615—633.

② Wilhelm, Anthony G., Virtual Sounding Boards: How Deliberative is Online Political Discussion? *Information*, *Communication*, *and Society*, 1998, 1, pp. 313 –338.

③ ［美］凯斯·桑斯坦：《网络共和国——网络社会的民主问题》，黄维明译，上海人民出版社 2003 年版，第 36—52 页。

④ Wilhelm, Anthony G., Virtual Sounding Boards: How Deliberative is Online Political Discussion? *Information*, *Communication*, *and Society*, 1998 , 1, pp. 313 –338.

的。根据帕帕查理斯的观点，网络组织不是组成一个统一的虚拟公共领域，而是组成几个权力不平等的“小型公共领域”（mini-public sphere），以表达各种不同的集体利益与关注。[①] 也就是说，尽管互联网扩展统一的公共领域的可能性很小，但它仍有潜力促进网络群体参与政治活动。

四　互联网与政治参与平等化

以上分析了三个不同层面的互联网影响政治参与的三条因果路径，以及各条因果路径的相关环节，即：作为信息来源的互联网通过提高人们的政治信息量而促进政治参与；作为沟通媒介的互联网通过改善人们的某些沟通方式而推动政治参与；作为虚拟公共领域的互联网通过为人们的网络协商，提供一个虚拟平台而促进政治参与。从以上分析可以看出，互联网确实具有扩大政治参与的潜力，但是这些潜力的发挥，还受着很多因素的限制，这两种方向相反力量的相互作用，使得人们要准确预测互联网对政治参与的具体影响，到底是强化还是促进还存在一定困难。不过通过以上分析还是可以看出，互联网其实是以两种不同方式在影响着政治参与，分清这两种不同的影响方式，将有助于我们进一步理清互联网影响政治参与平等化的机制。互联网影响政治参与的两种方式：一是作为政治参与新工具的互联网，一是作为政治参与外在影响因素的互联网。

（一）作为政治参与新工具的互联网：网络政治参与

作为政治参与工具的互联网是指利用互联网的沟通媒介功能，将线下政治参与中的某些活动，转换到通过网络来进行时互联网所起的作用。如选举代表时，人们可以走到投票点去投票，也可以在互联网上投票；向政府官员反映诉求，可以当面反映、可以写信，还可以通过互联网发电子邮件；动员其他人参与政治时，可以亲自上门面对面地劝说，可以写信，同样也可以通过互联网发电子邮件或者用 QQ、MSN 等即时通信工具与动员对象进行在线交流。当人们通过互联网进行这些政治活动时，互联网所扮演的角色就是政治参与的一种新工具，所起到的作用是对线下政治参与活动的一种替代或者补充，替代是指对原来政治参与活动的代替，如某人原来准备写一封信，后来改成发电子邮件了，原来的那封信就不必写了，互

① Papacharissi, Zizi. The Virtual Sphere: The Internet as a Public Sphere, *New Media and Society* 2002, 4, pp. 9 –27.

联网的替代作用并不会增加政治参与的总量；补充是指对原有政治参与活动补足，如某人本来应该参与投票，但由于投票点路程较远，他准备放弃投票，这时如果能通过互联网投票的话，那就是对原本不准备进行的投票活动的补充，显然，互联网这种对政治参与的补充作用会提高政治参与总量。从这方面来看，在不考虑“数字鸿沟”的情况下，与线下政治参与方式相比，通过互联网进行的政治参与极大地减少了参与成本，而减少了人们参与成本也就相当于增加了他们的政治资源，从总量上看，会扩大人们的政治参与，特别是对于那些对政治感兴趣、本身有参与政治愿望，但又受制于时间、地理位置因素而不方便参与的人来说，互联网的出现可能会较大地提高他们的政治参与度。

相对于线下政治参与，以互联网为工具进行的政治参与叫网络政治参与。它与线下政治参与一样，都是政治参与的组成部分。因为本书研究的是互联网对政治参与的影响，因此将网络政治参与这种政治参与方式与线下政治参与共同作为因变量，而不是自变量。也就是说，互联网作为政治参与的工具之一所起到的作用，是本书中需要解释的因素（因变量），而不是用来解释的因素（自变量）。

（二）作为政治参与外在影响因素的互联网：政治信息的来源、政治沟通的渠道、政治讨论的平台

互联网除了可以作为政治参与工具方便人们参与政治，从而直接扩大公众政治参与总量之外，它还可以作为政治参与的外在影响因素间接促进公众的政治参与。作为政治参与外在影响因素的互联网，主要是指互联网作为政治信息的来源、政治沟通的工具以及政治讨论的平台对政治参与所起到的作用，参与政治需要一定的政治信息，缺少政治信息是人们较少参与政治的原因之一，互联网为人们提供了一条快速方便地获取大量信息的渠道，因此，互联网的使用可能促进人们更多地参与政治活动。在参与政治活动之前人们可能需要就有关问题进行协商讨论，互联网为这种协商提供了一个更加便捷的平台，使得不同地区的人们可以克服空间距离的障碍，很方便地在网络上聚到一起就有关问题进行讨论，另外通过电子邮件、网络视频、即时通信等多种方式，互联网还可以作为政治沟通的渠道。以这些方式来使用的互联网是政治参与的外在影响因素，它所起到的作用与政治参与的传统影响因素相似，如作为信息来源的互联网所起的作用就与报纸、广播和电视所起的作用在本质上是相似的，都是为人们提供

相关信息，只是互联网极大地降低了人们获取信息的成本。同样，网络沟通、网络讨论与线下面对面沟通、讨论及普通信件沟通、讨论在性质上也是相似的，只是两种方式的成本和效率不同。本书研究的重点是互联网作为外在影响因素对政治参与的间接作用，即互联网作为政治信息的来源、政治沟通的工具以及政治讨论的平台对政治参与的影响，互联网对政治参与的直接影响与间接影响的关系见图 1－2。

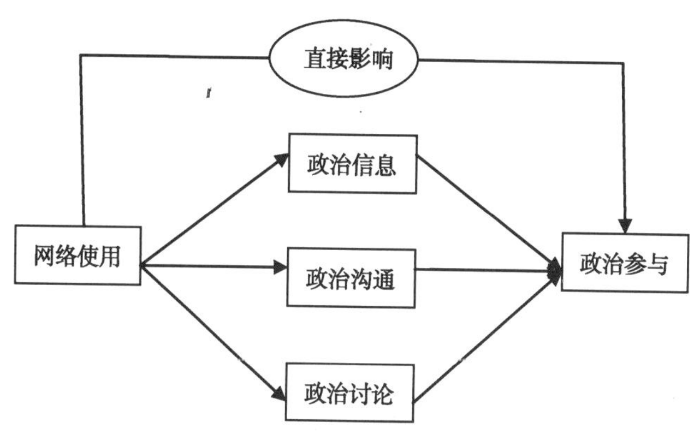

图 1－2　互联网对政治参与的直接影响和间接影响

（三）互联网影响政治参与平等化的路径

人们参与政治活动需要一些必备条件，缺少了这些条件，政治参与很难进行。正是由于这些条件在不同人群中的分布不同，才造成了现实中人们政治参与的不平等状况。如果某些外在因素能够补充这些政治参与的必要条件的话，那么，就可以推断这种外在因素应该能对政治参与的平等化起到某种促进作用。根据公民志愿主义模型，公民参与政治需要有能力、有动机、有机会，即人们要有参与政治所必需的一些资源，包括充裕的空闲时间、一定的可支配收入以及熟练的组织和表达技能等，同时他们还要有参与政治的心理动机，要有想参与政治活动的兴趣，另外还需要有人来动员组织他们参与，给他们参与政治的机会。资源越多、动机越大、受到动员越多的公民就越有可能参与政治。

因此，要考虑互联网对政治参与平等化是否有影响、有什么样的影响，就可以看互联网所具有的信息来源、沟通渠道以及组织平台的功能能否改变，以及如何改变人们参与政治所需的政治资源、政治动机、政治动员状况：如果互联网的使用不能改变已有的政治资源、政治动机和政治动员分布状况的话，则说明互联网对政治参与平等化没有影响；如果互联网的使用，能够改善基于社会经济地位而形成的弱势群体的参与能力、参与动机或参与机会状况的话，则说明互联网将会动员弱势群体更多地通过网络方式参与政治活动，从而可能会起到缩小已有政治参与差距的作用；如果互联网的使用加剧了弱势群体和优势群体之间的政治资源、政治动机和政治动员差距的话，则说明互联网的使用将进一步强化优势群体的已有优势，从而会扩大已有参与差距，互联网对政治参与的具体影响路径如图1－3所示。第二章至第四章本书将分别对互联网通过影响公民政治资源、政治动机和政治动员进而影响政治参与的状况，进行理论分析和实证检验，以评估互联网的政治参与平等化效应。

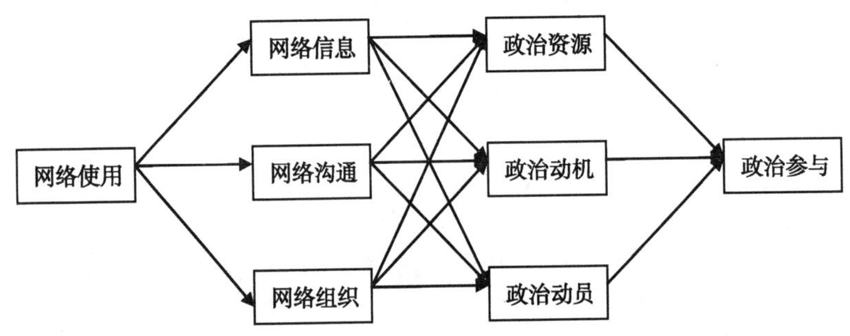

图1－3　互联网影响政治参与的路径

第二章　互联网、政治资源与政治参与

政治参与是普通公民向政府部门表达自身利益诉求的一种重要方式，民主社会中每个合格公民都有平等的政治参与权，然而现实中公民参与政治的状况却是不平等的。维巴对美国公民政治参与实际状况的研究发现，按照公民政治参与的活跃程度把美国公民分为以下几类：完全不活跃者（他们不参加竞选活动、不参加社区活动、不同官员个别接触、大部分人也不投票，其他的只偶尔投票）占到22%，只投票者（这部分人除了投票外，不参与其他政治活动）占到21%，社区活动者（这部分人参加社区活动水平高，而参加竞选活动水平低）占到15%，竞选者（这部分人几乎不参加社区活动，但在参加竞选活动中很活跃）占到20%，狭隘参与者（这部分人既不参加竞选活动，也不参加社区活动，只进行个别接触）占到4%，完全活跃者（这部分人经常参与所有类型的政治活动）占到11%，还有7%的是“无法组类”的人。① 一项对中国村委会选举中村民选举行为的研究发现，村民的投票积极性同样存在很大差异：有积极参与的，有随大流的，还有消极逃避的。②

这些现象提出了这样一个问题，为什么有些人会积极参与政治，有些人却不参与？影响公民参与政治的因素有哪些？这一问题是政治参与研究的主要问题。本章首先，从理论上分析公民个人不同的社会经济地位以及时间、金钱和公民技能三种资源因素如何影响公民的政治参与行为；其次，考察互联网的使用能否改变以及如何改变这三种资源的分布状况，如果互联网能够改变这些资源分布形势的话，这种改变又会对政治参与平等化带来什么影响；再次，利用问卷调查所获得的数据，从政治资源角度实证分析互联网对政治参与的影响；最后，在分析研究结果的基础上，总结出本章的研究结论及相应的含义。

---

① Verba, Sidney and Norman H. Nie, *Participation in America: Political Democracy and Social Equality*, New York: Harper and Row, 1972, pp. 79 – 80.

② 肖唐镖、邱新有：《选民在村委会选举中的心态与行为——对40个村委会选举情况的综合分析》，《中国农村观察》2001年第5期。

第一节 政治资源对政治参与的影响：理论分析

一 社会经济地位与政治参与

最早从理论上回答影响公民政治参与因素有哪些这一问题的是，标准社会经济地位模型，这一模型描述了“谁在参与”，也就是说回答了具备哪些特征的人更可能参与政治这一问题。根据社会经济地位模型，最有可能积极参与政治的人，或者说那些政治活动中的活跃分子，往往是那些社会经济地位较高的人，即那些受教育程度较高、收入水平较高或者职业地位较高的人。[①] 虽然总体来看，社会经济地位越高，人们的参与可能性越大，但是研究发现教育、收入和职业这三个社会经济地位的组成部分并不是同等影响政治参与，教育程度对政治参与的影响最大，[②] 收入水平对政治参与的影响次于教育程度，职业状况的影响最小。康威（Conway）认为，只有极少数职业类别对政治参与的影响较大（即那些受政府政策影响很大的相关职业如农业部门、政府雇员等），除此之外，职业对政治参与的影响很小。[③]

除了教育、收入、职业这三项社会经济地位指标影响个人的政治参与水平之外，个人的一些人口统计学变量也是政治参与水平的重要指标，主要有年龄和性别因素。研究发现，从政治参与的年龄层次差异来看，一般来说，年轻人和老年人较少参与政治，而中年人更多参与政治。从年龄与政治参与的动态关系来看，一般来说，年轻人较少参与政治，随着年龄的增加他们的政治参与率也逐步增加，到四五十岁时达到最高峰，到六十多岁以后政治参与率随年龄的增长而逐步下降[④]，也就是说，年龄与政治参与率的关系呈现出一个倒“U”字形关系，但也有研究表明：年龄与政治

---

① Milbrath, Lester W., *Political Participation: How and Why do People Get Involved in Politics?* Chicago: Rand McNally, 1965, p. 116.

② Wolfinger, Raymond · E. and Steven · J. Rosenstone, *Who votes?* New Haven: Yale University Press, 1980, pp. 17 – 35. Verba, Sidney, K. L. Schlozman and H. E. Brady, *Voice and Equality: Civic Voluntarism in American Politics*. Cambridge, MA: Harvard University Press, 1995, p. 19.

③ Conway, M. M., *Political Participation in the United States*, 2nd Ed. Washington, DC: CQ Press, 1991, p. 21.

④ Milbrath, Lester W., *Political Participation: How and Why do People Get Involved in Politics?* Chicago: Rand McNally, 1965, p. 134.

参与关系并不是呈现倒"U"字形，而是随着年龄的增长在逐步增加的，老年人的政治参与率并没有随着年龄的增大而下降，反而是在继续增加；[①] 从政治参与的性别差异方面来看，一般来说，男性比女性更可能参与政治。[②] 但也有研究表明，在排除法律障碍，控制住教育程度、收入水平影响的情况下，政治参与的性别差别并不大，[③] 也就是说，性别之间的参与并不是由性别本身造成的，而是由与性别相关的法律障碍（比如有些国家某些历史阶段妇女并没有政治参与权）、教育程度差异以及收入水平不同而造成的。但也有研究认为，即使考虑了以上三项因素，政治参与的性别差异仍然可能存在，这是由性别的社会角色决定。除了年龄和性别之外，其他的影响政治参与状况的因素还包括种族（黑人比白人参与率更低）、宗教[④]（犹太教徒比基督教徒更可能参与政治，基督教徒比天主教徒更可能参与政治）等因素。

根据社会经济地位和人口统计因素，一般来说：政治参与中的积极分子主要是那些受教育程度较高、收入水平较高、职业地位较高、性别为男性、年龄层次是中年的人；相反，政治活动中的不活跃的人主要是那些受教育程度较低、收入水平较低、职业地位较低、性别为女性、年龄较小或者较大的人。这是基于社会经济地位和人口统计学因素而形成的政治参与不平等状况。

社会经济地位变量、人口统计变量与政治参与的关系是研究政治参与平等化问题的基准线模型（base-line model），[⑤] 也就是说，考虑政治参与的差异问题，首先要从社会经济地位的差异入手，在考虑了由社会经济地位差异决定的政治参与差距的基础上，再来考虑其他因素的影响，看这些因素是扩大还是缩小了已有的参与差距。如果这些因素能够促进某些不活跃者参与政治的话，那就可以推断这些因素应该能够缓解政治参与不平等

---

① Wolfinger, Raymond, E. and Steven, J. Rosenstone, *Who votes*? New Haven: Yale University Press, 1980, p. 47.

② Milbrath, Lester W., *Political Participation*: *How and Why do People Get Involved in Politics*? Chicago: Rand McNally, 1965, p. 135.

③ Wolfinger, Raymond, E. and Steven, J. Rosenstone, *Who votes*? New Haven: Yale University Press, 1980, p. 42.

④ Milbrath, Lester W., *Political Participation*: *How and Why do People Get Involved in Politics*? Chicago: Rand McNally, 1965, pp. 137 - 141.

⑤ Verba, Sidney and Norman H. Nie, *Participation in America*: *Political Democracy and Social Equality*, New York: Harper and Row, 1972, p. 126.

状况；相反，如果这些因素在这条基准线的基础上进一步促进活跃者参与，而抑制不活跃者参与的话，那就可以推断这些因素会进一步扩大政治参与差距。这也是本书研究互联网对政治参与平等化影响的基本逻辑：如果互联网动员了某些政治活动中的不活跃者参与政治的话，那它就可能会缓解政治参与不平等状况；如果它不利于以前政治活动中的不活跃者参与政治的话，那么它就可能会进一步强化活跃者的已有优势，从而会扩大政治参与不平等状况。

社会经济地位模型是政治参与经验研究的重要成果之一，接受过很多国家经验证据的检验，虽然存在一些例外情况，但大体上经受住了经验数据的验证。① 这个模型的长处有两点：第一，它在经验上直接而有力；第二，它与政治相关。② 但是这个模型也有些弱点，最大一点是它的理论支持存在不足，缺乏解释力。它没有提出一个解释社会经济变量和政治参与之间关系的清晰说明，也就是这一模型没有清晰说明连接社会经济地位与政治活动的因果机制。③

二 政治资源与政治参与

维巴的公民志愿主义模型，是用来说明社会经济地位与政治参与之间联系的理论之一，这一理论认为，人们之所以会参与政治，是因为他们有资源能够参与、有动机想要参与、有机会可以参与。因此，如果要回答政治参与为什么会形成差距这一问题，答案就是因为人们的资源不同、动机不同、受到的动员不同；如果要缩小政治参与差距，就必须增加不活跃者参与政治的资源、激发他们参与政治的动机、增加他们接受动员的机会。

（一）政治资源的类型及其对政治参与的影响

公民志愿主义模型中政治资源、政治动机、政治动员三个组成部分共同构成了公民政治参与的影响因素。虽然这三个组成部分对于政治参与都

---

① Verba, Sidney, Norman H. Nie, Jae-on Kim, *Participation and Political Equality: A Seven-nation Comparison*, Cambridge, Eng.; New York: Cambridge University Press, 1978, p. 64. Kaase, M. and Marsh, A. Political Action: A Theoretical Perspective. In S. Barnes et al. (eds.), *Political action: Mass participation in five Western democracies*, Beverly Hills, CA: Sage, 1979, p. 42.

② Verba, Sidney and Norman H. Nie, *Participation in America: Political Democracy and Social Equality*, New York: Harper and Row, 1972, p. 281.

③ Ibid., p. 282.

很重要，但维巴认为，三者的重要性并不相同，政治资源因素是最重要的，[①] 其次是政治动机因素，政治动员因素的重要性相对来说最小。这是因为，资源是人们参与政治的必要条件，人们可以不需要动员，而主动参与政治，相反，很难想象人们在没有一点资源和动机的情况下会参与政治，而资源之所以比动机重要，这是因为：首先，在经验研究中与测量其他因素相比，测量资源的信度和效度更大；其次，资源因果关系的方向更容易建立；再次，基于资源的理论模型更能够解释；最后，基于资源的模型与政治有实质的相关性。[②]

关于影响公民政治参与的资源因素有哪些这一问题，相关文献看法不一，有些将诸如高水平的教育或者收入等社会经济变量，以及诸如政治效能感或集体团队感等心理倾向当作政治活动的资源。[③] 从广义上说，这些因素确实是影响公民政治参与的重要条件，但维巴对政治资源做了更加具体的界定，主要包括三种资源：时间、金钱与公民技能。他将收入水平与受教育程度，作为解释时间、金钱和公民技能差异的原因，从而将时间、金钱和公民技能，作为解释由教育和收入组成的社会经济地位与政治参与之间关系的中介变量之一，[④] 这样通过将资源本身与作为资源来源的社会经济地位区分开来，就可以具体说明基于社会经济地位的不同而形成的资源占有不同，是如何影响各种形式的政治活动的，从而不仅可以解释为什么有些人更活跃，有些人更消极，而且也可以解释为什么某些类型的人更可能参与特定的政治活动。[⑤]

1. 时间与政治参与

政治参与需要成本，时间和金钱是个人参与政治活动的首要条件。政治参与是无直接报酬的非职业性活动，所以个人要在学习、工作、家务、必要的休息时间之外挤出时间来参与政治活动。如果工作过于繁忙，空余时间有限，那么参与政治活动的时间就必然减少。如果选举投票的时间正

① Verba, Sidney, K. L. Schlozman and H. E. Brady, *Voice and Equality: Civic Voluntarism in American Politics*, Cambridge, MA: Harvard University Press, 1995, p. 288.

② Ibid., p. 270.

③ Norris, Pippa, *Digital Divide: Civic Engagement, Information Poverty, and the Internet Worldwide*, New York: Cambridge University Press, 2001, p. 221; Rosenstone, S. J. and Hansen, J. M., *Mobilization, Participation, and Democracy in America*, New York: Macmillan, 1993, p. 134.

④ Verba, Sidney, K. L. Schlozman and H. E. Brady, *Voice and Equality: Civic Voluntarism in American Politics*, Cambridge, MA: Harvard University Press, 1995, pp. 270 – 271.

⑤ Ibid., p. 282.

好在工作日，那么对于选民来说，要么请假去投票，要么就放弃投票。同样，要向政府官员当面反映情况，也可能面临着官员上班的时间正好与公民上班的时间相同这一问题。没有一定的空余时间，要参加社区活动或者为选举活动服务那也很困难。所以，空余时间较多的人参与政治的可能性较大，而那些忙于工作、学习、家务，空余时间较少的人参与政治活动的可能性就较小。①

2. 金钱与政治参与

参加政治活动除了需要时间成本外，一定的可支配收入也是必不可少的，去向政府官员反映情况，需要有交通费用。收入较高的人可能有更多的金钱可以用于政治方面，因而参与政治的可能性较大。收入较低的人可支配收入有限，可能连养家糊口都成问题，能够用于政治方面的金钱当然很少了，他们参与政治的可能性就较小。②

3. 公民技能与政治参与

参与政治活动，除了需要一定的时间和金钱外，还需要一定的公民技能，所谓公民技能指的是公民个人的沟通与组织能力。③ 维巴认为，那些口头表达能力较强或者书面表达能力较高的人，或者那些能够从容地组织与参加会议的人，当他们参与政治活动时，效率可能更高。那些拥有公民技能的人可能会发现参与政治活动并不是那么令人畏惧，成本也不是那么高，因此，他们应该更可能参与政治。而且这些能力也使得他们能够更有效地使用时间与金钱，从而使得他们参与政治活动的效果更大。④ 所以沟通和组织技能较高的人参与政治活动的可能性较大，而沟通和组织技能较差的人参与政治的可能性较小。

（二）政治资源的分布及其影响因素

政治参与所需资源的分布不均是造成政治参与差距的主要原因之一。维巴指出，在时间、金钱和公民技能这三种资源中，时间资源在人们之间的分布最平等，时间不像金钱能够存在银行，今天不花的话以后可以再用，时间不能保存，而且与金钱不同的是，时间有个固定的上限约束，最

---

① Verba, Sidney, K. L. Schlozman and H. E. Brady, *Voice and Equality: Civic Voluntarism in American Politics*, Cambridge, MA: Harvard University Press, 1995, p. 289.

② Ibid., p. 290.

③ Ibid., p. 304.

④ Ibid., p. 304.

有天赋的人一天也仅有 24 小时的时间。因为时间是有限的，所以可以自由支配的时间比可以自由支配的金钱在个人之间分配更加平均。即使可以用不同的方法测量，最忙绿的人和最悠闲的人之间的时间差距，也要比富人和穷人之间的金钱差距小得多。①

三种资源中金钱在人们之间的分配是最不平等的，有人富可敌国，有人还在为温饱发愁。收入和财富分配的不平等直接影响了人们政治参与资源的分配，也是引发社会矛盾和冲突的一个重要原因。因为不同的收入状况决定了不同的利益诉求，穷人可能更加关注于呼吁政府增加他们的福利，富人可能更加关心要求政府为他们减税。高收入的富人不言而喻有更多资金可以花在政治上，而他们更多地参与政治也可能更大影响政府，导致其做出不利于穷人的决策，从而激化社会矛盾。②

维巴认为，公民技能的获取从家庭开始贯穿整个生命过程，其中有两个特别重要的组织影响了公民技能的分配。第一个组织是学校，教育对于提高公民技能作用显著。首先，教育可以培养人们口头和书面表达能力，显然有效交流的能力对于大多数的政治活动都是很重要的。其次，教育也能够锻炼人们与复杂环境打交道的组织能力。此外，教育还能影响人的职业状况和收入水平，从而间接影响政治参与活动。③ 因此，受教育程度越高，个人的公民技能也可能越高，政治参与的可能性也就越大；相反，受教育程度越低，个人的公民技能可能越低，政治参与的可能性也就越小。

影响公民技能获取状况的第二个组织是工作场所、教会、志愿组织等各类非政治组织。这些非政治组织为其成员提供了很多可以提高他们组织或沟通技能的机会。但是要在非政治组织中培养公民技能依赖于几个因素：首先，个人必须加入某个组织，即个人必须有一份工作或者加入某些志愿协会；其次，公民所加入的组织最好是开放性的，即这类组织是面向社会广泛开展活动的，而不是仅仅针对会员组织活动；再次，要想提高公民技能，仅仅加入某些组织是不够的，还必须积极参与组织的活动。④ 因此，如果公民加入的志愿组织越多，并且越积极参与组织的活动，那么其

① Verba, Sidney, K. L. Schlozman and H. E. Brady, *Voice and Equality: Civic Voluntarism in American Politics*, Cambridge, MA: Harvard University Press, 1995, p. 304.

② Ibid., p. 305.

③ Ibid., pp. 305 – 306.

④ Ibid., pp. 310 – 311.

公民技能也就可能越高，政治参与的可能性也就越大。

总之，影响政治参与的资源因素主要包括时间、金钱和公民技能，空余时间越多、金钱越多、公民技能越高，则参与政治的可能性越大。而金钱一般与个人收入和财产直接相关，收入越高自然意味着金钱更多；公民技能主要与公民接受教育及加入非政治组织的状况相关，接受教育程度越高，参加非政治组织的活动越积极，公民技能就可能越高，参与政治的可能性也就越大。

第二节　互联网对政治资源的影响：理论分析

从政治资源对政治参与的影响看，公民政治参与状况很大程度上受制于他所拥有的资源状况，空余时间越多、金钱越多、公民技能越高的人越可能参与政治。从这一角度考察互联网对政治参与平等化的影响，可以发现互联网对政治参与平等化有两种方向相反的影响力。一方面，作为一种迅捷的信息通信工具，互联网的“时间提升”效应、“成本缩减”效应降低了人们参与政治对时间成本和物质成本的依赖，减少了参与成本就相当于增加了人们所拥有的参与资源，同时，互联网的“技能补充”效应也能够促进那些公民技能较差、但网络技能较好的人，通过互联网这条不同于线下参与途径的新渠道，以一种网络参与这种新方式参与政治活动。但是另一方面，互联网“接入鸿沟”和“技能鸿沟”这两条“数字鸿沟”的存在，也可能使得部分人，无法获得互联网这种新媒体为扩大参与政治所带来的好处。

一　互联网与政治参与时间

政治参与所需的资源之一是时间，有些人之所以很少参与政治，缺少时间可能是其中一个重要原因。例如对于那些固定上下班的人来说，如果他们要参加接触政府官员这类政治活动，可能直接面临着时间约束的问题，因为他们上下班的时间可能正好与政府官员上下班时间重合，如果他们要接触政府官员的话，可能只有请假，也还面临主管是否批准的问题。还有一些需要远距离跋涉才能进行的政治参与活动，如在投票点离家较远的情况下去投票等，都可能面临缺乏参与时间的问题。

互联网的出现减少了人们参与政治活动时受时间约束的状况，这就是互联网对政治参与所起到的“时间提升”（time-enhancing）效应。所谓互联网的“时间提升”效应，是指互联网的使用减少了人们参与政治活动时对时间的依赖程度，降低了参加政治活动所必需的空余时间要求。[①] 互联网的“时间提升”效应主要表现在两个方面：第一个方面是互联网的使用减少了完成政治活动所需要的时间，如给政府官员写信反映问题，如果用普通邮件，从信件发出到对方收到可能需要一周左右的时间，而如果用电子邮件发信的话，对方可能几秒钟内即可收到这封信件了。第二个方面是互联网的使用降低了活动本身的时间限制，比如如果举行线下协商的话，可能只有在白天举行，但如果通过互联网进行的话就可以改到其他合适的时间，不一定要限制在白天。

从理论上说，互联网的这种“时间提升”效应相当于增加了人们的空余时间，对于那些以前主要因为缺少时间而不参与政治活动的人来说，互联网的使用应该能促进他们更多地参与政治，这一方面可以促进政治参与总量的增加，另一方面也可能会缩小政治参与的差距。

二　互联网与政治信息及政治交流成本

互联网除了可以通过时间“提升效应”减少人们参与政治所需的时间成本外，它还可以降低人们搜寻政治信息和进行政治交流所需的物质成本。虽然增加政治信息量是否一定能增加人们的政治参与度这一问题，在理论和经验方面还存在一些争论，但是，参与政治活动需要一定的相关信息这一条件是没有异议的。有些人之所以不参与，很重要的原因就是缺乏相关信息，由于没有必要的信息，不知道如何作出准确的选择，对于这些人来说，不参与就是他们比较明智的选择了。互联网的出现为人们提供了一条获取信息的便捷渠道，以前缺乏信息的人可以很方便地从互联网上找到相关信息，互联网为他们提供了大量的信息，同时也降低了他们收集信息的成本。另外参与政治活动之前可能需要一定的交流与沟通，相比较于电话沟通和面对面沟通，互联网为人们提供了一条新的低成本沟通渠道。同时，与人们在线下聚到一起协商相比较，互联网作为群体政治协商的一个平台，也极大地降低了协商的成本，这就是互联网的“成本缩减”效

① Bimber, Bruce. The Internet and Citizen Communication with Government: Does the Medium Matter? *Political Communication*, 1999, 16 (4), pp. 409 -428.

应（cost-reduction）。[①]

在其他情况不变的情况下，理论上同样可以预期互联网的这种“成本缩减”效应，也会提高人们政治参与的总量。同时，对于那些以前主要由于成本的约束而不参与政治的人来说，互联网的使用减少了他们的参与成本，这就相当于增加了他们所拥有的资源，因而，可以推断互联网的使用可以增加他们的参与，从而可能会缩小政治参与不平等状况。

三 “数字鸿沟”与政治参与

（一）“数字鸿沟”的含义与类型

对于促进人们更多地参与政治活动来说，互联网以上这些积极效应的发挥是有前提的，其面临的最大障碍是“数字鸿沟”（digital divide）问题。“数字鸿沟”的含义有多种说法，从一般意义上理解，“数字鸿沟”是指“不同社会经济水平的个人、家庭、商业部门和地理区域，在接触信息与通信技术（ICTs）和利用互联网从事各种活动的机会上存在明显差距”[②]。

“数字鸿沟”表现在很多方面，诺里斯（Norris）从宏观视角将“数字鸿沟”分成三个不同方面：全球鸿沟、社会鸿沟及民主鸿沟。全球鸿沟是指工业化国家与发展中国家之间互联网接入的差距，社会鸿沟是指各个国家中信息富有者和信息贫穷者之间的鸿沟，民主鸿沟是指人们在是否使用数字技术参与公共生活方面的差距。[③]

从个人层面微观视角看，人们早期对“数字鸿沟”的关注，主要集中于不同人群之间在互联网物质接入方面的差距，也就是关注上网条件在人群之间的不同分布状况。后来有些学者发现，从个人层面看，“数字鸿沟”其实不只存在一条，而是有多条，“物质接入鸿沟”只是其中一条而已。简·范迪克和肯尼斯·黑克尔（Jan Van Dijk and Kenneth Hacker）认为，在个人层面上，互联网的接入存在四个主要障碍：第一，缺少兴趣、对计算机焦虑以及新技术缺乏吸引力而造成的初级数字体验不足，他将这种障

① Bimber, Bruce. The Internet and Citizen Communication With Government: Does the Medium Matter? *Political Communication*, 1999, 16 (4), pp. 409 – 428.

② OECD, 2001, "Understanding the Digital Divide", Retrieved July 1 2007, from http://www.oecd.org.

③ Norris, Pippa, *Digital Divide: Civic Engagement, Information Poverty, and the Internet Worldwide*, New York: Cambridge University Press, 2001, p. 4.

碍称为“精神接入”（mental access）障碍；第二，没有计算机和网络连接，他称为“物质接入”（material access）障碍；第三，由于技术界面不友好导致用户使用不够方便以及教育与社会支持不足，而造成的数字技能缺乏，他称为“技能接入”（skills access）障碍；第四，缺乏使用的机会以及这些机会的不平等分布，他称为“使用接入”（usage access）障碍。① 同样，卡伦·莫斯伯格（Karen Mossberger）及其同事在研究中也发现，美国人所面临的“数字鸿沟”包括：第一，获取鸿沟，指在基本的获取计算机和互联网方面存在不平等；第二，技能鸿沟，指在技能和信息素养方面存在的不平等；第三，经济机会鸿沟，指在个人为满足社会提升（如获取新工作）能在多大程度上利用信息方面存在的不平等；第四，民主鸿沟，指在能利用互联网提高自己的政治参与度和影响力方面存在差距。②

（二）“数字鸿沟”对政治参与的约束

从互联网使用影响政治参与的角度看，要利用互联网促进政治参与，必须满足以下几个前提条件：第一，人们要能够上网，要有使用互联网的相关设备，也就是说，人们首先需要有上网设备，如电脑、手机等，并且还需要接入互联网。如果没有这些必要设备并接入互联网的话，前面提到的互联网的有利效应就无法实现了。由于互联网接入不平等而形成的“数字鸿沟”本书称为“接入鸿沟”。第二，人们要会用互联网，要掌握互联网使用的必备技能。互联网的有效使用需要一些必备技能，如果接入了互联网，但是却不具备这些技能的话，互联网的利用效率就会很低，由于互联网使用技能不平等而形成的“数字鸿沟”本书称为“技能鸿沟”。第三，人们不能仅仅为便利个人生活而使用互联网，还需要出于为政治参与服务的目的来利用互联网。如果人们接入了互联网，也掌握了相关的使用技能，但是并没有利用互联网为政治参与服务的话，互联网扩大政治参与的效果也是十分有限的，由于互联网利用方式不同而形成的“数字鸿沟”本书称为“使用鸿沟”。第四，人们要能够准确理解互联网上有关政治信息的内容。如果人们接入了互联网并掌握了相关使用技能，也出于为

① Van Dijk, Jan and Kenneth Hacker, The Digital Divide as a Complex and Dynamic Phenomenon, Special Issue: Remapping the Digital Divide, *The Information Society*, 2003, 19, pp. 315 – 326.

② Mossberger, K. Tolbert, C. J. and Stansbury, M., with McNeal, R. and Dotterweich, L., *Virtual Inequality: Beyond the Digital Divide*, Washington, D. C.: Georgetown University Press, 2003, p. 9.

政治参与服务的目的利用互联网，但是对于从互联网上获得的信息却无法准确理解的话，那么政治参与的有效性也是要打折扣的，而要准确理解从互联网上所获得的信息，必须有相关的知识储备，本书把由于个人知识储备不同而造成的信息理解能力的差异称为“知识鸿沟”。

（三）“数字鸿沟”与政治参与平等化

显然，互联网要在促进政治参与平等化方面发挥积极作用，可能面临着四道“数字鸿沟”的约束：第一，“接入鸿沟”，部分人没有条件使用互联网，不能上网，当然就不能利用互联网参与政治活动了；第二，“技能鸿沟”，部分人即使接入了互联网，如果没有熟练掌握互联网使用的必备技能，他们利用互联网参与政治活动的效率也会很低；第三，“使用鸿沟”，部分人即使接入了互联网，也掌握了使用互联网的必备技能，但是如果他们使用互联网的目的并不是为了方便政治参与而是有其他目的的话，互联网也很难发挥对政治参与的促进作用；第四，“知识鸿沟”，部分人即使接入了互联网，掌握了相关技能，而且也是出于为政治参与服务的目的在使用互联网，但是如果他们自身相关的知识储备不足，对于有关信息理解能力有限，无法将从互联网上所获得的信息进行有效的筛选、鉴别及加工处理的话，这也将直接限制他们利用互联网参与政治活动的效率。

这样，四道“数字鸿沟”将人们按照互联网使用状况分成了不同的群体：第一道“接入鸿沟”将人们分为互联网使用者和非互联网使用者；第二道“技能鸿沟”将互联网使用者分为互联网使用的老手与互联网使用的新手；第三道“使用鸿沟”把互联网使用者分为互联网政治使用者与互联网非政治使用者；第四道“知识鸿沟”将互联网政治使用者分为互联网政治使用老手和互联网政治使用新手。

位于“数字鸿沟”优势一边的人往往是那些受教育程度较高、收入水平较高的人群，这些人很可能就是那些线下政治参与中的活跃者；而处于“数字鸿沟”不利一边的人往往是那些受教育程度较低、收入水平较低的人群，这些人往往就是那些线下政治参与中的不活跃者。因而，从这方面看，互联网“数字鸿沟”的存在很可能造成互联网的使用，主要有利于那些在线下政治参与中处于优势地位的人，也就是那些受教育程度高、收入水平高的人，从而会进一步拉大而不是缩小政治参与不平等状况。本章主要关注前面两道“数字鸿沟”，即“接入鸿沟”和“技术鸿沟”对政治参与的影响，另外两道“数字鸿沟”对政治参与的影响将在第三章进行探讨。

（四）“接入鸿沟”与政治参与

要利用互联网参与政治活动，首先必须要有条件使用互联网，但是由于经济条件不同并不是所有人都能接入互联网，因此在有条件使用互联网的人和没有条件使用互联网的人之间，形成了第一道“数字鸿沟”——“接入鸿沟”。“接入鸿沟”侧重于从互联网的物质接入状况说明数字差距，是表现最明显的“数字鸿沟”，也是人们最早关注的“数字鸿沟”。由于多种因素的影响，互联网的“接入鸿沟”是一个很普遍的现象，不仅国家与国家之间存在互联网接入水平的差别，一个国家内部不同地区、不同人群之间同样存在差别，这种差别主要是基于个人的受教育程度、收入水平、年龄大小和性别差异而形成的。一般来说，使用互联网的人主要是那些受教育程度较高、收入较高、年纪不大的男性群体。

现阶段中国互联网“接入鸿沟”也相当明显。从宏观方面看，主要表现在地域差异和城乡差异上；从微观方面看，主要表现在由于受教育程度、收入、性别和年龄等差异上。根据中国互联网络信息中心（CNNIC）第27次“中国互联网发展状况”（截至2010年12月底）的调查报告显示，[①] 从互联网普及率上看，中国农村网民规模为1.25亿人，仅占整体网民的27.3%，各地区的互联网发展差异也很明显，可以分为三个层次。第一梯队：互联网发展水平较好，普及率高于全国平均水平，主要集中在东部沿海地区和部分内陆省份。包括北京、上海、广东、浙江、天津、福建、辽宁、江苏、新疆、山西、山东、海南、重庆、陕西14个省份。其中，北京互联网普及率高达69.4%，上海和广东分别为64.5%和55.3%。第二梯队：互联网普及率低于全国平均水平，但是高于全球平均水平，包括青海、湖北、吉林、河北、内蒙古、黑龙江6个省、区。第三梯队：互联网发展水平较为滞后，网络普及率低于全球平均水平，集中在中西部地区，包括宁夏、西藏、湖南、河南、广西、甘肃、四川、安徽、云南、江西、贵州11个省、自治区。可以看出中国互联网的“接入鸿沟”实际上是与地区经济发展水平密切相关的。

中国互联网发展状况研究报告中，还说明了中国现有网民的性别、年龄、学历及收入等四个方面的结构状况，从中可以看出中国网民在这四个

---

① 《中国互联网络发展状况统计报告》，2011年1月，http：//www.cnnic.net.cn/dtygg/dtgg/201101/P020110119328960192287.pdf.

方面都呈现出一定的多样性。从网民的性别结构看，男性网民所占比例高于女性，2010 年男性网民占到 55.8%；从网民的年龄结构看，年轻网民所占比例较高，2010 年 30 岁以下各年龄段网民占比达 58.2%；从学历结构看，初高中学历的网民占大多数，2010 年高中以下学历的网民占到 76.9%；从网民的收入结构看，中低收入网民占大多数，2010 年月收入 3000 元以下的网民占到 83%。详细数据见表 2－1。

表 2－1　　中国网民的个体特征结构

		2009 年网民结构（%）	2010 年网民结构（%）
性别	男性	54.2	55.8
	女性	45.8	44.2
年龄	10 岁以下	1.1	1.1
	10—19 岁	31.8	27.3
	20—29 岁	28.6	29.8
	30—39 岁	21.5	23.4
	40—49 岁	10.7	12.6
	50—59 岁	4.5	3.9
	60 岁及以上	1.9	1.9
学历	小学及以下	8.8	8.4
	初中	26.8	32.8
	高中	40.2	35.7
	大专	12.2	11.8
	大学本科及以上	12.1	11.4
收入	无收入	10.0	4.6
	500 元以下	18.0	19.4
	501—1000 元	14.5	15.1
	1001—1500 元	13.7	13.2
	1501—2000 元	13.4	14.5
	2001—3000 元	15.4	16.2
	3001—5000 元	9.3	10.5
	5001—8000 元	2.7	3.7
	8000 元以上	2.9	2.9

资料来源：中国互联网络信息中心（CNNIC）第 27 次“中国互联网发展状况”，http://www.cnnic.net.cn/dtygg/dtgg/201101/P020110119328960192287.pdf。

关于互联网“接入鸿沟”在不同群体之间的分布状况，中国互联网络发展状况统计报告采取的是网民结构比例统计形式，使我们很难看出不同社会群体中互联网使用者所占比例的状况，从而无法判断“接入鸿沟”在不同群体间的表现情况。纪秋发利用“中国互联网项目”小组的“互联网在中国的使用及影响”2003年度及2007年度的调查数据，对中国不同群体互联网接入状况进行了研究，结果发现中国互联网“接入鸿沟”在性别、年龄、受教育程度及收入方面表现得相当明显，详细数据见表2－2。

从性别方面看，中国男性互联网接入率高于女性。2003年男性互联网接入率为42.0%，女性为37.2%，接入率平均数39.6%，女性低于平均数。到2007年虽然男性和女性的接入率都在增加，但是差距依然明显，男性互联网接入率为70.2%，而女性为57.3%，接入率平均数为63.8%，女性依然低于平均数。

从年龄方面看，年轻人的接入率高于中老年人。2003年19岁及以下人群的接入率为42.5%，20—29岁人群的接入率为53.7%，50岁及以上人群为27.7%，平均接入率为39.7%，30岁以上人群的接入率低于平均数。到2007年，虽然各个群体的接入率都增加了，但是不同群体之间的差距依然很明显。2007年19岁及以下人群的接入率为67.3%，20—29岁人群的接入率为79.7%，50岁及以上人群的接入率为42.9%，平均接入率为63.8%，40岁以上人群的接入率低于平均数。

从受教育程度看，受教育程度越高，互联网接入率越高。2003年，初中及以下的人群互联网接入率为9.8%，研究生及以上人群的接入率为67.9%，平均接入率为39.5%，大专以下学历人群接入率低于平均接入率。到2007年，虽然各个群体的接入率都在增加，但是，差距依然明显：初中及以下的人群互联网接入率为41.9%，研究生及以上的接入率为83.1%，平均接入率为63.8%，大专及以下的接入率依然低于平均接入率。

从个人收入水平看，除了无收入群体（以在校学生为主）外，个人收入越高，互联网接入率越高。2003年500元及以下人群的接入率为18.4%，2000元以上群体的接入率为66.5%，平均接入率为39.6%，月收入低于1200元群体的互联网接入率低于平均数。到2007年，虽然不同收入群体的互联网接入率都提高了，但是一些群体之间的差距依然很明显。1000 元及以下群体的接入率为 42.4%，3000 元以上群体的接入率为 82.6%，平均接入率为 62.7%，收入低于 2000 元群体的互联网接入率低于平均数。

表 2－2　　不同个体特征人群的互联网接入状况

		2003 年接入率（%）	2007 年接入率（%）
性别	男性	42.0	70.2
	女性	37.2	57.3
	平均	39.6	63.8
年龄	19 岁及以下	42.5	67.3
	20—29 岁	53.7	79.7
	30—39 岁	32.1	68.2
	40—49 岁	27.3	47.7
	50 岁及以上	27.7	42.9
	平均	39.7	63.8
学历	初中及以下	9.8	41.9
	高中（中专）	33.2	45.1
	大专与本科	55.4	79.2
	研究生及以上	67.9	83.1
	平均	39.5	63.8
2003 年个人收入	无收入	45.2	
	500 元及以下	18.4	
	501—800 元	13.9	
	801—1200 元	38.8	
	1201—2000 元	50.9	
	2000 元以上	66.5	
	平均	39.6	
2007 年个人收入	无收入		63.4
	1000 元及以下		42.4
	1001—2000 元		59.5
	2001—3000 元		79.6
	3000 元以上		82.6
	平均		62.7

续表

		2003 年接入率（%）	2007 年接入率（%）
2003 年家庭人均月收入	500 元及以下	15.9	
	501—800 元	31.3	
	801—1000 元	45.5	
	1001—1500 元	50.6	
	1501—2000 元	59.4	
	2000 元以上	66.4	
	平均	39.7	
2007 年家庭人均月收入	2000 元及以下		35.6
	2001—3000 元		51.1
	3001—5000 元		71.5
	5001—8000 元		72.6
	8000 元以上		80.7
	平均		61.6

资料来源：根据纪秋发《中国数字鸿沟——基于互联网接入、普及与使用的分析》，社会科学文献出版社 2010 年版，第 129—141 页整理。

从家庭人均月收入差距看，家庭人均月收入越高，互联网接入率越高。2003 年家庭人均月收入：500 元及以下的群体互联网接入率为 15.9%，501—800 元的群体接入率为 31.3%，801—1000 元的为 45.5%，1001—1500 元的为 50.6%，1501—2000 元的为 59.4%，2000 元以上的为 66.4%，平均接入率为 39.7%，家庭人均月收入低于 800 元的群体互联网接入率低于平均值。到 2007 年，虽然各个群体的接入率都在增加，但收入差距造成的接入率差距依然明显。2000 元及以下的群体接入率为 35.6%，2001—3000 元的接入率为 51.1%，3001—5000 元的为 71.5%，5001—8000 元的为 72.6%，8000 元以上 80.7%，平均接入率为 61.6%，家庭人均月收入低于 3000 元的互联网接入率低于平均值。

近些年来随着社会经济的发展，中国不同地区和不同群体之间的互联网“接入鸿沟”与中国和世界其他发达国家之间的“接入鸿沟”一样都在逐步缩小，但是现阶段来看这一差距仍然是实质性的。

国内外已有研究表明互联网的“接入鸿沟”会进一步强化基于社会经济地位状况而形成的政治参与不平等状况。托尔伯特和麦克尼尔（Tolbert and McNeal）研究了互联网接入对公众参与投票的影响，结果表明在控制了社会经济条件、政党支持、种族、民族、性别、年龄、传统媒体使用、政治兴趣、政治效能感和州环境等因素后，接入互联网的受调查者更可能参与1996年和2000年的总统选举投票。[①]

（五）"技能鸿沟"与政治参与

对于互联网使用者来说，互联网要提高他们政治参与资源所面临的第二个前提是他们要掌握使用互联网的必要技能。互联网的使用与收音机和电视机这类传统媒体的使用不同，一般来说，后者的使用只要按下开关就行了，而对于前者的使用来说，仅仅按下开关是远远不够。互联网的使用需要一些必要的技术能力（technical competencies），[②] 包括能够熟练使用与互联网相关的硬件和软件的技能，如知道如何操作计算机（如鼠标、键盘、文字的输入等操作）、了解如何使用一些常用的文字处理软件（如WPS、WORD）等。[③] 互联网使用者之间因互联网使用技能所造成的差距就形成了第二道"数字鸿沟"——"技能鸿沟"[④]。对于某些人来说，即使接入了互联网，如果缺乏这些必要技能的话，也将可能会限制互联网的作用。

关于受限于"技能鸿沟"群体的特征，莫斯伯格（Mossberger）等人的研究表明，互联网使用者中缺乏必需技能的人群大多数是那些年龄较大、受教育程度低、收入较少的人。而这些人群在线下政治参与中，正好也是参与率较低的那类人群。因此，从互联网使用的"技能鸿沟"看，它将会在一定程度上扩大由于受教育程度、收入水平和年龄状况不同而形成的政治参与不平等状况。

（六）公民技能、网络技能与政治参与

政治参与需要一定的技能，线下政治参与要求参与者具有一定的组织和表达能力，拥有这种技能的人一般来自社会经济地位较高的群体。因而，从资源约束方面看，公民技能差异是形成政治参与差距的一个重要原

① Tolbert, C. J. and McNeal, R. S. Unraveling the Effects of the Internet on Political Participation? *Political Research Quarterly*, 2003. 56 (2), pp. 175 – 186.

② Mossberger, K. , C. J. Tolbert and M. Stansbury, *Virtual Inequality: Beyond the Digital Divide*, Washington, D. C: Georgetown University Press. 2003, p. 38.

③ 纪秋发：《中国数字鸿沟——基于互联网接入、普及与使用的分析》，社会科学文献出版社2010年版，第190页。

④ Van Dijk, Jan and Kenneth Hacker, The Digital Divide as a Complex and Dynamic Phenomenon, Special Issue: Remapping the Digital Divide, *The Information Society*, 2003, 19, pp. 315 – 326.

因。互联网的出现使得人们除了可以通过线下渠道参与政治活动之外，又多了一种可以选择的方式，即直接通过互联网参与，比如通过互联网进行网络投票、通过电子邮件接触政府官员等。显然，通过互联网直接参与政治活动也需要一定的技能，而这种技能与传统政治参与所需要的技能不同，仅仅拥有传统公民技能不一定能够促进网络政治参与。公民如果不具备线下政治参与所必需的公民技能，他们可能无法以线下方式参与政治活动，但如果他们具有一定的网络技能的话，就可以通过网络方式参与政治，这样，互联网就可能会促进这些人的政治参与活动。

所以，一方面，虽然互联网使用的"技能鸿沟"限制了一部分网络使用者有效利用互联网的能力，这些互联网使用技能不足的人很大部分正好是那些在线下政治中很少参与政治活动的人（受教育程度低、收入水平低或者年龄较大的人），因而互联网"技能鸿沟"的存在可能会扩大政治参与不平等；另一方面，互联网特有的技术要求还可能在某种程度上缓解由于年龄、收入因素造成的参与不平等状况。这是因为，对于那些拥有了网络技能的人来说，互联网将有利于促进他们的政治参与，而那些拥有网络技能的人和那些拥有传统技能的人往往并不完全是同一群人，[①] 传统公民技能的拥有者主要是那些受教育程度较高、收入水平较高的中年人，而熟练掌握互联网使用技能的人主要是一些年轻人，他们的收入不一定较高，由于掌握网络技能人群中的分布不完全是按照社会分层来进行的，所以它可能有助于收入较低的年轻人通过互联网参与政治，这些人在线下政治参与中并不是积极者，因此，互联网的使用可能有利于改善因年龄差异而形成的政治参与不平等状况，这就是互联网使用有利于缓解政治参与不平等的第三个效应"技能补充"（skill-supplement）效应。[②] 百斯特和克鲁格（Best and Krueger）的相关研究表明，网络技能促进网络政治参与的正面作用显著，而传统公民技能对网络政治参与没有显著影响，[③] 这说明网络技能对于促进那些传统公民技能不足的人通过互联网参与政治作用明显。

① Best, S. J. and Krueger, B. S. Analyzing the Representativeness of Internet Political Participation, *Political Behavior*, 2005, 27 (2), pp. 183 - 216.

② Krueger, Brian S. Assessing the Potential of Internet Political Participation in the United States: A Resource Approach, *American Politics Research*, 2002, 30, pp. 476 - 598.

③ Best, S. J., and Krueger, B. S. Analyzing the Representativeness of Internet political participation, *Political Behavior*, 2005, 27 (2), pp. 183 - 216.

根据前面两节的理论分析，可以将互联网影响政治资源分布进而影响政治参与的关系，用图2－1简略地描述出来。这一关系中因变量是政治参与，包括线下政治参与和网络政治参与两大类，自变量包括由时间和公民技能构成的线下资源和由网络技能、网龄和上网时间构成的网络资源两组变量，这两组变量都可能会对网络政治参与和线下政治参与产生影响，控制变量是由教育和收入这两个社会经济地位变量，与性别和年龄这两个社会统计学变量组成的公民个体特征变量，这一组变量既可能直接影响公民政治参与行为，也可以通过影响网络资源和线下资源的分布而间接影响政治参与。当然，变量之间的这种影响关系只是根据理论分析推断出的可能影响，是否真实存在，具体如何影响，还需要接受经验数据的检验。第三节将利用调查数据运用统计方法对这一关系进行实证分析。

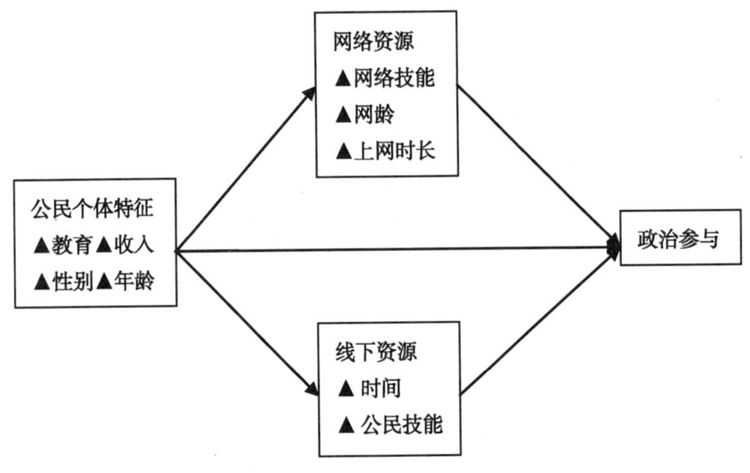

图2－1　互联网、政治资源与政治参与的关系

第三节　互联网、政治资源与政治参与：实证分析

一　主要变量测量：依据、方法与结果

（一）因变量的测量

本书研究的因变量是公民的政治参与行为，根据前面的说明，本书将中国公民的政治参与活动按照形式分为线下政治参与和网络政治参与两大类。线下政治参与活动是相对于通过互联网进行的网络政治参与活动来说

的，是指不借助互联网进行的政治参与。按照政治参与的内容，线下政治参与又分成选举性政治参与及传统政治参与两类。传统政治参与是指公民通过线下方式进行的非选举性参与活动。

1. 选举性政治参与

选举性政治参与活动是指公众参与人大代表选举投票、村委会或居委会选举投票以及其他相关选举活动的情况。选举是政治参与的重要形式之一，对于部分公民来说可能是政治参与的唯一形式，投票是选举的关键环节，是选民参与选举的主要活动方式。这里要说明的是本书采用的政治参与定义与其他经验研究中的定义相似，即普通公民试图影响或者实际影响政府行为的活动，显然，按照这一定义要求来看，中国公民参与村委会或者居委会选举从严格意义上说，并不属于政治参与范畴而是属于社会参与范畴，因为城市居委会或农村村委会只是居民或村民的自治组织而不是一级政府部门，但由于现实中居委会及村委会除了管理属于自治范围内的事务外，也往往会接受上级政府部门分派的一些任务，承担基层政府部门的某些职能，[①] 而且居委会或村委会选举作为基层民主建设的重点内容之一，是公民民主实践的重要部分，同时与人大代表选举相比，居委会或村委会选举又是与公民生活距离更近、联系更密切的参与活动。[②] 因此，在中国民主政治研究中，一般都将居委会或村委会选举作为公民政治参与的重要形式之一。

问卷测量公民选举性参与部分主要涉及五个问题：在最近五年内，您是否参加过以下选举活动？在人大代表选举中投票，在村委会或居委会选举中投票，在选举活动中从事志愿服务活动（如帮助粘贴标语、布置选举会场等），在选举前鼓励、劝说其他人去投票，在选举前联名推荐候选人。备选答案是“是或否”这个两分类选项，为了便于统计分析，问卷所有选项均采用数值形式赋值，本题中回答“是”赋值“1”，回答“否”赋值“0”。调查结果为，受调查者中：参与人大代表选举投票的有751人，有效百分比61.3%；参与村委会或居委会选举的有880人，有效百分比70.7%；在选举前鼓励、劝说其他人去投票的有106人，有效百

① 胡荣：《理性选择与制度实施：中国农村村民委员会选举的个案研究》，远东出版社2001年版，第22页。

② 王丽萍、方然：《参与还是不参与：中国公民政治参与的社会心理分析——基于一项调查的考察与分析》，《政治学研究》2010年第2期。

分比为 8.8%；在选举活动中从事志愿服务活动的有 135 人，有效百分比 11.1%；在选举前联名推荐候选人的有 83 人，占 6.9%。不过这五个题目的信度较低，内部一致性克伦巴赫（Cronbach）α 系数只有 0.384，远低于 0.60 的一致测量标准，而且，在人大代表选举中投票和在村委会与居委会这两个题目的内部一致性系数也只有 0.174，[①] 这说明五个题目所测量的行为并不是一类行为，无法综合成一类行为来进行分析，因此，在后面的分析中，对于选举性政治参与，本书将着重分析在人大代表选举中投票以及在村委会或居委会选举中投票这两类参与行为。[②]

2. 传统政治参与

传统政治参与活动是指公民在线下参与除选举活动以外的、其他试图影响或实际影响政府行为的活动，根据维巴的政治参与分类标准，[③] 结合中国的实际情况，本书主要从公民因公共事务问题或者个人问题而试图影响政府部门行为的角度，测量了 9 种非选举政治参与行为，具体问题包括：在过去两年内，您是否通过以下方式参与过政治？参与由政府部门组织的听证会，和其他人进行合作以解决公共事务问题，通过当面、打电话或写信等方式向政府官员、人大代表、政协委员反映公共事务问题（如信访、市长热线等），通过当面、打电话或写信等方式向电台、电视台或报纸的编辑或记者反映公共事务问题（如拨打新闻热线等），通过当面、打电话或写信等方式向单位领导或村干部反映过个人的合法权益问题，通过当面、打电话或写信等方式向地方政府官员、地方人大代表、地方政协

---

① 信度是指测验或量表工具所测得结果的稳定性（stability）及一致性（consistency），量表的信度越大，则其测量标准误差越小。在态度量表法中常用的检验信度的方法为 L. J. Cronbach 所创的 α 系数，α 系数值界于 0 到 1 之间，α 出现 0 或者 1 两个极值的概率很低（但也有可能）。α 系数究竟要多大才算是有高的信度，不同方法论学者对此看法也未尽相同。学者努纳利（Nunnally）认为，α 系数值等于 0.70 是一个较低但可以接受的量表边界值。学者德威利斯（DeVellis）也提出以下观点：α 系数值如果在 0.60 至 0.65 之间最好不要；α 系数值界于 0.65 至 0.70 间是最小可接受值；α 系数值界于 0.70 至 0.80 之间相当好；α 系数值界于 0.80 至 0.90 之间非常好。综合多位学者的看法，内部一致性信度系数指标判断原则是，分层面最低的内部一致性信度系数要在 0.50 以上，最好能高于 0.60，而整份量表最低的内部一致性信度系数要在 0.70 以上，最好能高于 0.80。见吴明隆《问卷统计分析实务——SPSS 操作与应用》，重庆大学出版社 2010 年版，第 237、244 页。

② 对于另外三类选举性行为（劝说他人参与投票、在选举中从事自愿服务及联名推荐候选人）由于参与活动的人数较少，所占比例偏低，影响也较小，又无法综合成一类行为，限于文章篇幅问题，本书不再重点关注这些活动。

③ Verba, Sidney and Norman H. Nie, *Participation in America: Political Democracy and Social Equality*, New York: Harper and Row, 1972, p. 72.

委员反映过个人的合法权益问题（如信访、市长热线等），通过当面、打电话或写信等方式向中央政府官员、全国人大代表、全国政协委员反映过个人的合法权益问题（如信访等），通过当面、打电话或写信等方式向电台、电视台或报纸的编辑或记者反映过个人的合法权益问题（如拨打新闻热线等），在关于公共事务问题的请愿书上签名。答案选项包括“没有、很少、有时、经常、总是”这个五分类定序变量，分别赋值“1、2、3、4、5”。9个题目测量信度较高，内部一致性检验克伦巴赫（Cronbach）α信度系数为0.956，说明这些题目所测量的行为是具有共同性的行为。因此，可以运用因子分析法将这九种行为进行简化，[①] 提取出一个或者几个共同因子（factor）作为这类行为的代表进行后续分析，因子分析检验结果表明KMO（Kaiser-Meyer-Olkin）度量值为0.870，Bartlett的球形度检验，卡方值为13615.823，显著性水平远低于0.05，这说明9个题目适合做因子分析，[②] 以特征值大于1为公共因子提取规则，因子分析的结果显示9个题目提取出了一个公共因子，解释的方差占到75%，但第一个题目“参与由政府部门组织的听证会”在公共因子中的载荷只有0.287，因此，在考虑只提取一个因子的情况下，将第一个题目删除，[③] 再次进行因子分析，KMO（Kaiser-Meyer-Olkin）度量值增加为0.876，Bartlett的球形度检验，卡方值为12968.117，显著性水平依然远低于0.05，提取出了一个公共因子，剩下8个题目在公共因子上的载荷都在0.85以上，说明公共因子较好地反映了8个题目的内部结构，这8个政

---

① 因子分析法又叫因素分析法，是用于综合大量资料的一种统计方法。当研究中必须同时考虑许多变量，而这些变量可能都具有相同的本质时，我们就可以将这些具有共同本质的变量归入一个因素，使得变量的数目大大减少，因而可以使得测量和分析工作更加完整、简明。参见袁方、王汉生编《社会研究方法教程》，北京大学出版社1997年版，第590页。

② 关于题目是否适合进行因子分析的判断标准，依据Kaiser（1974）的观点，可以从取样适切性量数（Kaiser-Meyer-Olkin measure of sampling adequacy，KMO度量值）值的大小来判断。KMO指标值位于0到1之间，当所有题目变量所呈现的KMO值小于0.50时，表示题目非常不适合作因子分析；当KMO值在0.50以上0.60以下时，表示题目不适合进行因子分析；当KMO值在0.60以上0.70以下时，表示题目勉强可以进行因子分析；当KMO值在0.70以上0.80以下时，表示题目可以进行因子分析；当KMO指标值在0.80以上0.90以下时，表示题目变量适合进行因子分析；KMO值大于0.90时，表示题目变量非常适合作因子分析。见吴明隆《问卷统计分析实务——SPSS操作与应用》，重庆大学出版2010年版，第208页。

③ 在因子分析中，题目在提取的公共因子上的因素负荷量必须≥0.45，此时题目的共同性为0.202，提取的因子可以解释题目20%以上的变异量。见吴明隆《问卷统计分析实务——SPSS操作与应用》，重庆大学出版社2010年版，第192页。

治行为是非选举性政治参与活动，为了将这些活动与网络政治参与行为相对比，本书将从这些活动提取出来的公共因子命名为“传统政治参与因子”，在以下的分析中，将以这个公共因子代替 8 个题目作为因变量进行相关分析，因子分析结果见表 2－3。

表 2－3　　传统政治参与因子分析

项目	成分	共性方差
和其他人进行合作以解决公共事务问题	0.926	0.858
通过当面、打电话或写信等方式向政府官员、人大代表、政协委员反映公共事务问题（如信访、市长热线等）	0.919	0.844
通过当面、打电话或写信等方式向电台、电视台或报纸的编辑或记者反映公共事务问题（如拨打新闻热线等）	0.951	0.905
通过当面、打电话或写信等方式向单位领导或村干部反映过个人的合法权益问题	0.804	0.647
通过当面、打电话或写信等方式向地方政府官员、地方人大代表、地方政协委员反映过个人的合法权益问题（如信访、市长热线等）	0.877	0.768
通过当面、打电话或写信等方式向中央政府官员、全国人大代表、全国政协委员反映过个人的合法权益问题（如信访等）	0.897	0.804
通过当面、打电话或写信等方式向电台、电视台或报纸的编辑或记者反映过个人的合法权益问题（如拨打新闻热线等）	0.927	0.858
在关于公共事务问题的请愿书上签名	0.894	0.799
特征值	6.484	6.484
解释方差的百分比	81.051	81.051

3. 网络政治参与

网络政治参与是指公民以互联网为工具进行的试图影响政府行为的活动。由于中国目前还没有通过互联网进行的选举活动，因此，本书中网络政治参与行为主要是指公民通过互联网进行的非选举类政治参与活动，与线下的传统政治参与行为相对应。考虑到与传统政治参与形式的可比性，网络政治参与行为的测量具体包括以下 9 个问题：在过去两年内，您是否借助互联网通过以下方式参与过政治？在博客中写反映个人或社会问题、评论国内时政的文章，在论坛上发表反映个人或社会问题、评论国内时政的文章，借助互联网（如网络社区等方式）和其他人进行合作以解决公共事务问题，借助互联网（如电子邮件方式）向政府官员、人大代表、政协委员反映公共事务问题，借助互联网（如电子邮件、爆料栏等方式）向电台、电视台或报纸的编辑或记者反映公共事务问题，借助互联网（如电子邮件等方式）向政府官员、人大代表或者政协委员反映个人的合法权益问题，借助互联网（如电子邮件方式）向单位领导或村干部反映个人的合法权益问题，借助互联网（如电子邮件、爆料栏、论坛发帖等方式）向电台、电视台或报纸的编辑或记者反映个人的合法权益问题，在关于公共事务问题的网络请愿书上签名等。备选项是“没有、很少、有时、经常、总是”这个五分类定序变量，分别赋值“1、2、3、4、5”。9个题目测量信度较高，内部一致性检验所得克伦巴赫（Cronbach）α信度系数为0.971，与传统政治参与一样，对这9个题目进行因子分析，检验结果KMO度量值为0.939，Bartlett的球形度检验显著，说明9个题目适合做因子分析。以特征值大于1为因子提取标准，提取出一个因子，各个题目在公共因子上的载荷都在0.89以上，说明公共因子较好地反映了9个题目的信息，将这个因子命名为“网络政治参与因子”。在后面的分析中，将以这个公共因子代替9个题目作为因变量进行相关分析，网络政治参与因子分析结果见表2－4。

关于网络政治参与行为的测量需要说明的是，本书与其他一些有关网络政治参与的研究有一点不同之处，[①] 那就是本书没有将公民进行网络政治讨论、搜索政治信息或者浏览网络政治新闻这类行为作为网络政治参与行为，因为网络政治参与就是通过互联网进行的政治参与行为，而政治参与是公民影响或者试图影响政府行为的活动，网络政治讨论虽然是一种活动，但这一活动本身并不会影响政府行为，而搜索政治信息或者浏览网络政治新闻的行为也是一样，并不能影响政府行为，当然公民的这些行为都是影响政治参与的重要因素之一，本书也会检验这些因素对政治参与的影响，但是这些行为本身根据政治参与的定义不属于政治参与行为范畴，所以本书没有将这些行为包含在政治参与的测量中。

表2－4　　网络政治参与因子分析

项目	成分	共性方差
在博客中写反映个人或社会问题、评论国内时政的文章	0.934	0.872
在论坛上发表反映个人或社会问题、评论国内时政的文章	0.929	0.862
借助互联网（如网络社区等方式）和其他人进行合作以解决公共事务问题	0.932	0.869

① Corinna Di Gennaro and Willinam Dutton. The Internet and the Public: Online and Offline Political Participation in the United Kingdom, *Parliamentary Affairs*, 2006, 59 (2), pp. 299－313.

续表

项目	成分	共性方差
借助互联网（如电子邮件方式）向政府官员、人大代表、政协委员反映公共事务问题	0.933	0.871
借助互联网（如电子邮件、爆料栏等方式）向电台、电视台或报纸的编辑或记者反映公共事务问题	0.918	0.843
借助互联网（如电子邮件等方式）向政府官员、人大代表或者政协委员反映个人的合法权益问题	0.952	0.907
借助互联网（如电子邮件方式）向单位领导或村干部反映个人的合法权益问题	0.922	0.850
借助互联网（如电子邮件、爆料栏、论坛发帖等方式）向电台、电视台或报纸的编辑或记者反映个人的合法权益问题	0.894	0.800
在关于公共事务问题的网络请愿书上签名	0.898	0.807
特征值	7.682	7.682
解释方差的百分比	85.354	85.354

（二）自变量的测量

1. 空余时间、金钱与公民技能

空余时间直接用受调查者回答的每天除了上班、学习、干家务活、睡眠之外的空余时间数来测量，这是一个连续性变量。

个人所拥有的金钱状况用受调查者的家庭人均月收入来测量，为了简便起见，个人拥有的金钱状况和收入水平都是用家庭人均月收入来测量的，而没有使用可支配的家庭人均月收入，同时个人拥有的金钱状况和收入水平这两者之间也有很大的相关性。维巴虽然将金钱作为影响政治参与的资源之一，与作为金钱来源的收入区别开来，但是在模型的检验过程中，他也是用作为资源来源的收入来测量作为资源本身的金钱的。①

公民技能的测量，本书采用维巴的测量工具，测量5种与公民个人表达和组织能力有关的客观行为。在过去一年内，在工作、学习或业余活动中，您是否从事过以下这些活动：写过信、参加过会议、规划或主持过会议、作过报告或演讲、主持过其他活动。答案选项是“是或否”两分类变量，分别赋值“1、0”。5个题目的信度较高，内部一致性检验克伦巴

① Verba, Sidney, K. L. Schlozman and H. E. Brady, *Voice and Equality: Civic Voluntarism in American Politics*, Cambridge, MA: Harvard University Press, 1995, pp. 275 – 276.

赫（Cronbach）α信度系数为0.773，这个数值虽然不算很高但也还在最低限度之上，说明可以将这些题目看成一类，本书将这些题目的得分加总作为受调查者的公民技能水平的测量结果。

同时为了检验公民技能测量的效度，问卷也测量了受调查者对自身组织和表达能力的评价：您认为，一般来说您自己的组织和表达技能如何？备选项包括“很差、较差、中等、较好、很好”，分别赋值“1、2、3、4、5”，检验表明，对受调查者公民技能的客观测量与受调查者自身对其公民技能的主观评价是高度相关的，两者的Kendall tau_ b相关系数达0.756，而且在统计上相当显著，这说明对公民技能测量的效度较高。

2. 互联网使用条件及使用技能

网络政治参与同线下政治参与一样需要一定的资源，但是，网络政治参与所需的资源条件与线下政治参与所需的资源是不同的，后者需要的时间、金钱和公民技能这些资源，显然，这些资源对网络政治参与来说帮助是不大的，网络政治参与需要的是另外一些资源，首先是需要具备一定上网条件，要能够上网，此外每周上网的平均时长、首次接触网络的时间等因素都是影响网络政治参与的资源因素。[①] 本书对互联网使用条件的测量，主要是通过询问受调查者是否使用互联网及首次接触网络距今的时间（即网龄），以及每周上网的时间量（上网时长），来测量受调查者使用互联网的资源条件，主要包括以下几项。

首先是对受调查者是否使用过互联网的测量。这一问题测量的是互联网“接入鸿沟”的状况，关于哪些人可以称为网民，不同的调查有不同的标准。本书为了方便与其他主要调查进行比较，采用中国互联网络中心的定义，将半年内使用过互联网的用户定义为网民，用“过去半年内，你是否使用过互联网？”这一问题来测量受调查者的网络使用状况；回答“是”的受调查者称为互联网使用者，编码为1；回答“否”的受调查者称为非互联网使用者，编码为0。调查的结果表明，受调查者中在过去的半年内使用过互联网的人有630人，有效百分比51.5%。

对于互联网使用者，进一步测量其互联网使用条件及使用技能，即测量互联网的“技术鸿沟”。引起“技术鸿沟”的相关因素主要包括以下几项：首次接触互联网距离现在的时间，这个问题用来判断受调查者的网民

---

① Best, S. J. and Krueger, B. S. Analyzing the Representativeness of Internet Political Participation, *Political Behavior*, 2005, 27 (2), pp. 183 -216.

是新网民还是老网民；平均每周上网的时间小时数，这个问题用来测量网民的上网时长。

互联网的有效使用除了必须具备一定的使用条件外，还必须具备一定的使用技能，对于利用互联网进行政治参与来说，网络技能是一个重要的制约因素。从理论上说，互联网使用技能越高，利用互联网参与政治活动的可能性越大。网络政治参与要求的网络技能不同于线下政治参与要求的公民技能，使得那些不具备公民技能而具备一定网络技能的人可以通过互联网参与政治，可能缓解政治参与不平等状况。关于网络技能的测量本书在参考克鲁格（Krueger）的测量工具的基础上，[①] 进行了一些改动，用以下 6 个问题来测量：是否会从网络上搜索新闻，是否会在发送电子邮件时使用签名文件，是否会以安全方式发送电子邮件，是否会在网页上添加书签，是否熟练掌握一种输入法，是否会设计互联网网页。这些项目包括网络使用和电子邮件使用的精通程度，备选答案是“是或者否”两个选项，分别赋值 1 或 0。6 个问题的信度一般，内部一致性检验克伦巴赫系数为 0. 631，将这 6 个题目得分加总即得到网民网络使用技能水平的测量。

（三）控制变量的测量

1. 社会经济地位

社会经济地位一般由收入水平、受教育程度及职业地位三部分来测量，但是在职业状况不好比较的情况下，也可以仅用教育程度和收入水平两项来测量，经验研究中一般既可以用教育、收入和职业三项作为社会经济地位的测量指标，也可以用教育程度和收入水平两项作为社会经济地位的测量指标。[②] 考虑到职业和职位分类的复杂性，为简便起见，本书主要用收入水平和受教育程度来测量公民的社会经济地位。收入水平用家庭平均月收入来测量，这是一个连续性变量；受教育程度用公民的最终学历层次来测量，分为“小学及以下、初中、高中或中专、大专、本科、研究生”六类，这是一个六分类定序变量。

---

① Krueger, Brian S. Assessing the Potential of Internet Political Participation in the United States: A Resource Approach, *American Politics Research*, 2002, 30, pp. 476 – 598.

② Conway, M. M. , *Political Participation in the United States*, 2nd Ed. Washington, DC: CQ Press, 1991, p. 21.

2. 性别和年龄等人口统计学变量

性别直接用“男性或女性”这个两分类选项来测量，男性赋值1，女性赋值0。受调查者中，男性有686人、占到54.9%（有效百分比）女性有564人、占到45.1%（有效百分比）。年龄直接用调查进行时的年份（2010）减去受调查者的出生年份来表示，这是一个连续性变量。本章所涉及的主要变量的性质、测量层次及主要统计量见表2－5。

表2－5　　第二章主要变量测量层次及主要统计量

<table>
<tr><th rowspan="2">变量性质</th><th colspan="2" rowspan="2">变量名称</th><th rowspan="2">变量类型</th><th rowspan="2">变量编码</th><th colspan="2">统计量</th></tr>
<tr><th>平均值</th><th>标准差</th></tr>
<tr><td rowspan="4">因变量</td><td colspan="2">人大代表选举投票</td><td>两分类变量</td><td>1＝投票，0＝没有投票</td><td>0.61</td><td>0.49</td></tr>
<tr><td colspan="2">村委会、居委会投票</td><td>两分类变量</td><td>1＝投票，0＝没有投票</td><td>0.71</td><td>0.46</td></tr>
<tr><td colspan="2">传统政治参与</td><td>连续性变量</td><td>—</td><td>45.74</td><td>34.61</td></tr>
<tr><td colspan="2">网络政治参与</td><td>连续性变量</td><td>—</td><td>46.10</td><td>38.73</td></tr>
<tr><td rowspan="5">自变量</td><td rowspan="2">线下资源</td><td>公民技能</td><td>连续性变量</td><td>—</td><td>2.11</td><td>1.69</td></tr>
<tr><td>空余时间</td><td>连续性变量</td><td>—</td><td>2.99</td><td>1.35</td></tr>
<tr><td rowspan="3">网络资源</td><td>网络技能</td><td>连续性变量</td><td>—</td><td>3.73</td><td>1.31</td></tr>
<tr><td>网龄</td><td>连续性变量</td><td>—</td><td>5.66</td><td>3.67</td></tr>
<tr><td>上网时长</td><td>连续性变量</td><td>—</td><td>16.53</td><td>8.48</td></tr>
<tr><td rowspan="4">控制变量</td><td rowspan="2">社会经济地位</td><td>教育程度</td><td>六分类有序变量</td><td>1＝小学及以下，2＝初中，3＝高中或中专，4＝大专，5＝本科，6＝研究生及以上</td><td>3.94</td><td>1.41</td></tr>
<tr><td>收入水平</td><td>连续性变量</td><td>受访者家庭月收入（元）</td><td>1904.16</td><td>1591.63</td></tr>
<tr><td rowspan="2">人口统计变量</td><td>性别</td><td>两分类变量</td><td>1＝男性，0＝女性</td><td>0.55</td><td>0.498</td></tr>
<tr><td>年龄</td><td>连续性变量</td><td>2010年减去出生年份</td><td>41.58</td><td>11.24</td></tr>
</table>

二　主要研究结果

标准社会经济地位模型认为，影响人们参与政治活动的主要因素是个人的收入水平及受教育程度，另外个人的性别和年龄特征也会对其政治参与行为带来一定的影响，接下来本章将首先检验收入水平、教育程度、年龄层次及性别状况等个体特征因素，对由空余时间和公民技能组成的线下资源、由网络技能、网龄和上网时长所组成的网络资源分配以及选举参与的影响，然后在此基础上，进一步检验线下资源与网络资源对公民政治参与活动的影响，由此判断互联网能否改变以及如何改变政治参与所需资源的分布，并进而影响政治参与行为。

（一）个体特征对线下资源及网络资源分布的影响

根据政治参与资源模型的解释，造成个体政治参与差异的原因是不同个体所拥有的政治资源不同，这些资源包括空余时间、金钱及公民技能等三项，而不同个体的这些政治资源之所以不同，很大程度上就是因为他们的社会经济地位不同，即他们的受教育程度、收入水平不同，以及他们的性别、年龄等人口特征不同而造成的，根据克鲁格的观点通过互联网进行网络政治活动也需要一定的资源，但是这种网络资源不同于时间、金钱和公民技能等传统线下技能，它主要包括网络技能、网龄及上网时长等，[①]无论是对于线下政治参与还是网络政治参与，拥有一定的资源都是必不可少的条件。资源不同是造成政治参与差距的主要原因之一，下面本书首先利用调查数据比较不同教育程度、收入水平、性别特征及年龄层次的个体所拥有的线下资源及网络资源的分布情况，以判断不同个体特征的公民其线下资源及网络资源是否确实存在差异，然后在此基础上进一步判断这些资源差异如何影响政治参与。由于维巴所提出的三项线下资源中的金钱与社会经济地位中的收入密切相关，一般来说，收入较高即意味着金钱较多，因此本书省略对金钱这一资源比较，因为它的区别已经包含在收入水平之中了。以教育、收入、性别及年龄为自变量，以空余时间、公民技能、网络技能、网龄及上网时长为因变量进行独立样本 t 检验及单因素方差分析，结果见表 2－6。

从表 2－6 的分析结果可以看出，不同教育程度、不同收入水平、不同年龄层次、不同性别特征的个体其所拥有的空余时间、公民技能等线下资源及网络技能、网龄、上网时长等网络资源的差距在统计上都相当显著，说明不同个体特征的人所拥有的资源确实存在差异。

具体来说，从性别方面看，男性在所有资源上的均值都大于女性，这就是说资源拥有方面的性别差异相当显著，这也是造成政治参与性别差异的一个重要原因。从年龄方面看，不同年龄层次的群体所拥有的空余时间、公民技能、网龄及上网时长基本上呈现出一种倒“U”字形，即中年

① Krueger, Brian S. Assessing the Potential of Internet Political Participation in the United States: A Resource Approach, *American Politics Research*, 2002, 30, pp. 476－598.

层次的群体所拥有的这类资源最多，其他年龄层次要稍微小一些，而网络技能这种资源的分布主要偏向于年轻群体，这说明对于互联网这种新型媒体，年轻人相比较于中老年人来说，具有一定的技术优势。这主要是因为年轻人有些还没有走出校园，一方面可以在学校学到一些网络技能；另一方面，即使有些年轻人已经走出了校园，他们要么已经在学校接受过计算机的相关教育，要么自学过计算机的相关操作。相比较于年轻人来说，中老年人在电脑技能方面就表现出一定劣势。从学历层次对资源分配的影响看，除了空余时间的分布呈现倒“U”字形之外，其他各种资源的分布都是随着学历层次的上升而逐步增加。从收入水平看，收入水平越高的群体所拥有的线下资源及网络资源也越多。接下来将在此基础上探讨不同社会经济条件、不同线下资源、不同网络资源对公民参与政治活动的具体作用。

表 2－6　个体特征因素对线下资源及网络资源分布影响的独立样本 t 检验及单因素方差分析

		空余时间	公民技能	网络技能	网龄	上网时长
性别	男性	3. 22	2. 39	3. 84	6. 07	17. 44
	女性	2. 72	1. 77	3. 59	5. 12	15. 35
	t 统计值	43. 26 ***	42. 06 ***	5. 43 ***	10. 42 ***	9. 55 ***
年龄（岁）	20 及以下	1. 64	0. 64	4. 00	5. 07	15. 29
	21—30	2. 14	1. 00	4. 19	6. 06	16. 61
	31—40	3. 68	2. 66	3. 32	6. 39	19. 03
	41—50	3. 47	2. 78	2. 63	5. 37	16. 12
	51—60	2. 06	1. 12	1. 50	1. 50	6. 50
	61 及以上	1. 29	0. 07	0. 50	0. 51	1. 50
	F 统计值	122. 94 ***	105. 95 ***	9. 91 ***	6. 32 ***	7. 33 ***
学历	小学	1. 54	0. 30	1. 33	0. 67	5. 67
	初中	2. 50	1. 16	2. 17	2. 75	9. 52
	高中、中专	3. 35	2. 45	3. 73	4. 61	12. 89
	大专、高职	4. 74	3. 22	3. 59	5. 018	15. 67
	大学本科	3. 93	3. 61	4. 68	8. 50	23. 52
	研究生	3. 14	3. 93	4. 90	13. 40	36. 90
	F 统计值	179. 03 ***	265. 18 **	71. 53 ***	110. 38 ***	171. 01 ***

续表

		空余时间	公民技能	网络技能	网龄	上网时长
收入（元）	1000 及以下	1.91	0.54	3.93	5.15	15.56
	1001—2000	2.73	1.78	3.57	5.38	14.60
	2001—3000	4.26	3.92	3.27	4.42	13.27
	3001—4000	4.21	4.17	3.86	5.38	16.10
	4001—5000	4.80	4.27	4.87	10.93	30.60
	5001 以上	4.58	4.25	5.08	10.00	30.33
	F 统计值	350.09 ***	850.69 ***	25.56 ***	46.63 ***	89.55 ***

注：* 表示 $p<0.05$，** 表示 $p<0.01$，*** 表示 $p<0.001$。

（二）社会经济条件、公民技能及网络技能对投票参与的影响

1. 收入、教育、性别、年龄对投票参与的影响

利用调查所得数据，将受调查者的收入水平、受教育程度、性别状况及年龄层次，分别与其参与人大代表选举投票及村委会选举投票的状况用列联表进行交叉分类分析，结果如表 2－7 所示：

表 2－7　　个体特征因素对参与投票影响的交叉分类分析

		人大代表选举中投票	居委会/村委会选举中投票
家庭平均月收入（元）	1000 及以下	42.1%（177）	55.6%（237）
	1001—2000	66.6%（221）	71.9%（241）
	2001—3000	79.1%（204）	85.1%（222）
	3001—4000	83.3%（70）	89.7%（78）
	4001—5000	68.9%（31）	86.7%（39）
	5001 以上	66.7%（24）	66.7%（24）
	合计	61.9%（727）	70.7%（841）
学历	小学	38.2%（94）	51.6%（127）
	初中	49.4%（117）	69.5%（171）
	高中、中专	69.5%（216）	72.9%（229）
	大专、高职	78.4%（181）	81.4%（188）
	大学本科	71.0%（110）	78.7%（122）
	研究生	69.0%（29）	78.6%（33）
	总计	61.1%（747）	70.5%（870）

续表

		人大代表选举中投票	居委会/村委会选举中投票
性别	男	70.1%（474）	78.2%（533）
	女	49.5%（273）	61.6%（344）
	总计	60.8%（747）	70.7%（877）
年龄（岁）	20及以下	27.3%（9）	12.1%（4）
	21—30	33.9%（65）	52.9%（100）
	31—40	58.9%（136）	82.5%（198）
	41—50	75.5%（451）	80.8%（484）
	51—60	48.6%（35）	52.8%（38）
	61及以上	43.2%（35）	53.6%（45）
	总计	60.6%（731）	71.4%（869）

注：1. 统计量卡方检验均相当显著，$p<0.01$。2. 括号内是频数。

从表2－7可以看出，就单因素分析来说，收入水平、教育程度、性别和年龄，都分别对公民参与人大代表选举及村委会或者居委会选举有影响。从收入水平与受调查者参与投票的情况看，随着收入水平的提高，公民参与选举投票的比例在逐步提升，收入水平在3000—4000元的人们，参与投票的比例是最高的，收入高于4000元的公民参与投票的比例，不论是参与人大代表选举还是参与村委会、居委会选举，其投票率都比前者低。

从受教育层次与投票参与的关系看，两者呈现出倒“U”字形关系，小学及以下的学历的人投票率最低，其后，随着受调查者学历层次的提升，参与投票的公民所占的比例也在逐步增加，大专层次的投票率最高，随着教育层次的进一步提升，投票率反而开始下降。

从性别与投票参与的关系看，男性参与两类投票活动的比例都高于女性。人大代表选举中，男性的参与率是70.1%，而女性的参与率为49.5%；在村委会或者居委会选举中，男性的参与率为78.2%，女性的参与率为61.6%。

从年龄与投票参与的关系看，两者之间也呈现出倒“U”字形，年轻人的投票率较低，中年人的投票率最高，老年人投票率也比中年人低。

2. 个体特征、线下资源及网络资源对投票参与的影响

统计模型设置。交叉列联表分析只能分别判断收入、教育、年龄和性别单个因素对投票率的影响，但实际上这四个因素之间是有一定相关性

的。一般来说，教育程度就会影响收入水平，在控制其他因素的情况下，随着教育程度越高，收入水平也会逐步提高；年龄因素也与收入之间有着一定相关性，在其他情况相同的条件下，中年人的收入水平一般高于青年人或老年人，因此，虽然交叉列联表分析的结论表明教育、收入、年龄、性别与投票参与之间存在一定的关系，但这种关系可能是其中某些因素相互作用的结果，因此，为了进一步明确教育、收入、性别和年龄与投票参与之间是否存在关系，存在怎样的关系，下面将通过回归分析分别检验这四个因素对人大代表投票参与与村委会/居委会投票参与的影响。因为因变量参与人大代表选举投票及参与村委会或者居委会选举投票，是一个两分类变量，而且教育、收入、年龄及性别这四个控制变量中既包括连续性变量（收入、年龄），也包括有序分类变量（教育）和无序分类变量（性别），因此采用二元逻辑斯蒂回归模型（Binary Logistic model）进行计量分析，逻辑斯蒂回归模型具体形式为：

$$p(y = 1 \mid X) = \exp(\beta_0 + \sum_{i=1}^{1} x_i\beta_i)/1 + \exp(\beta_0 + \sum_{i=1}^{1} x_i\beta_i) \ .$$

将这个模型进一步转化为对数发生比形式：

$$\log\left[\frac{p(y = 1 \mid X)}{p(y = 0 \mid X)} = \beta_0 + \sum_{i=1}^{1} x_i\beta_i\right]$$

式中：p 表示事情发生的概率；x_i 表示模型中引入的各自变量和控制变量；β_0表示常量；β_i表示偏回归系数。$y=1$ 表示“参与了投票”，$y=0$ 代表“没有参与投票”。

为了分别检验收入、教育、年龄、性别等个体特征变量，空余时间、公民技能等线下资源变量，以及网络技能、网龄、上网时长等网络资源变量对投票行为的不同影响，分别设置了三个不同的回归模型，模型Ⅰ中主要包括教育、收入、性别和年龄这四个变量，根据模型Ⅰ的估计结果，可以在前面单变量分析的基础上，进一步探讨在控制住其他变量影响的情况下，收入、教育、年龄及性别与政治参与的关系是否会发生变化。模型Ⅱ在模型Ⅰ基础上加入公民技能和空余时间这两个影响政治参与的资源因素，以检验公民技能与空余时间是否对参与投票的行为有影响，有怎样的影响，以及在控制住公民技能和空余时间变量影响以后，收入、教育、年龄和性别与投票行为的关系是否会发生变化。模型Ⅲ在模型Ⅰ的基础上加入网络使用条件变量组成，根据模型Ⅲ的估计结果，可以判断网络使用条件是否会对投票参与行为产生影响，三个 Logistic 回归模型估计的结果见

表2－8。

教育、收入、性别及年龄等个体特征因素对参与村委会或居委会投票的影响。分析模型Ⅰ的估计结果可以发现，与单变量分析的结果相类似，教育、性别和年龄对投票参与影响在统计上都相当显著，而且由于B的系数都大于0，说明教育、性别和年龄对参与村委会或居委会投票的影响都是正面的，但是与交叉分析的结论不同的一点是，在控制住教育、性别和年龄因素的影响以后，收入与村委会或居委会投票参与行为之间的关系在统计上不显著，这意味着收入对投票行为没有影响。

线下资源对参与村委会或居委会选举投票的影响。模型Ⅱ在模型Ⅰ的基础上引入空余时间和公民技能这两个变量，模型估计的结果显示，空余时间和参与村委会或者居委会投票的回归系数在统计上显著，表明空余时间对参与村委会投票或者居委会投票有正面影响，空余时间越多的人，参与村委会或者居委会投票的可能性越大。而公民技能与参与村委会或者居委会选举投票行为的回归系数在统计上不显著，公民技能大小对于选民是否参与村委会或者居委会选举投票没有影响，公民技能水平较低的人并不比公民技能水平较高的人更少参与投票。这是因为，与传统政治参与和网络政治不同，投票是一种高度制度化的政治参与活动，大部分程序都由选举活动组织者们事先安排好了，选民要做的事情就是在选举日当天去投票点投票即可，对于这一行为来说，显然对组织或表达技能的要求并不高，但是在投票当天要有一定的空余时间。

表2－8　资源因素对参与村委会或居委会选举投票影响的logistic回归分析

自变量与控制变量	模型Ⅰ		模型Ⅱ		模型Ⅲ	
	B	exp（B）	B	exp（B）	B	cxp（B）
个体特征						
性别a	0.434***	1.543	0.325**	1.384	－0.074	0.929
年龄	0.028***	1.029	0.018***	1.018	0.099***	1.104
学历	0.316***	1.371	0.017	1.017	0.276*	1.318
收入	0.001	1.001	0.001***	1.001	0.001**	1.001
线下资源						
空余时间	—	—	0.164*	1.179	—	—
公民技能	—	—	0.572	1.771	—	—

续表

自变量与控制变量	模型Ⅰ		模型Ⅱ		模型Ⅲ	
	B	exp（B）	B	exp（B）	B	exp（B）
网络资源						
能否上网	—	—	—	—	0.549	1.732
网络技能	—	—	—	—	-0.273 **	0.761
网龄	—	—	—	—	0.128 *	1.137
上网时长	—	—	—	—	-0.019	0.981
常量	-1.611 **	0.200	-0.954	0.385	-2.299 **	0.100
N	1142		1142		581	
-2LL	1286.937		1205.623		584.290	
卡方值	28.846		84.203		18.950	

注：1. * 表示 $p<0.05$，** 表示 $p<0.01$，*** 表示 $p<0.001$。

2. a 参考类别是女性。

网络资源对参与村委会或者居委会投票的影响。模型Ⅲ在模型Ⅰ的基础上引入网络使用条件的相关变量，包括是否使用过互联网，网络技能状况，网龄、每周上网时长等，以判断网络使用状况是否对线下政治参与构成影响，估计结果显示，是否使用互联网和上网时长对是否参与投票的影响在统计上不显著，而网络技能对村委会或者居委会投票参与的回归系数显著为负，这就是说，网络技能越强的人越可能不参与投票；网龄对参与村委会或者居委会投票的回归系数显著为正，说明网龄越长的人，参与村委会或者居委会投票的可能性越大。

接下来再分析一下线下资源和网络资源对受调查者参与人大代表选举投票的影响，统计回归模型设置与在村委会或居委会选举投票的模型设置完全一致，模型估计结果见表2-9。

表2-9　资源因素对参与人大代表选举投票影响的 logistic 回归分析

自变量与控制变量	模型Ⅰ		模型Ⅱ		模型Ⅲ	
	B	exp（B）	B	exp（B）	B	exp（B）
个体特征						
性别 a	0.629 ***	1.876	0.556 ***	1.744	0.270	1.311
年龄	0.054 ***	1.055	0.050 ***	1.051	0.080 ***	1.083
学历	0.560 ***	1.751	0.447 ***	1.563	0.536 ***	1.710

续表

自变量与控制变量	模型Ⅰ		模型Ⅱ		模型Ⅲ	
	B	exp（B）	B	exp（B）	B	exp（B）
收入	0.001	1.001	0.001**	1.001	0.001	1.001
线下资源						
空余时间	—	—	0.261**	1.299	—	—
公民技能	—	—	0.095	1.100	—	—
网络资源						
能否上网	—	—	—	—	0.300	1.350
网络技能	—	—	—	—	0.643***	1.902
网龄	—	—	—	—	-0.085	0.918
上网时长	—	—	—	—	-0.090**	0.914
常量	-3.886***	0.021	-3.980***	0.019	-5.255	0.005
N	1137		1128		590	
-2LL	1327.032		1296.125		644.288	
卡方检验	56.658		94.380		15.952	

注：1. * 表示 $p<0.05$，** 表示 $p<0.01$，*** 表示 $p<0.001$。

2. a 参考类别是女性。

个体特征因素对参与人大代表选举投票的影响。从模型Ⅰ估计结果可以看出，与单变量交叉分析的结果相类似，教育、性别和年龄对人大代表投票参与的影响在统计上都相当显著，而且教育、性别和年龄对参与人大代表投票的影响是正面的，但是与交叉分析结果不同的一点是在控制住教育、性别和年龄的影响以后，收入与人大代表投票参与行为之间的关系在统计上不显著，意味着收入对参与人大代表投票行为没有影响，这一点与村委会选举投票的结论是一致的，即收入状况与是否参与投票没有关系。在不考虑其他因素的情况下，收入对投票这种政治参与行为没有太大的影响，这是因为不同于如主动接触政府官员等政治参与形式，投票是一种高度制度化的政治参与活动，投票的时间、地点都是事先规定好了的，选民参与投票所需要做的事情就是在投票日当天去投票点投票即可，投票本身并不需要多大的金钱成本，对收入没有什么特殊要求。

线下资源对参与人大选举投票的影响。与对村民投票行为的估计相同，模型Ⅱ在模型Ⅰ的基础上同样引入公民技能和空余时间这两个变量，以判断这两个线下参与资源对投票行为的影响，模型估计的结果显示，空余时间与参与人大代表投票行为之间的关系在统计上显著，说明这种影响关系确实存在，而且空余时间的 B 系数值大于 0，这意味着空余时间对参与人大选举投票有正面促进作用，空余时间越多，参与选举的可能性越大。但是公民技能对投票行为的影响在统计上不显著，也就是说，公民技能高低对选民是否参与人大代表选举投票没有影响。空余时间和公民技能这两个线下资源因素，对参与人大代表选举投票的影响，与它们对参与村委会或居委会选举投票的影响结果相同，其中的原因也是相似的。

网络资源与人大代表选举投票。模型Ⅲ同样在模型Ⅰ的基础上引入网络使用条件的相关变量，估计结果显示，与参与村委会或者居委会选举投票估计结果相类似，是否使用互联网和网龄长短，对是否参与人大代表选举投票的影响在统计上不显著，而上网时长对投票的影响显著为负，这就是说，每周上网时间越长的人越可能不参与投票。

（三）个体特征变量、线下资源、网络资源对传统政治参与和网络政治参与的影响

下面来分析一下传统政治参与及网络政治参与的影响因素。首先看一下社会经济地位及人口统计学特征不同的人群，参与传统政治活动与网络政治活动的差异，也就是看一下具备哪些特征的人群最有可能成为政治活动的活跃分子。

1. 个体特征变量对传统政治参与及网络政治参与的影响

为了便于更为直观地比较收入、教育、年龄与性别因素对传统政治参与与网络政治参与的影响情况，运用公式将传统政治参与因子与网络政治参与因子从均值为 0，标准差为 1 的变量，转换为 1 到 100 之间的指数，[①] 以更清晰地比较个人特征因素影响政治参与状况，首先进行独立样本 t 检验和单因素方差分析，分析结果见表 2 – 10。

---

① 转换公式是：转换后的因子值 =（因子最大值 + B）× A。式中：A = 99 ÷（因子最大值 – 因子最小值），B =（1/A）– 因子最小值。B 的公式为，B =［（因子最大值 – 因子最小值）/99］– 因子最小值。参见胡荣《农民上访与政治信任的流失》，《社会学研究》2007 年第 3 期。

表 2-10 个体特征因素对传统政治参与和网络政治参与影响的比较分析

		传统政治参与	网络政治参与
家庭平均月收入（元）	1000 及以下	23.55（11.43）	38.87（20.74）
	1001—2000	47.39（17.93）	45.15（24.53）
	2001—3000	52.74（20.48）	56.21（39.15）
	3001—4000	77.00（34.67）	67.80（45.40）
	4001—5000	82.35（26.51）	87.60（25.15）
	5001 以上	81.99（34.25）	88.30（24.54）
	F 统计值	968.78***	48.09***
学历	小学	28.18（6.69）	26.04（14.17）
	初中	37.92（13.05）	36.18（20.03）
	高中、中专	54.74（35.45）	52.40（30.71）
	大专、高职	65.81（26.27）	69.51（38.39）
	大学本科	72.05（28.12）	72.60（23.35）
	研究生	78.50（21.85）	78.06（24.66）
	F 统计值	236.17***	84.37***
性别	男	52.42（32.16）	49.12（38.87）
	女	37.42（35.86）	42.32（38.18）
	t 统计值	58.66***	14.59**
年龄（岁）	20 及以下	18.88（6.57）	21.30（19.74）
	21—30	36.32（11.93）	42.10（17.51）
	31—40	59.77（29.53）	47.67（43.81）
	41—50	61.11（30.76）	40.04（44.66）
	51—60	34.82（33.57）	11.82（21.91）
	61 及以上	18.78（8.54）	5.452（2.32）
	F 统计值	156.28***	15.17***

注：1. * 表示 $p<0.05$，** 表示 $p<0.01$，*** 表示 $p<0.001$。
2. 括号内为标准差。

从表 2-10 中可以看出，收入水平、教育程度、性别特征和年龄层次对受调查者是否参与传统政治活动或者网络政治活动的影响，在统计上都是相当显著的。这表明从统计结果看，在不考虑其他因素影响的情况下，收入、教育、性别、年龄与传统政治参与或者网络政治参与之间确实存在一定的关系。

从收入与传统政治参与的关系看，在收入的6个组别中，收入越高，参与传统政治活动与网络政治活动比例越高。收入与传统政治参与及网络政治参与的关系，不同于收入和参与人大代表投票或者参与村委会/居委会投票的关系，后者中并不是收入越高投票率就最高，而是在中等收入水平的人群投票率最高，其他收入水平人群的投票率都要低一些。

从教育与传统政治参与及网络政治参与的关系看，在6个不同受教育层次的群体中，学历水平越高，参与传统政治活动以及参与网络政治活动的人的比例越大，教育与政治参与的关系也不同于教育与投票的关系，在不同教育层次的人群中，投票率并不是随着学历层次的提高而一直逐步增加，而是呈现出一个倒“U”字形，大专层次人群的投票比例最高，其他学历层次的投票率都要低一些。

从性别与传统政治参与及网络政治参与关系看，男性参与传统政治活动或者网络政治活动的比例都要高于女性。性别与传统政治参与及网络政治参与的关系和性别与投票参与的关系是一致的，即都是男性的参与率要高于女性。

从年龄与传统政治参与及网络政治参与的关系看，在6个年龄阶段人群中，31—50岁年龄阶段的人群参与传统政治活动及网络政治活动的可能性，要高于其他层次的人群。年龄与传统政治参与及网络政治参与的这种关系和年龄与投票的关系是一致的，即都是中年阶段人群参与的可能性最大，值得注意的是，与传统政治参与相比较，在网络政治参与中年轻群体参与的比例要高一些，这一点显示年轻人虽然很少以传统方式参与政治活动，但他们借助互联网这种新的渠道参与政治活动的比例在提高。

2. 公民个体特征、线下资源、网络资源对传统政治参与及网络政治参与的影响

统计模型设置。以上教育、收入、性别及年龄与传统政治参与及网络政治参与的关系，是在没有考虑其他因素影响的情况下表现出来的。影响政治参与的因素有多种，在考虑了其他因素影响的情况下，它们之间的这种关系就可能会发生变化，为了进一步判断教育、收入、年龄、性别与传统政治参与及网络政治参与的关系，同时为了检验空余时间与公民技能等传统政治参与所需资源，对传统政治参与及网络政治参与的影响，以及网络使用技能、网龄、网络使用时长等网络资源对网络政治参与及传统政治参与的影响，下面将运用多元回归模型来检验这三组变量对传统政治参与

及网络政治参与的影响。

回归模型因变量是传统政治参与及网络政治参与，自变量包括三组：第一组是由教育、收入、性别和年龄组成的个体特征控制变量，第二组是由空余时间与公民技能组成的线下资源变量，第三组是由网络技能、网龄、网络使用时长等组成的网络资源变量。在分析过程中运用普通最小二乘法（Ordinary Least Square，OLS）同时估计了六个回归模型。

模型Ⅰ的因变量是传统政治参与行为，自变量包含收入、教育、性别、年龄等4个个体特征变量，用来检验这些个体特征变量在控制住其他因素影响的情况下，对传统政治参与活动的影响状况；模型Ⅱ的因变量也是传统政治参与行为，自变量包含收入、教育、性别、年龄等4个个体特征变量及空余时间和公民技能等两个线下资源变量，用来检验在控制住个体特征因素影响的情况下，空余时间及公民技能对传统政治参与的影响状况；模型Ⅲ的因变量同样是传统政治参与行为，但自变量中的线下资源部分由包括网络技能、网龄及网络使用时长等三个网络资源变量所代替，用来检验网络资源对传统政治参与是否有影响。

模型Ⅳ的因变量是网络政治参与，自变量包括教育、收入、性别、年龄等个体特征变量，这一模型用来检验这些个体特征变量在相互控制其他因素影响的情况下，对网络政治参与的影响情况，模型Ⅴ的因变量也是网络政治参与，自变量包括个体特征变量及网络资源变量，这一模型用来检验在控制住个体特征因素作用的条件下，网络资源对网络政治参与的影响情况，模型Ⅵ的因变量同样是网络政治参与，自变量包括个体特征变量及时间和公民技能这两个线下资源变量，这一模型用来估计在控制住个体特征变量作用的情况下，线下资源对网络政治参与的影响状况。

通过这6个回归模型的估计，可以交叉检验线下资源及网络资源对传统政治参与及网络政治参与的影响状况。如果线下资源对网络政治行为不起作用的话，那就意味着网络政治参与需要一些与传统政治参与不同的资源，如果某些不具有线下资源的人群拥有能促进网络政治参与所需的资源的话，那么互联网就可以弥补这些人因缺乏线下技能而造成的参与不足状况，从而会有助于缩小因公民技能障碍而形成的政治参与差距。回归模型估计的结果见表2－11。

个体特征变量对传统政治参与的影响。从模型Ⅰ的估计结果可以看出，教育、收入、性别、年龄这4个个体特征变量与传统政治参与之间的关系，在分别控制了其他3个变量影响的情况下，依然相当显著，而且影响的方向都为正方向，这与前面独立样本t检验和单因素方差分析的结果一致。

线下资源对传统政治参与的影响。模型Ⅱ在模型Ⅰ的基础上引入了空余时间和公民技能这两个影响传统政治参与的资源因素，估计结果显示，在控制了公民个体特征因素作用的条件下，空余时间和公民技能对传统政治参与的影响在统计上相当显著，这说明线下资源与传统政治参与活动两者之间确实存在一定的联系，模型Ⅱ空余时间和公民技能的标准化系数值都为正数，显示了两者都对传统政治参与具有正面影响。另外，在模型Ⅱ中，公民技能和空余时间的标准化系数值要大于其他个体特征变量的系数值，说明相比较于个体特征因素的影响来说，资源因素对传统政治参与的作用要更大一些。

表2－11 资源因素对传统政治参与和网络政治参与影响的多元回归分析

	传统政治参与			网络政治参与		
	模型Ⅰ	模型Ⅱ	模型Ⅲ	模型Ⅳ	模型Ⅴ	模型Ⅵ
个体特征						
性别a	0.096***	0.044***	0.097***	0.032	－0.027	0.044
年龄	0.185***	0.064***	0.688***	－0.142**	0.145	－0.104*
学历	0.386***	0.018***	0.154***	0.507***	－0.071**	0.513***
收入	0.470***	0.112***	0.234***	0.167***	0.012	0.183***
线下资源						
空余时间	—	0.251***	—	—	—	－0.028
公民技能	—	0.630***	—	—	—	－0.032
网络资源						
网络技能	—	—	－0.104	—	0.220***	—
网龄	—	—	0.134	—	0.472***	—
上网时长	—	—	－0.065	—	0.336***	—
N	1127	1121	580	580	577	574
F统计值	498.732***	853.760***	341.379***	85.737***	392.693***	55.877***

注：1. 表内数字为标准化回归系数。

2. a参考类别是女性。

3. ＊表示 $p<0.05$，＊＊表示 $p<0.01$，＊＊＊表示 $p<0.001$。

网络资源对传统政治参与的影响。模型Ⅲ在模型Ⅰ的基础上引入了网络技能、网龄及网络使用时长这3个反映网络资源的变量，用来估计在控制住个体特征变量作用的情况下，网络资源因素对传统政治参与的影响。从模型估计的结果看，网络技能、网龄及上网时长对传统政治参与的回归系数在统计上均不显著，这意味着网络资源的多少对于公民是否参与传统政治活动没有影响。

在加入了线下资源、网络资源变量的情况下，教育、收入、性别及年龄对传统政治参与的回归系数在统计上依然相当显著，而且为正数，这说明即使在考虑线下资源和网络资源差异的情况下，对于传统政治参与来说，教育、收入、性别和年龄还是造成参与差距的重要原因之一。教育和收入是社会经济地位的主要组成部分，检验结果表明：受教育程度高、收入水平高的人也就是社会经济地位较高的人，要比社会经济地位较低的人更多地参与传统政治活动，关于为什么社会经济地位高的人会更多地参与政治活动。康威（Conway）认为，可能的原因：一是高社会经济地位的人拥有较多政治参与所必需的资源；二是高社会经济地位的人能够获得更多的政治信息，并且更有能力处理这些信息，从而更能意识到政府决策对他们利益的影响，同时他们也更可能拥有较高的政治动机，如对政府回应性的清晰认识及参与的高度责任感等。①

3. 公民个体特征、线下资源、网络资源对网络政治参与的影响

个体特征变量对网络政治参与的影响。从模型Ⅳ估计的结果看，年龄、教育和收入水平与网络政治参与的关系在统计上相当显著，说明在考虑了其他个体特征因素作用的情况下，这三者与网络政治参与的关系依然存在，而性别与网络政治参与的关系在统计上不显著，意味着两者在统计上没有关系，这一点与独立样本t检验的结果不一致，后者中男性网络政治参与的均值要显著高于女性。但独立样本t检验没有排除其他因素的影响，多元回归分析则同时控制了年龄、教育和收入这三种因素的影响。性别与网络政治参与的关系不同于性别与传统政治参与的关系；在前者中，两者之间没有关系，即公民是否参与网络政治活动与他们的性别无关；而在后者中，男性比女性更多地参与传统政治活动。性别与网络政治参与无关这一结果表明，虽然女性以传统方式参与政治活动的可能性要小于男性，但是以网络形式参与政治活动的可能性并不比男性小，这说明互联网

---

① Conway, M. M., *Political Participation in the United States*, 2nd Ed. Washington, DC: CQ Press, 1991, p. 21.

可能有助于缩小由于性别差异而造成的传统政治参与差距。

年龄因素对网络政治参与的影响。虽然年龄、教育及收入与网络政治参与的关系在统计上都相当显著，但是与传统政治参与估计结果不同的是，年龄与传统政治参与的关系为正面关系，而年龄对网络政治参与的回归系数为负值，表示年龄与网络政治参与的关系为负面关系：年龄越大，参与网络政治活动的可能性越小；年龄越小，参与网络政治活动的可能性越大，意味着虽然相比较于中年人，年轻人较少参与传统政治活动，但是他们会更多参与网络政治活动。这说明互联网能够促进年轻人更多地通过网络参与政治活动，可能会有利于缩小因年龄层次不同而造成的政治参与差距。

网络资源对网络政治参与的影响。模型Ⅴ在模型Ⅳ的基础上引入了网络技能、网龄、网络使用时长 3 个网络资源变量，从模型估计结果看，网络技能、网络与网络使用时长这 3 个网络资源变量与网络政治参与之间的关系在统计上相当显著，而且 3 个变量的标准化回归系数值都为正数，说明这三者都与网络政治参与有正面关系，即网络技能越高、网龄越长、网络使用时长越长的人，就越有可能参与网络政治活动。这一结论与百斯特和克鲁格的分析结果一致，即网络资源对网络政治参与行为具有显著的正面影响。①

在引入了网络资源变量后，个体特征变量与网络政治参与的关系也发生了变化。收入及年龄与网络政治参与的关系在统计上不再显著，而在不考虑网络资源影响的情况下，两者与网络政治参与的关系在统计上都相当显著，而且年龄还与网络政治参与呈现出负面关系，说明年龄因素与网络政治参与的关系是虚假的，年轻人之所以比中老年人更多地参与网络政治活动，并不是由于年龄本身的原因造成的，而是因为网络资源因素的影响，因为网络资源因素对网络政治参与具有显著的正面促进作用，而年轻人正好是网络资源较多的人群，所以统计上才会显示年轻人比中老年人更多地参与网络政治活动。收入与网络政治参与的关系也是如此：在不考虑网络资源的情况下，收入与网络政治参与正面相关；但是在考虑网络资源的情况下，这种关系在统计上也不显著了。说明不是收入本身影响了网络政治参与，而是收入较高的人恰好也是拥有网络资源较多的人，这进一步说明了网络技能因素对网络政治参与的重要影响。性别与网络政治参与的

① Best, S. J. and Krueger, B. S. Analyzing the Representativeness of Internet Political Participation, *Political Behavior*, 2005, 27 (2), pp. 183 – 216.

关系在统计上依然不显著，说明在考虑了网络资源因素作用的情况下，性别对网络政治参与依然没有影响，表明互联网将有助于通过网络参与方式，减少男女性别之间传统参与方式中存在的参与差距。

公民技能对网络政治参与的影响。模型Ⅵ在模型Ⅳ的基础上引入空余时间和公民技能两种线下资源变量，用来检验这两种线下资源变量对网络政治参与的影响。模型估计的结果表明，空余时间与公民技能的标准化回归系数在统计上都不显著，表明这两种线下资源对网络政治参与活动没有影响，即网民是否利用互联网参与政治活动，与他们空余时间的多少及公民技能的高低没有关系。空余时间较少的人不一定比空余时间较多的人更少参与网络政治活动，公民技能较低的人也不一定比公民技能较高的人更少参与网络政治活动。这一结果也与百斯特和克鲁格的分析结果一致。①同时，这一结果也验证了互联网对政治参与的"时间提升"效应。②即互联网的使用降低了政治参与的时间要求，空余时间较少的人可以利用互联网更多地参与政治活动。

线下政治资源对传统政治参与的正面促进作用非常显著，而对网络政治参与行为却没有显著影响，这意味着对于那些缺乏线下资源的人来说，虽然线下资源不足会影响他们以传统方式参与政治活动，但这一资源困境并不意味着他们就同样不能通过网络形式参与政治活动，因为线下资源对网络政治参与活动没有影响。影响网络政治参与的资源是网络技能、网龄和网络使用时长等网络资源，而不是空余时间和公民技能等线下资源。

三　主要研究结论及含义

本章利用政治参与的资源模型部分，在控制了收入、教育、性别及年龄等主要个体特征变量影响的情况下，通过比较线下资源与网络资源，对投票行为、传统政治参与行为及网络政治参与的影响，来判断互联网能否及如何通过改变资源的分配来影响政治参与，以及这种影响会对政治参与平等化起到什么作用。实证分析的主要结论与相关含义如下：

第一，教育与收入对线下政治参与及网络政治参与具有促进作用。教

① Best, S. J. and Krueger, B. S. Analyzing the Representativeness of Internet Political Participation, *Political Behavior*, 2005, 27 (2), pp. 183 -216.

② Bimber, Bruce. The Internet and Citizen Communication with Government: Does the Medium Matter? *Political Communication*, 1999, 16 (4), pp. 409 -428.

育、收入、性别、年龄 4 种因素在不考虑其他因素影响的情况下，每种因素都对投票参与活动、传统政治参与活动及网络政治参与活动有显著影响，即使在同时考虑了教育、收入、性别和年龄 4 种因素影响的情况下，教育与收入对线下政治参与及网络政治参与的正面作用依然十分明显，即受教育程度越高、收入水平越高，参与线下政治活动与网络政治活动的可能性越大，这说明基于收入和教育这两种社会经济地位指标而形成的社会分层，对不同人群之间政治参与差距的影响在中国也是同样存在的，解释政治参与差距的社会经济地位模型在中国依然具有一定的解释力。

第二，年龄对参与网络政治活动的影响和它对参与投票及传统政治活动的影响不同。年龄与投票参与及传统政治参与行为之间的关系，在同时控制了教育、收入、性别等其他三种个体特征因素影响的情况下，依然显著为正，这说明在投票及传统政治参与活动中，年轻人都比中老年人更少参与。但在网络政治参与活动中，在同时控制了教育、收入、性别等其他三种个体特征因素影响的情况下，年龄与网络政治参与的关系显著为负，这说明在网络政治参与中，年轻人参与的可能性要高于中老年人。这一结论意味着，互联网的出现可能会改变年轻人较少参与政治活动这一状况，可以促进他们借助于互联网这种新工具，以网络参与这种新形式更多地参与政治活动，从而可能有利于缩小因年龄因素而造成的线下政治参与差距。

第三，性别对参与网络政治活动的影响和它对参与投票及传统政治活动的影响不同。性别与投票参与及传统政治参与行为之间的关系，在同时控制了教育、收入、年龄等三种个体特征变量影响的基础上，正面关系仍然十分很明显，说明相对于男性来说，女性都更少地参与投票或者通过传统渠道参与政治活动，这种基于性别因素造成的参与差距在控制了教育程度、收入水平以及年龄层次的影响之后仍然存在，所以这一差距就不能归因于男女群体之间不同的教育程度或收入水平了，只能从性别本身找原因了，胡荣认为，中国性别之间政治参与率的不同主要是由于性别的社会角色差异而形成的，男主外女主内的社会角色对行为的影响很大，使女性一般较少参与公共事务，因此女性在线下政治参与方面比男性的发生比率要低一些。[①]

但是网络政治参与中，在分别考虑了线下资源变量及网络资源变量影

① 胡荣：《社会资本与中国农村居民的地域性自主参与》，《社会学研究》2006 年第 2 期。

响的情况下，性别与网络政治参与的关系始终不显著，也就是说，在考虑了资源因素与个体特征因素作用的情况下，性别对网络政治参与行为没有影响，表明女性与男性参与网络政治活动的可能性是相同的，这可能是因为互联网本身的匿名性特征有助于女性克服社会角色的障碍，从而更积极地以网络形式参与政治活动。性别与网络政治参与没有关系，这说明虽然在线下政治活动中女性比男性更少参与，但是她们参与网络政治活动的可能性并不比男性小，这意味着互联网这种政治参与新工具能够促进女性更多地通过网络参与政治活动，也就是说互联网的使用，能在一定程度上缩小由于性别差异而造成的线下政治参与差距。

第四，线下资源对于参与线下政治活动有积极促进作用。空余时间这种线下资源对公民参与投票有正面作用，公民技能和空余时间这两种线下资源对公民参与传统政治活动正面影响显著。这一结论与维巴政治参与资源模型部分的预测结论一致，即拥有空余时间越多、公民技能越高的人，参与线下政治活动的可能性也越大。而空余时间较多、公民技能较高的人，主要是那些收入水平较高、受教育程度较高的人，这种状况与由教育和收入本身所造成的参与差距相叠加可能会进一步拉大参与差距。

第五，线下资源对参与网络政治活动没有影响。公民技能和空余时间这两个线下资源虽然对线下政治参与活动影响十分显著，但是它们对网络政治参与活动的影响在统计上却不显著，也就是说，线下资源因素对网络政治参与活动没有影响，公民技能本身对网络参与活动没有太多的帮助，网络参与需要一些不同于公民技能的新技能。这说明对于那些缺乏公民技能的人来说，虽然公民技能的不足使他们可能很难通过线下渠道参与政治活动，但是这并不意味着他们也同样不能通过网络方式参与政治活动。对于那些缺乏公民技能的人来说，这一局限并不影响他们通过网络方式参与政治活动，如果那些缺乏公民技能的人拥有一定网络技能的话，那么，互联网的使用将有助于减少这种因公民技能差异而造成的线下政治参与差距，这就是互联网的“技能补充”效应。[①] 互联网的这种效应能够缩小由于公民技能差异而形成的政治参与差距。

空余时间和网络政治参与没有关系，也说明互联网确实能够发挥对政

① Best, S. J., and Krueger, B. S. Analyzing the Representativeness of Internet Political Participation, *Political Behavior*, 2005, 27 (2), pp. 183 - 216.

治参与的“时间提升”效应，[①] 互联网的使用减少人们参与政治活动时对空余时间的过多依赖，从而可能促进人们借助互联网这种新渠道更多地参与政治活动。如果那些受限于时间约束的人更多地来自线下政治参与活动中的不活跃分子的话，那么互联网的这种“时间提升”作用，将有利于缩小由于时间局限而造成的政治参与差距。

第六，网络资源对于促进网络政治参与有积极作用，但对于参与传统政治活动没有作用。网络技能、网龄、上网时长等网络资源对网络政治参与的正面影响显著，即网络技能越高、网龄越长、网上时段越长的人越有可能参与网络政治活动，那些网络资源较丰富的人将比那些网络资源不足的人更多地参与网络政治活动，网络资源差距也是引起政治参与差距的一个因素。但网络技能、网龄与上网时长等网络资源对传统政治参与没有显著影响。也就是说，拥有一定的网络资源对于以传统方式参与政治活动来说，帮助不大，以传统方式参与政治活动需要的资源是时间、金钱及公民技能。

年龄与网络政治参与的关系在没有引入网络资源因素前是显著的负向关系，但在控制了网络资源因素的影响之后，年龄与网络政治参与之间的负面关系消失了，也就是说，当考虑了网络技能、网龄、上网时长等网络资源因素的影响之后，年龄与网络政治参与之间原先的负向关系变得不显著了，这说明对于网络政治参与活动来说，年轻人比中老人更多参与的原因不在于年龄本身，而是因为年轻人比其他人群更多地拥有互联网使用技能优势，真正造成年轻人更多参与网络政治活动的原因，从资源角度看，是因为他们所掌握的网络技能，而不是因为他们的年龄，这说明网络技能等网络资源是影响网络政治参与的重要因素。

可是，当考虑网络资源对网络政治参与的影响时，就会发现一个根据这一结论可能难以理解的现象，那就是很多网络技能较高、网龄较长、每周上网时间也较长的人，参与网络政治活动的频率并不高，本书问卷调查者询问了受调查者的网络使用方式，一些精通互联网技术的网络老手们使用互联网浏览新闻和进行网络沟通的频率很高，但是他们浏览的多是文娱和体育新闻，讨论的多是娱乐和电子游戏心得，浏览网络政治新闻及参与网络政治讨论的频率很低，之所以出现这种网络技能很高而网络政治参与

---

① Bimber, Bruce. The Internet and Citizen Communication with Government: Does the Medium Matter? *Political Communication*, 1999, 16 (4), pp. 409 – 428.

很低的情况，是因为网络资源虽然与网络政治参与之间有显著的正面关系，但是网络资源并不是促进人们参与网络政治活动的充分条件，人们要参与政治活动，除了需要必备的资源条件外，还要受其他因素的影响，第三章将分析政治动机因素对人们参与政治活动的影响，并在此基础上进一步分析互联网，能否以及如何改变人们的政治动机并进一步影响人们的政治参与活动。

第三章　互联网、政治动机与政治参与

政治资源是政治参与一个重要条件，资源的可获得性解释了为什么有些人有能力参与而另一些人没有能力参与的问题，对于那些不具备参与必要资源的人来说，其参与活动可能会受到资源限制，但是资源能力不是参与政治活动唯一的条件，即使具备了参与所需的所有资源，要参与政治活动的话，也还必须要有一定的心理动机，也就是说人们还必须想要参与、愿意参与。心理动机因素可以解释为什么有些人想参与而另一些人不想参与这一问题。政治活动是志愿性活动，个人所拥有的时间、金钱、技能等便利政治参与的资源可以有很多用途，对于那些将这类资源用于参与政治活动而不是休闲娱乐、享受生活的人来说，可以推断一定有某些心理动机在促使他们参与政治。

第一节　政治动机对政治参与的影响：理论分析

心理学理论表明人类的行动是受一定主观心理因素支配的，政治活动也不例外，虽然不能说有什么样的心理动机就必会导致什么样的行为，但是也不能否认主观心理对政治参与的作用。

关于影响政治参与的心理因素，西方政治学的相关研究很多，但对这些主观因素的称谓还没有定论。康威（Conway）将影响政治参与的主观心理因素分为两大类：第一大类统称为政治心理卷入（psychological involvement in politics），包括认为有义务参与政治的公民道德（civic duty）、政治兴趣（interest in politics）、对正在举行或者即将举行的政治竞选活动的兴趣、政治效能感（sense of political efficacy）、政党认同（identification with a political parity）、政府关注度、政府信任（trust in government）、对选举结果的关注度（care about who wins）等；第二大类心理因素是指人的个性（Personality）[1] 因素。维巴在《美国参与》一书中将影响政治参

---

[1] Conway, M. M. , *Political Participation in the United States*, (2nd Ed.). Washington, DC: CQ Press, 1991, pp. 41 –61.

与的心理因素统称为政治取向（political orientations）或者公民取向（civic orientations），具体包括政治心理卷入（psychological involvement in politics），即对政治的兴趣与关注度，政治效能感、政治信息以及对社区的贡献感等四种。[①] 而在《声音与平等》一书中，维巴则将影响政治参与的心理因素统称为政治卷入（political engagement）或者心理卷入（psychological engagement），具体包括政治兴趣（political interest）、政治效能感（political efficacy）、政治信息（political information）以及政治认同强度（strength of party identification）四种。[②] 可见对关于影响政治参与的心理因素的具体称谓及其所包含的具体类别，已有研究并没有定论。

综合已有研究，本书将影响政治参与的心理因素统称为政治动机，由于影响政治参与的心理因素有很多，不同的研究所包括的具体类别也不尽相同。本书不可能包括过多的因素，通过对已有研究的比较，本书将主要考虑以下五种研究较多、结论较为明确的心理因素：政治效能感、政治信任、政治知识、政治兴趣以及社会信任对政治参与的影响。为了简便起见，还将这些心理因素进一步区分为政治认知、政治情感、政治态度、政治信念等不同层次，简单统称为政治动机。

一　政治效能感与政治参与

（一）政治效能感的含义与类型

政治效能感对政治参与的影响一直是西方政治学者研究的一个重点，以至于艾布拉姆森曾经说："在美国政治学界，对政治效能感研究的关注仅次于对政党认同的研究。"[③] 最早对政治效能感进行研究的是美国密歇根大学的坎贝尔（Campbell）教授等人，坎贝尔认为，政治效能感是指："个人相信个别政治行动对于政治过程确实有或能够有所影响的感觉；也就是说，相信履行个人的公民义务是值得的、相信政治和社会变化是可能

① Verba, Sidney and Norman H. Nie, *Participation in America: Political Democracy and Social Equality*, New York: Harper and Row, 1972, p. 133.

② Verba, Sidney, K. L. Schlozman and H. E. Brady, *Voice and Equality: Civic Voluntarism in American Politics*, Cambridge, MA: Harvard University Press, 1995, p. 345.

③ Abramson, Paul R., *Political Attitudes in America: Formation and Change*, W. H. Freeman and Company, 1983, pp. 135 – 183.

的、相信个别公民能够在推动这些变化上起到一定作用的一种感觉。”① 后来的学者对政治效能感的认识基本沿用了坎贝尔的概念，将其定义为：“个人认为其政治行为对整个政治过程能够产生影响力的感觉或者信念。”然而随着研究的深入，莱恩（Lane）认为，政治效能感实际上包含两种不同的成分：其一，与他人相比，个人自认为对政府具有影响力；其二，面对政治体系而言，个人自认为政府会对其要求有所回应。这样政治效能感的概念中就包含有民众对于自己了解、控制政治能力的评估，也包含有自己对于政府回应性的主观认知，也就是内部效能感（internal efficacy）和外部效能感（external efficacy）两个维度。具体而言，内部效能感是“个人对自己了解政治、参与政治能力的信心”，即指个体自认为自己所具备的影响政治的能力，是对自身政治能力的认知；外部效能感是个人“相信自己的行动会影响政府部门决策的信念”②。即指个体对于外在政治体系回应度的认知程度。③

（二）政治效能感与政治参与

政治效能感是预测政治参与的重要指标之一。社会心理学研究表明，个体的态度与其行为之间存在着密切的关联性，这是因为在态度构成要素中包含有行为意向的成分，而决定个体行为意向的主要因素就是长期形成的某些行为准则和信念，政治效能感就承担着这样的角色。政治效能感是在公民与政治体系之间建立某种关系的心理指标，隐含着公民应该能够影响政府，而政府也应该具有相当回应性的自我感知要素，④ 因此，从理论上说，公民政治效能感越强，参与政治的可能性也就应该越高。

政治效能感与政治参与之间的这种理论关系也得到大量经验数据的证实。早在20世纪50年代，坎贝尔等人的研究就发现，影响选民是否参与选举的一个重要因素就是政治效能感。⑤ 在随后的研究中，人们也发现政

① Campbell, Angus, Gerald Gurin and W. Miller, *The voter Decides*, Row, Peterson and Company, 1954, p. 187.

② Rosenstone, S. J. and Hansen, J. M., *Mobilization, Participation, and Democracy in America*, New York: Macmillan, 1993, pp. 142 - 143.

③ Abramson, Paul R., *Political Attitudes in America: Formation and Change*, San Francisco: W. H. Freeman and Company, 1983, p. 141.

④ 李蓉蓉：《政治效能感：内涵与价值》，《晋阳学刊》2010年第2期。

⑤ Campbell, Angus, Gerald Gurin and W. Miller, *The Voter Decides*, Row, Peterson and Company, 1954, p. 188.

治效能感较高的公民，其政治参与水平也较高。阿尔蒙德对美国、英国、德意志联邦共和国、意大利和墨西哥等5国的调查也发现，主观政治能力强的民众政治参与比较积极。① 米尔布雷斯在总结已有研究的基础上也得出同样的结论：有较高政治效能感的人更可能积极参与政治。② 维巴的相关研究也发现对于以所有政治参与行为衡量的总体政治参与指标来说，政治效能感与之有着显著的正面关系。③ 罗森斯托恩的研究结果也表明，无论是对于选举性政治参与，还是政府性政治参与，内部政治效能感和外部政治效能感都与之有显著的正面关系。④ 而且罗森斯托思的研究还发现美国公民的政治效能感从20世纪60年代开始在逐步下降，而与之相伴随的是美国公民投票率的逐年下降，这两种相互吻合的下降趋势从某一方面说明了公民的政治效能感与政治参与行为之间的密切关系。

二　政治信任与政治参与

（一）信任的含义与类型

"信任是一种信念，即其他人通过其行动或不行动，将增进我的或者我们的福利或者克制对我的或者我们的打击性伤害。"⑤ 信任是对他人未来行为的预期，按照信任对象的不同，彼得·什托姆普卡将信任分成几种不同类型，包括对他人（行动者）的信任、对社会角色的信任、对社会群体的信任、对机构或组织的信任、对程序的信任、对技术系统的信任以及对社会秩序或政权制度的信任等。⑥ 根据这一分类状况，可以将信任按照信任对象的不同，粗略地分成两大类：政治信任和社会信任。⑦ 前者是

---

① ［美］阿尔蒙德、维巴：《公民文化———五个国家的政治态度和民主制》，徐湘林等译，东方出版社2008年版，第218页。

② Milbrath, Lester W., *Political Participation: How and Why do People Get Involved in Politics?* Chicago: Rand McNally, 1965, pp. 56.

③ Verba, Sidney, K. L. Schlozman and H. E. Brady, *Voice and Equality: Civic Voluntarism in American Politics*, Cambridge, MA: Harvard University Press, 1995, p. 352.

④ Rosenstone, S. J. and Hansen, J. M., *Mobilization, Participation, and Democracy in America*, New York: Macmillan, 1993, p. 79, p. 143.

⑤ ［美］克劳斯·奥弗：《我们怎样才能信任我们的同胞?》，转引自［美］马克·沃伦《民主与信任》，吴辉译，华夏出版社2004年版，第44页。

⑥ ［波］彼得·斯托姆普卡：《信任：一种社会学理论》，程胜利译，中华书局2005年版，第55—61页。

⑦ 孔凡义：《信任、政治信任与政府治理：全球视野下的比较分析》，《中国行政管理》2009年第10期。

指公民对政治系统的信任，后者是指公民对于政治系统以外的其他非政治组织和个人的信任。信任一个人或者一件事就是假定了他们的可信度，就是相信他们将做那些他们应该做的事情。信任政府表明公众对政府机构将遵守游戏规则，为普遍利益服务的信心。

（二）政治信任的内涵与意义

任何政治系统“没有系统成员的支持，至少没有与政治相关的成员的支持，当局在处理要求将其转变为输出或者在实施决策的过程中就会遇到严重的困难”①。伊斯顿区分了对政治系统的两种支持：“以行动来支持，叫做显性支持；以一种态度或者情绪来支持，叫做隐性支持。”② 后者就是一般意义上的政治信任。政治信任是一种心理态度，表示公众对政府部门、政治制度和政治共同体的支持赞同的心理状态。支持是一种行为，是对政府部门及其制定的政策和法律规则的自愿服从。显性支持（行动支持）与隐性支持（政治信任）两种具有内在一致性。公众信任政府就会支持和服从政府政策和法律法规。相反，公众不信任政府就意味着不支持、不服从政府，公众不信任的态度及不支持的行动会增加政府的管理成本，也表明了政治系统可能面临某种合法性危机。

政治信任显示了人们对他们政治系统的忠诚、支持的主观水平，表示公民对政府政策有效性的态度。因此，人们一般认为，公众的政治信任水平能够影响制定和实施政策组织自身的稳定性，对政府的信任提高了人们自愿遵从政府政策和命令的意愿，享有更多公众支持的政府比那些公众信任较少的政府，能够更平稳有效地运行。这意味着公众的信任也是政府的一种资源，公众的信任给政府部门提供了行动的自由，并预示着公民会服从政府政策或法律法规。

广泛的公共信任是政治系统权力的基础来源。从规范意义上说，在民主政治系统中，政策的制定应该基于一致同意，公众的政治信任水平实际上就包含着对政府政策的赞同。在民主环境中，高水平的政治信任标志着政治生活更加健康，民众有更大的和谐感和安定感。“合法性或者称弥散性支持，有助于维持民主制度，使之渡过困难时期。它对于任何政体来说

① ［美］戴维·伊斯顿：《政治生活的系统分析》，王浦劬译，华夏出版社1999年版，第180页。

② 同上书，第185页。

都是一项财产，但对于民主政体来说则尤为重要。”[1] 另外，高水平的政治信任也暗示着，尽管人们对于公共政策可能提出异议和反对，但对政治制度的基本尊重仍然会存在。

（三）政治信任对政治参与的影响

虽然政治信任对于政治系统的稳定运行具有重要作用，但是关于政治信任如何影响人们的政治行为还没有定论。一般来说：政治信任度越高，政治参与度就越低；政治信任越低，政治参与率就越高。因为人们参与政治活动的主要目的是向政府表达其愿望和要求，以影响政府部门的相关决策，政治信任度高就意味着公众相信政府是按照公众的利益在运作，并没有危害公众利益而为他们自己谋取私利，既然这样的话，人们就没有参与的必要了；而政治信任度低，就意味着公众认为，政府部门没有关注公众利益而是在为他们自身谋取利益，在这种情况下，公众就必须有所行动，以监督政府、督促政府。

但关于政治信任与政治参与的关系，也可以有另外一种说法，即：政治信任度越高，政治参与率就越高；政治信任度越低，参与率就越低。这是因为信任政府意味着要支持政府，不信任政府意味着不支持政府，不支持政府就是对政府政策漠不关心，也就是不参与政治。

以上关于政治信任与政治参与关系的两种观点明显不同，主要区别在于，高政治信任度所带来的政治参与与低政治信任度所造成的政治参与，在性质上往往是不同的，前者一般是支持性政治参与，而后者一般是要求性政治参与。

三　政治知识与政治参与

（一）政治知识的定义及特征

卡皮尼和基特（Carpini and Keeter）将政治知识定义为“以长期记忆方式存储的有关政治的一系列事实性信息”[2]。这一定义有两个重要限定：第一，它是指政治领域的知识；第二，它是指事实性知识。根据这一定义，可以将政治知识概念与其他认知性概念，如态度、价值、观念、信念

---

① ［美］罗纳德·英格尔哈特：《信任、幸福与民主》，转引自［美］马克·沃伦《民主与信任》，吴辉译，华夏出版社 2004 年版，第 91 页。

② Deli Carpini, M. X. and Keeter, S., *What Americans Know About Politics and Why it Matters*, New Haven, CT: Yale University Press, 1996, p. 10.

等区别开来，也可以把政治知识与认知过程，如逻辑、推理、问题解决及决策过程等区分开来。信息（information）与知识（knowledge）两个概念的意思最接近，具有可互换性。政治信息的根源是政治知识，而政治知识储存在于人的大脑里，它也可以通过人际交流来分享。因此，人们一般用“信息”一词指交流的内容，也用来指一个人知识存储的内容，本书主要关注后面一种用法。政治知识的测量目标是识别出客观可检验的认知，个人所获得的信息与个人所持有的信念不同，信息是客观事实的知识，有确定的标准可以检验真假；而信念是主观看法，没有确定的标准可以检验真假，信念没有真假可言，只有是否合适可说。卡皮尼之所以将知识限定为长期记忆保存的信息，其目的就是为了识别出某些思想，这些思想不仅会在某个时间点在大脑里形成，而且会被长期保存，将来使用时也可以再提取出来。政治信息是指人们的政治认知，包括有关政治系统如何构成、如何运转、谁是主要政治人物、他们在做什么等的知识。[①] 政治知识可以通过教育、人际间的政治讨论以及大众媒体的使用而获得。

（二）政治知识与政治参与

参与政治活动和参与其他活动一样，需要具备一定数量的相关知识，很难想象个人会在对政治系统组成结构及其运行程序毫不知情的情况下，能够参与政治活动。个人所拥有的政治知识越多，参与政治的可能性越大。[②] 约翰·佐莱尔（John Zaller）的研究发现，政治知识虽然只是认知性心理状态而不是情感状态，但是它是个人政治态度与政治行为的一个有力的预测指标。[③] 维巴的研究也证实了这一点，他在相关研究中发现，政治信息与投票活动、竞选活动以及政治讨论活动都有显著的正面联系。[④]

但也有人认为，政治知识与政治参与没有关系，也就是说，一个人是否拥有正确的政治知识并不影响他的政治参与行为。只要公民自己认为他是了解信息的，不管这个信息是否正确，他都有可能参与，即使信息有

---

① Deli Carpini, M. X. and Keeter, S., *What Americans Know About Politics and Why it Matters*, New Haven, CT: Yale University Press, 1996, p. 10.

② Milbrath, Lester W., *Political Participation: How and Why do People Get Involved in Politics?* Chicago: Rand McNally, 1965, p. 64.

③ Zaller, John R., *The Nature and Origins of Mass Opinion*, Cambridge: Cambridge University Press, 1992, pp. 42 –43.

④ Verba, Sidney, K. L. Schlozman and H. E. Brady, *Voice and Equality: Civic Voluntarism in American Politics*, Cambridge, MA: Harvard University Press, 1995, p. 359.

误，那也只是影响政治参与行为结果的有效性，但不影响政治参与行为本身的发生。[①] 不过，一般来说，人在大多数情况下都是有理性的，在不具备相关信息、不理解政治系统是如何运作、不了解他与政治系统的关系、对自己行为结果也毫无把握的情况下，个人自然不愿参与。这就是说政治信息是政治行为的必要非充分条件。[②]

四　政治兴趣与政治参与

（一）政治兴趣的含义

人们通常认为，民主制度要很好地发挥作用，其中一个重要前提是公民要对政治感兴趣、了解政治知识、积极参与政治活动。[③] 从这个意义上说，所谓政治兴趣是指公民以牺牲其他可能的主题为代价而关注政治现象的意愿。[④] 我们说某些人对政治感兴趣，意思是指他们在政治事务方面花费了很多时间；说某些人对政治不感兴趣时就意味着他们把时间和精力都花在了其他方面，而不是花在了与政治相关的事情上。维巴认为，某个公民对政治感兴趣就意味着他关注政治事件、关心公共事务、关切选举结果。[⑤]

（二）政治兴趣与政治参与

政治兴趣与政治参与之间的关系十分密切，一般来说，对政治越感兴趣，参与政治活动的可能性越大。米尔布雷斯在对 1964 年以前研究政治参与的文献进行总结后发现：4 个或者更多国家的至少 9 个已有研究结论一致表明，对政治更感兴趣或者更关心政治的人更有可能参与投票，并且更有可能参与投票活动以外的政治竞选活动。政治兴趣与政治参与之间的关系相当稳定，以至于很多研究人员在研究结论中都嫌麻烦而不报告这一

---

① Lawrence, David G. Towards an Attitudinal Theory of Political Participation, *Polity*, 1981, 14 (2), pp. 332 – 346.

② Milbrath, Lester W., *Political Participation*: *How and Why do People Get Involved in Politics*? Chicago: Rand McNally, 1965, p. 65.

③ Milbrath, Lester W. and Madan Lal Goel, *Political Participation. How and Why People Get Involved in Politics*, Chicago: Rand McNally, 1977, p. 142.

④ Lupia, Arthur and Tasha S. Philpot Views from inside the Net: How Websites Affect Young Adults' Political Interest, *The Journal of Politics*, 2005, 67 (4), pp. 1122 – 1142.

⑤ Verba, Sidney, K. L. Schlozman and H. E. Brady, *Voice and Equality*: *Civic Voluntarism in American Politics*, Cambridge, MA: Harvard University Press, 1995, p. 345.

关系。[1] 维巴也认为，对政治感兴趣的人会更积极地参与政治活动，而且他的研究结论也表明，在政治兴趣、政治信息、政治效能感和政党认同这四个心理因素对政治参与的影响中，政治兴趣的影响是最显著、最稳定的。[2]

五 社会信任与政治参与

（一）社会信任的含义及特征

人们的很多需求只有通过和他人合作才能满足，而他人的行为很多时候是充满不确定性和不可控制性的，在这种情况下与他人的合作要想实现的话就必须信任他人。“信任就是相信他人未来可能行动的赌博”，信任是合作的前提条件，信任他人降低了我们对未来不确定性和不可控制性的预期，是复杂社会的简化机制。[3] 信任有两个主要的组成元素：信心（belief）和承诺（commitment）。第一，它包含明确的预期：信任建立在对他人在未来的一些场合会如何表现进行个人推测的基础上，给予信任，我们就会表现得好像知道未来一样。第二，信任包含行动并承担义务或打赌，信任是人们对与他人行动的确切预期，只有在这种预期对某个决定至关重要的时候，信任才牵扯进来。[4]

（二）社会信任与政治参与

政治参与活动多数是志愿性的集体活动，与其他领域的集体行动一样，同样面临着集体行动的困境。因此，如何促进人们自愿采取合作行动以克服集体行动困境，就是政治参与首先要解决一个重要问题。社会信任对政治参与具有明显的促进作用，“信任别人的人更愿意参与公民生活，所以较少的信任意味着较少的参与”[5]，这是因为社会信任能够促进人们

① Milbrath, Lester W., *Political Participation: How and Why do People Get Involved in Politics?* Chicago: Rand McNally, 1965, p. 51.

② Verba, Sidney, K. L. Schlozman and H. E. Brady, *Voice and Equality: Civic Voluntarism in American Politics*, Cambridge, MA: Harvard University Press, 1995, p. 359.

③ ［德］尼克拉斯·卢曼：《信任：一个社会复杂性的简化机制》，瞿铁鹏、李强译，世纪出版集团、上海人民出版社 2005 年版，第 24—32 页。

④ ［波］彼得·什托姆普卡：《信任：一种社会学理论》，程胜利译，中华书局 2005 年版，第 33 页。

⑤ ［美］艾里克·乌斯拉纳：《民主与社会资本》，转引自［美］马克·沃伦《民主与信任》，吴辉译，华夏出版社 2004 年版，第 124 页。

之间的广泛合作。第一，信任会激励人们广泛参与各种形式的组织活动，并且以这种方式丰富人际连接网络，扩大互动范围，培育更亲密的人际关系；第二，信任会促进沟通的扩展，从而有利于缓解集体行动的困境；第三，信任会鼓励人们宽容和接纳陌生人，鼓励以一种没有威胁的方式把文化和政治差异看成合法的；第四，信任文化会增强个体与共同体（家庭、民族、教会等）的连接，促进人们形成合作互助、自我牺牲的集体意识；第五，信任文化会降低交易成本，提高合作机会。简言之，“当信任存在的时候，参与和行动的可能性就增加了”①。

社会信任会促进人们之间的合作，这种合作不仅限于社会生活中，也会出现在政治参与领域。这一点不仅在理论上得到证明，而且在经验中也等到验证。帕特南通过对意大利 20 世纪 70 年代以来开始的民主化改革近 20 年的跟踪研究发现，意大利南部地区和中北部地区的改革绩效差异，很大程度上可以归因于这两个地区社会资本的差异。所谓社会资本是指“社会组织的特征，诸如信任、规范以及网络，它们能够通过促进合作行为来提高社会的效率”②。社会资本包括三个组成部分：信任、互惠的规范和横向的社会网络。他认为，社会资本是使民主运转起来的重要因素。其中重要的原因是大量社会资本的存在及人与人之间的相互信任，会促进自发的合作，有助于克服集体行动的困境、推进社会参与和政治参与。“信任是社会资本的核心组成部分，在各种公民行动主义和道德行为中起着重要作用。”③ 另外，福山也用大量事实说明，一个社会中，如果人们相信其他人是可以信任的，是会遵守规则、信守诺言的话，那么这个社会就会出现更高水平的公民参与、经济创新和政治回应。④

以上分别介绍了政治效能感、政治信任、政治知识、政治兴趣及社会信任对政治参与的影响，可以看出这些心理因素对公民的政治参与行为都有一定的积极促进作用，当然在政治参与过程中，这些心理因素相互之间

① ［波］彼得·什托姆普卡：《信任：一种社会学理论》，程胜利译，中华书局 2005 年版，第 141 页。

② ［美］罗伯特·帕特南：《使民主运转起来》，王列、赖海榕译，江西人民出版社 2001 年版，第 195 页。

③ ［美］艾里克·乌斯拉纳：《民主与社会资本》，转引自［美］马克·沃伦《民主与信任》，吴辉译，华夏出版社 2004 年版，第 127 页。

④ ［美］弗朗西斯·福山：《信任：社会美德与创造经济繁荣》，彭志华译，海南出版社 2001 年版。

也会发生作用，并作为一个整体因素影响公民的政治参与行为。维巴曾经将政治效能感、政治知识、政治兴趣及对社区的贡献感等四种心理因素综合成一个公民取向（civic orientations）指数，设计了一个从社会经济地位经公民取向到政治参与的简单三变量路径模式（见图3－1），并利用调查数据，检验了社会经济地位、公民取向和政治参与三者之间的关系，结果表明，社会经济地位与公民取向的正相关性很高，相关系数达0.45，而公民取向与政治活动的正相关性甚至更高，相关系数达到0.46。这清晰地说明，公民取向在联系社会经济地位和政治参与方面起到了十分重要的作用。社会经济地位与政治参与的原始相关系数是0.37，当排除公民取向的中介性影响之后这一相关系数锐减到0.16，这表明数据与模型相当一致，高社会经济地位通过提高公民取向而促进了公民的政治活动参与，[①] 也说明公民取向作为由各个心理因素组成的整体，对政治参与的影响也是相当显著的。

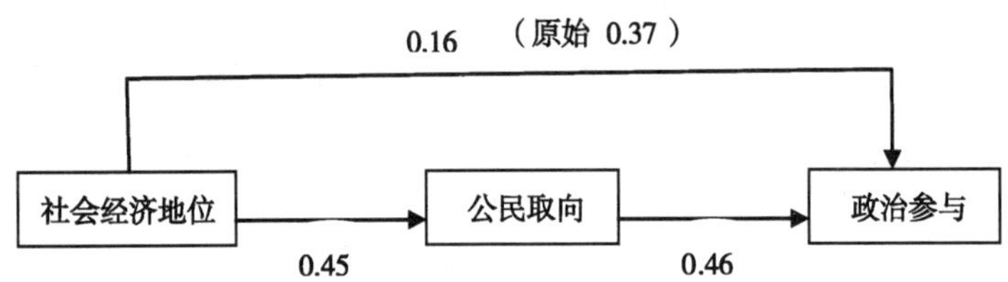

图3－1　经济地位、公民取向与政治参与的相关关系

资料来源：Verba，Sidney and Norman H. Nie . *Participation in America*：*Political Democracy and Social Equality*. New York：Harper and Row，1972，p. 134.

第二节　互联网对政治动机的影响：理论分析

在具备必需的参与资源的前提下，公民参与政治活动还需要一定的政治动机，提高公民的政治动机就有可能促进公民的政治参与行为。对于克服了“接入鸿沟”的互联网用户来说，互联网的使用将改变他们获取信息的方式，扩展他们交流沟通的渠道，互联网这一新型媒体将诸如报纸、广播、电视等传统媒体的视听元素，和电话、邮件的互动性与速度结合了

① Verba，Sidney and Norman H. Nie，*Participation in America*：*Political Democracy and Social Equality*，New York：Harper and Row，1972，p. 134.

起来，相比较于传统媒体，互联网的使用提高了人们在信息获取方面的自由度，使得个人能够自主选择获取什么样的信息，什么时候获取信息。互联网也提高了沟通的灵活性，减少了沟通的成本，使得用户无论距离有多远，都能够同时交换大量的信息。通过聊天室或者即时通信工具，人们可以和其他人或集团进行实时沟通，同时，互联网的电子邮件也允许人们进行异步沟通，克服了电话沟通同时性要求所带来的相关问题。[①] 互联网的这些功能使得它除了可以直接作为政治参与的一种新渠道、新工具对线下政治参与方式起到替代或补充作用外，还可以通过改变使用者的政治动机来间接促进政治参与的扩大。

一　网络政治信息与政治参与

关于政治信息与政治参与的关系，虽然对于是否政治信息越多就意味着政治参与的可能性越大这一问题，研究人员还有不同的看法，但是对于一定量的相关政治信息是政治参与的必要条件这一认识，是没有多少异议的。很多时候人们之所以不参与就是因为缺乏必要的信息，无从选择和行动，对于那些缺乏必要信息的人来说，理性的选择就是不参与。但由于获取政治信息是有成本的，需要时间、精力还有金钱，而能够支持这些成本的只是一部分人，所以那些无法获取相关政治信息的人就会因为缺乏信息而退出参与活动。

（一）网络政治信息与政治参与

媒体最大的资源之一就是信息，媒体也是信息的主要来源，公众主要通过报纸、广播、电视、互联网等大众传媒获取所需的信息，那种能够以更快捷、更廉价、更方便的方式为公众提供他们所需信息的媒体，就更可能为大众选用并相应地改变他们的行为模式。互联网出现之前的传统媒体，如报纸、广播、电视等主要是以“一对多”单向传播方式向公众传播信息，公众获取信息的时间约束较强、可选择性小。互联网的出现改变了人们从媒体获取信息的单一方式，在互联网上政治信息可以以多种不同的形式呈现出来，例如博客、微博、微信、网络新闻、政治网站、互动多媒体服务等，它融合了“一对多”“一对一”及“多对多”等多种信息

---

① Krueger, Brian S. Assessing the Potential of Internet Political Participation in the United States: A Resource Approach, *American Politics Research*, 2002, 30, pp. 476 – 598.

传播方式，公众从互联网上获取信息的时间约束较小，无论何时何地当人们通过互联网搜索信息时，都能够很方便地找到对问题分析细致深入的答案。[①] 同时，互联网上丰富的信息也增加了公众对信息的可选择性。与传统媒体相比，互联网满足了公众以更方便的形式和更低廉的成本获取政治信息的要求。

互联网的出现，使人们看到了它在促进公众政治参与方面所具有的巨大潜力，其中一个很重要的原因就是互联网上有近乎无限的信息，同时它为公众提供了一个几乎零成本获取相关信息的机会，只要能够接入互联网，人们就可以随时随地从网络上搜索信息。由于一定量的政治信息是参与政治活动的必备条件，从这一方面看，相比较于从报纸、广播和电视这些传统媒体获取政治信息而言，互联网的使用使得公众可以以更便捷灵活的方式获取更多的政治信息，从而应该能够扩大政治参与总量，并且因为政治信息的缺乏者一般是那些收入水平或教育程度较低的人群，所以如果这部分群体能克服互联网“接入鸿沟”和“技能鸿沟”的话，那么互联网的使用将能够提升他们的政治信息量，促进他们参与政治。因而，从这方面说，通过互联网获取政治信息将可能有利于缩小政治参与差距。

（二）“知识鸿沟”与政治参与

互联网要发挥降低信息获取成本从而促进政治参与、减少政治参与不平等状况的作用，有一个前提条件，这就是公众必须有条件搜索、获取信息，有能力筛选、鉴别和处理信息。政治参与的约束条件有多种，政治信息只是其中之一，对于通过提供政治信息而促进政治参与这种方式来说，重要的不是媒体本身，而是媒体所提供的信息内容。人们不仅要能从互联网上获取信息，还必须能够对所获得的信息进行有效的加工处理。互联网时代，人们在信息获取方面所面临的最大问题不是获取信息不方便的问题，而是在信息爆炸的情况下，如何对所获取的信息进行鉴别、筛选和加工的问题。要解决这一问题，公众需要具备一定的信息理解能力（information literacy），包括对所需信息的识别及有效地获取能力、依据自己的知识与价值体系对获取的信息及其来源进行评估的能力，以及有效地利用

---

① Gennaro, Corinna Di and Willinam Dutton. The Internet and the Public: Online and Offline Political Participation in the United Kingdom, *Parliamentary Affairs*, 2006, 59 (2), pp. 299 – 313.

信息的能力等。[①] 这些处理信息的能力与素养会对人们使用互联网的效果带来不同影响。由于人们的信息理解能力不同，因此，即使获得了相同的信息，不同个体最终能够有效利用的信息也会存在很大差异，这种基于个体互联网信息理解能力不同而形成的互联网信息差距，就是互联网的“知识鸿沟”（knowledge gaps），又叫“知识沟”或者简称“知沟”。

“知识鸿沟”理论是由美国传播学家蒂奇纳（Tichenor）等人提出来的、关于大众传播与信息社会中的阶层分化的理论。“知识沟”理论指出，在已经存在的知识与对新信息的接受之间存在很强的正面关系。因此在受过良好教育的人群与受教育程度较差的人群之间，无论是从已经存在的信息水平还是从获得新知识的能力来看，都会存在严重的“知识沟”问题，“随着大众传媒向社会传播的信息日益增长，社会经济地位高的人通常能够比社会经济地位低的人以更快的速度获得信息，因此，大众媒介传送的信息越多，这两者之间的知识鸿沟也就越大。”[②]

“知识沟”理论认为，教育程度、收入水平及职业层次等社会经济地位因素之所以能对个体之间知识水平的差距产生重要影响，主要原因在于：一方面，受教育水平高的人具有较强的理解能力和较大的阅读量，这使得他们可能更加关注公共事务规划，并更多地利用信息媒体；另一方面，一般来说，从大众传媒或正规教育渠道得来的知识越多，对新事物、新知识的理解与掌握也就越快。受教育水平较高的人比其他人有更多的知识储备，更有能力筛选、优化和利用信息，从而增强信息优势。[③] “知识沟”理论并不认为，社会经济地位较低的人群完全得不到信息，而是认为，虽然大众媒体传播信息的活动无论对于社会经济地位较高的人群，还是对于社会经济地位较低的人群，都会带来知识量的增长，但由于社会经济地位较高的人获取信息和知识的速度大大快于后者，随着时间的推移，最终结果是两者之间的“知识沟”不断变宽，差距不断扩大。

总体来说，作为有效政治参与的必要条件之一，更多的政治信息可能会增加公众的政治知识，促进公众政治参与。但是，由于获取、处理信息

---

① Mossberger, K, C. J. Tolbert and M. Stansbury, *Virtual Inequality: Beyond the Digital Divide*, Washington, D. C.: Georgetown University Press, 2003, p. 38.

② Tichenor, p., Donohue, G., and Olien, C., Mass Media Flow and Differential Groupth in Knowledge, *Public Opinion Quarterly*, 1970, 34, pp. 159 - 170.

③ Ibid., pp. 159 - 170.

的能力不同，互联网的使用将更多地有利于那些受过较高程度教育、拥有较多相关知识储备、具备较高信息处理能力的人，从这一点来看，互联网的使用，将会在信息处理能力较强者和信息处理能力较弱者之间进一步拉开差距。

从网络政治信息使用对政治参与影响的经验研究结论看，有部分研究支持了网络政治信息能够提高政治参与这一假设，但也存在相反的研究结论。托尔伯特和麦克尼尔（Tolbert and McNeal）研究了网络选举新闻对公众参与投票的影响，结果表明在控制了社会经济条件、政党支持、种族、民族、性别、年龄、传统媒体使用、政治兴趣、政治效能感和州环境等因素的影响之后，看过网络选举信息的受调查对象，更可能参与 1996 年和 2000 年的美国总统选举投票。但他同时发现浏览网络选举新闻对参与 1998 年美国中期选举投票没有影响。[①] 这一研究结论与宾伯尔（Bimber）的发现相似，他利用 1998 年美国中期选举数据进行研究后发现，除了增加竞选捐款以外，接入互联网对投票参与没有影响，浏览网上政治新闻的人的投票率和没有使用互联网来搜寻政治信息的人的投票率，没有不同，[②] 但因为这一结论的对象是中期选举投票，而美国公民一般对中期选举投票不太感兴趣，这说明网络政治新闻本身在提升公民政治兴趣方面作用有限。

二 网络政治讨论与政治参与

政治讨论是协商民主理论的核心概念，是协商民主模式的关键环节。协商过程实际上是一个公民理性、自由、平等地参与讨论的过程。在此过程中，公民提出各种相关的理由，说服他人，或者转换自身的偏好，最终达成共识，从而赋予立法或决策合法性。[③] 伦纳德·毕福勒（Leonard Beeghley）将政治讨论作为政治参与的六种方式之一——表达性政治参与。他认为，所谓表达性参与是指公民与他人就政治问题进行交谈、讨论

① Tolbert, C. J. and McNeal, R. S. Unraveling the effects of the Internet on political participation? *Political Research Quarterly*, 2003, 56 (2), pp. 175 - 186.

② Bimber, B. Information and Political Engagement in America: The Search for Effects of Information Technology at the Individual Level, *Political Research Quarterly*, 2001, 54 (1), pp. 53 - 67.

③ 陈家刚：《协商民主引论》，《马克思主义与现实》2004 年第 3 期。

和辩论，向其他人表达自己的观点的过程。[①] 这些交流过程也是政治行为，因为人们通过政治讨论可以相互交流政治观点，以最终达成某种共识。但由于政治讨论本身与影响政府决策过程没有直接关系，所以本书并没有将政治讨论本身作为政治参与的一种形式，但是政治讨论对于促进人们参与政治活动的影响是不容忽视的。

互联网使用，除了可以以便捷灵活的方式为人们提供大量的政治信息而提高政治参与率之外，还可以通过为人们参与政治讨论提供一个公共平台而促进更多人参与政治。虽然互联网没有带来一个哈贝马斯式的公共领域，但是它的多种信息传播模式还是为人们广泛参与政治讨论提供了多种平台，如电子邮件、即时通信工具、BBS、网络聊天室、微博、微信等，这些沟通平台降低了人们参与政治讨论的成本，减少了通过现实渠道进行政治讨论时所受到的时间或地域限制，从而为扩大政治讨论参与者范围、提高政治讨论频率提供了机会。政治讨论范围和频率的提高，相应地也能为促进讨论参与者更多参与政治活动创造有利条件。

一般认为，通过现实社会中或网络社会中的政治讨论，人们可以交换信息、交流思想，从而促进政治参与。但有研究对政治讨论的实际效果提出质疑，认为政治讨论受两方面因素影响，其最终效果实际上并不像人们所想象的那样让人乐观。

一方面，政治讨论过程中往往会出现观点单极化的情况，这是“沉默的螺旋”效应所揭示的一种现象。“沉默的螺旋”（the spiral of silence）效应是由德国学者伊丽莎白·诺伊曼（Elisabeth Neumann）提出的有关舆论与大众传播关系的理论假设。在 1980 年出版的《沉默的螺旋：舆论——我们的社会皮肤》一书中，诺伊曼对这个理论作了全面概括，诺伊曼认为，大多数人在为自己的态度做出选择时一般会有一种趋同的心态，当个人的意见与其所属群体或周围环境的观念发生背离时，个人会产生孤独和恐惧感，于是便会放弃自己的看法，逐渐变得沉默，最后转变支持方向，使自己的态度与优势群体、优势意见保持一致。这个过程不断将某种优势意见强化抬高，并最终确立为一种主要意见，形成一种螺旋式上升的过程。[②]

---

① Beeghley, Leonard, Social Class and Political Participation: A Review and an Explanation, *Sociological Forum*, 1986, 1 (3), pp. 496 - 513.

② 郭庆光：《大众传播、信息环境与社会控制》，《新闻与传播研究》1995 年第 3 期。

“沉默的螺旋”效应虽然是关于舆论与大众传播关系的理论假设，但在政治讨论过程中同样存在，在政治讨论过程中，那些与大多数人观点不同的人，由于害怕自己的观点与众不同而被其他人孤立或受到来自群体的外在压力，往往会隐瞒自己的真实观点，要么变得沉默，要么转而附和优势观点，这样讨论中真正能听到的就只有一种观点，一种大多数人都认同的观点，其他不同观点是很难听到的。“沉默的螺旋”效应限制了政治讨论中各种不同观点相互交流、碰撞的可能性。网络交流的匿名性也没有消除政治讨论过程中的“沉默的螺旋”，因为网络社会虽然是虚拟的，但是虚拟的网络社会其实是现实社会的反映，现实社会是网络社会的基础，网络是虚拟的，但网络中的人都是有血有肉、实实在在的人，在网络空间中，人们害怕社会孤立的动机并没有消失，只是网络群体对个人意见的压力作用方式有所变化，强度相对减弱，但其影响依然不容忽视，而且人们的从众心理动因依然存在，趋同现象依旧普遍。因此，“沉默的螺旋”并没有从网际间消失，只是其表现方式由于互联网特征不同而出现了相应的变化。①

另一方面，在政治讨论的过程中，人们对讨论对象的选择还会受到“回音壁效应”的影响。在讨论之前或者讨论过程中，人们往往只会选择与自己兴趣、观点相同或者相似的人进行交流，观念的互动往往只局限于少数兴趣、观点一致的人，只局限在一些让人感兴趣的话题上，② 在现实社会和虚拟网络中都会如此，而观点、兴趣不同的人之间对话、讨论往往很难进行，“道不同不相为谋”，这就又进一步限制了政治讨论可以通过各种不同观点的相互碰撞，而最终达成共识的可能性。

三　网络使用、信任与政治参与

无论是政治信任还是社会信任本质上都是对人的信任，是对人未来行为的一种有风险的预期，③ “信任可以在一个行为规范、诚实而合作的群

---

① 谢新洲：《“沉默的螺旋”假说在互联网环境下的实证研究》，《现代传播》2003 年第 6 期。

② ［美］凯斯·桑斯坦：《网络共和国——网络社会的民主问题》，黄维明译，上海人民出版社 2003 年版，第 36—52 页。

③ ［波］彼得·什托姆普卡：《信任：一种社会学理论》，程胜利译，中华书局 2005 年版，第 28 页。

体中产生”[①]，并通过群体成员之间持续的合作行为而不断得到加强，人们的合作行为大部分是借助于生活中的社会网络来进行的。密集的社会网络有助于促进合作行为，并进而提升人们之间的信任度，而信任度的增加反过来又会增强社会联系网络。因此判断互联网将对信任产生何种影响，是增强还是减弱了人们之间的信任，可以从互联网对社会网络的影响这一角度来考虑。

从增加社会网络密度这一视角看，互联网的使用可能有助于增强人际信任。互联网为人们提供了一条便捷高效的沟通渠道，使得人们可以克服前互联网时代人际交流的时间和空间障碍。通过互联网人们可以很便捷地找到一些以前很难发现、无法联系的与自己有共同价值认同和兴趣爱好的人群，近乎无限宽广的网络空间扩大了人们的社会联系网络，增强了人们之间的交流与沟通，促进了人们的合作行为，因而也会增强人们人际之间的相互信任。

但也有一些学者认为，互联网使用降低了社会信任，因为互联网增强的只是人们之间在虚拟空间中的联系，而它却大大减弱了人们在现实空间中的联系。帕特南就是从这一视角来分析包括电视、互联网等大众传播媒介对信任的负面影响的。在利用社会资本理论分析了意大利民主化改革的绩效差异之后，帕特南又将社会资本理论运用于对美国的研究，结果表明20世纪60年代以来美国人的社会信任在不断下降，其主要原因是电视这种大众传播媒介的使用减少了人际交流的时间。帕特南认为，电视是造成美国公众参与及社会信任下降的主要因素，他发现自20世纪60年代以来，美国人在时间利用方面最大的变化是花在看电视上的时间大大增加了，与此同时，人们脱离了许多其他形式的社会活动。那些把大量时间用于看电视的人既没有时间也缺少热情去做其他的事情，他们只是坐在家里的电视机前面而不是参与社团活动。而且，电视作为一种大众媒介所播放的内容会使人们肤浅，电视剧暴力色彩较浓，新闻突出犯罪、战争及其他祸患，这使得电视观众可能合理地认为真实的世界也是残酷的，并因此会认为，“电视世界”是真实世界，从而形成“平庸世界”（mean world）的看法。帕特南发现收看电视和信任他人之间的关系呈现出明显的负相关，即看电视越多的人，对他人的信任越少。帕特南指出，美国几代靠电

---

① ［美］弗朗西斯·福山：《信任：社会美德与创造经济繁荣》，彭志华译，海南出版社2001年版，第30页。

视培养起来的人，尤其是那些看电视多而看报纸少的人，已经成为了新的厌世者，他们较少信任他人，较少加入志愿组织。①

作为一种融合了报纸、广播和电视这几种大众传播媒介功能的互联网对社会信任的影响又如何呢？帕特南认为：一方面互联网能够在无须地理位置相邻的情况下将人们联系起来，从而形成一种新的邻里关系，这是一种低成本的人人平等的沟通方式，它将很多有共同兴趣但不在同一地理位置的人联系起来，他认为，互联网这种基于文本的媒体可以打破现实社会网络中的等级关系，这可能使得网络参与更为平等。但是另一方面，帕特南发现，人们向政策制定者发送了大量充斥着废话和格式化内容的电子邮件，而与此同时他们也会收到大量政治信息，问题是人们可能不会看这些信息，也可能不会相信这些内容。关于互联网对社会信任的最终影响，他的答案尽管有些模棱两可，但是仍然得出结论：以计算机为中介的通信工具“阻碍了人际合作和信任”②，而且，帕特南认为，任何相信互联网能够通过其他途径恢复已丧失的社会资本的人都是盲目的乐观主义者。

关于互联网对社会信任的影响，福山（Fukuyama）也表达了与帕特南类似的观点，当互联网的出现打破了传统大型组织机构的等级权威制以后，很多互联网的热心宣扬者对这一现象表示欢迎，福山给这种盲目乐观的情绪泼了一盆冷水。他指出，由于存在集体行动的困境，社会组织的维系主要依靠两种机制：一种是等级的权威，一种是人与人之间的信任。等级权威通过制定公平的规则，并惩罚那些机会主义者来防止集体成员“搭便车”的行为，而信任依赖于人们共同遵守规则的信念来克服集体行动困境。福山认为，在没有这两种机制的情况下组织很难形成。现在互联网打破了组织的等级权威，但是却又无法建立组织成员间的信任关系，所以自发组织将会很快产生的迹象是不明朗的。因为信任是由文化决定的，不可能像人力资本那样来通过投资而获得，而互联网本身对于信任的培养没有直接帮助。福山指出：“信任不会存在于集成电路之中，也不存在于光纤电缆中。尽管这涉及到信息的交换，但是信任并不分解成信息。一个‘虚拟’的公司可以从网络上收集大量有关供应商和承包商的信息，但是

---

① Putnam, Robert. Bowling Alone: Americans Declining Social Capital, *Jounral of Democaracy*, 1995, 6 (1), pp. 65 – 78.

② Putnam, Robert, *Bowling Alone*: *The Collapse and Revival of American Community*, New York: Simon and Schuster, 2000, p. 176.

如果这些相关公司都是无赖或是骗子的话，公司不仅要花费钱财尽可能地使合同严谨、无懈可击，而且商业活动将更倾向于在公司内部完成，旧的等级制度将继续保留。”[①] 所以技术本身对信任的培养是没有直接帮助的，相反，组织的信任状况决定了组织对技术的运用情况。“一个大型等级机构转向灵活的网络式小公司的能力将取决于信任的程度，以及它所处社会的社会资本的情况……一个信任程度非常低的社会将永远无法利用信息技术带来的便利。”[②]

虽然互联网对信任的影响从理论上看，既可能是正面的促进作用，也可能起到负面的阻碍作用，但经验研究结论倾向支持互联网的使用会提高公民信任的这一结论。沙阿等人研究了互联网使用对公民信任及公民参与的影响，结果发现在控制了人口学变量、环境和传统媒体使用变量的影响之后，同年龄组的人群中使用互联网进行信息交换（不是社会休闲娱乐和商务活动）与人际间信任、公民参与之间有显著的正面关系。[③]

四　网络使用、政治兴趣与政治参与

政治兴趣是政治参与最稳定的促进因素，对政治感兴趣的人很可能会积极参与政治活动。如果互联网能够改变人们的政治态度、激发以前对政治不感兴趣者的参与兴趣的话，那么互联网就不仅能增加政治参与的总量，而且能够缩小因政治兴趣差异而形成的参与差距问题。

关于媒体使用、政治兴趣与政治参与的关系，西方学者形成了两种不同的观点。一种观点认为，媒体（传统媒体和互联网）不仅可能通过为公众提供了必需的政治信息而促进政治参与，而且还可能通过激发公众的政治兴趣而提高政治参与率，这种观点认为，作为一种新型的信息通信工具，互联网使得人们能够以最小的成本迅速获取一系列相关的政治信息，也能够很方便地让使用者发布能被全国甚至全世界看到的政治信息。互联网上文本加视听的信息组合方式，能够提高使用者对信息内容的兴趣、加深对内容的理解，从而激发人们的政治关注度，并进而能够促进人们广泛

---

① ［美］弗朗西斯·福山：《信任：社会美德与创造经济繁荣》，彭志华译，海南出版社2001年版，第29页。

② 同上书，第29—30页。

③ Shah, D. , N. Kwak and R. Holbert, “Connecting” and “Disconnecting” with Civic Life: Patterns of Internet Use and the Production of Social Capital, *Political Communication*, 2001, 18, pp. 141 - 162.

地参与政治活动。[①]

而另一种观点则认为，互联网的使用本身并不能激发人们的政治兴趣，当然也无法相应提高政治参与率。这种观点认为，互联网要成为促进公民政治参与的因素，取决于大量公民愿意利用这种非同寻常的新工具来参与有意义的政治对话，愿意成为见多识广的选民，愿意更多地参与公民生活。然而现有证据表明，那些利用互联网积极主动收集政治信息、表达观点的人，往往就是那些已经对政治感兴趣并已经积极参与过政治的人。对于这样的群体来说，作为一种便利的信息通信工具，互联网能够帮助他们更加有效地收集信息、与决策者互动，甚至改变政策，因而互联网的使用能够促进他们更多地参与政治活动。[②] 但是，这不是因为互联网的使用增加了他们的政治兴趣，而是相反，是因为他们对政治感兴趣，所以才会积极寻找一切有利条件参与政治活动，这其中就包括互联网这一工具。而对于那些对政治不感兴趣的人来说，他们不会仅仅因为一种技术创新而突然变得对政治感兴趣，并积极参与政治。他们只会主动避开互联网上相关的政治内容，而不会出于为政治参与服务的目的来使用互联网，这就是互联网的又一道“数字鸿沟”——“使用鸿沟”[③]，也是互联网要成为扩大政治参与的渠道、缩小政治参与差距的工具所必须克服的第三道“数字鸿沟”。

关于为什么对政治感兴趣、已经积极参与过政治的人，会进一步主动利用互联网来扩大自身的政治参与，而对政治不感兴趣的人却可能会避开互联网上的政治信息这一问题。“使用与满足”（uses and gratifications model）理论提供了一种解释。这一理论是用来回答大众传播中受众为什么要接触大众传播媒介、这种接触又会产生什么作用的理论。根据这一理论，受众接触或者说“使用”某种大众传播媒介，是为了满足自我的某种“需要”。早期的大众传播研究，仅仅将传播视为一个传播者主动发布信息而受众被动接受信息的过程，这种先决的主从位置引起了一些研究者的质疑。从 20 世纪 40 年代开始，研究人员越来越关注受众在接受大众媒

---

① Graber, Doris A., *Processing Politics: Learning from Television in the Internet Age*, Chicago: University of Chicago Press, 2001, p. 25.

② Davis, Richard, *The Web of Politics: the Internet's Impact on the American Political System*, New York: Oxford University Press, 1999, p. 23.

③ Van Dijk, Jan and Kenneth Hacker, The Digital Divide as a Complex and Dynamic Phenomenon, Special Issue: Remapping the Digital Divide, *The Information Society*, 2003, 19, pp. 315 – 326.

介时的主动性。“使用与满足”理论由此萌芽，“该模式专门关注受众如何使用媒体内容来实现需求或者获得满足”[①]。“使用与满足”理论的一个基本假设是：在接受信息的过程中，受众是积极的。不管媒介播发什么内容，他们都会根据以往的媒体使用体验而有选择地利用节目内容。“使用与满足”理论指出了这样一个事实：许多受众在接受大众传播信息之前就已经具有了一个先入为主的愿望，这种愿望促使受众有选择地接受能够满足自己愿望的信息，也主动避开某些媒体信息。

一些研究也证实了“使用与满足”效应的存在，研究人员温纳（Wenner）[②] 检验了影响媒体使用和政治参与的因素，发现缺乏兴趣、对媒体信息有异议及感到无聊是人们避开政治新闻的重要因素，这个研究是建立在对电视这种媒体工具基础上的，研究人员将这些早期研究成果运用到对互联网的研究后发现，互联网将扩大参与者和不参与者之间已经存在的参与鸿沟，由于互联网提供了一种新的政治信息来源，使得那些对政治感兴趣的人可以找到进一步促进参与的信息，而那些对政治不感兴趣的人将回避互联网上可以获得的政治信息。但也有研究结论认为，公众可以从包括报纸、广播、电视和互联网在内的各种媒体资源学习政治知识，长期来看，媒体将会提高政治兴趣和参与意愿，因为政治兴趣、政治参与和从媒体中学习三者之间是可以相互促进。[③]

根据前面两节的理论分析，可以将互联网影响政治动机分布进而影响政治参与的关系用图 3－2 简略地描述出来。这一关系中，因变量是政治参与，包括线下政治参与和网络政治参与两大类；自变量包括由政治效能感、政治信任、政治知识、政治兴趣和社会信任构成的政治动机。获取网络政治新闻、参与网络政治讨论和获取线下政治新闻、参与线下政治讨论三组变量，这三组变量都可能会对网络政治参与和线下政治参与产生影响，其中，获取网络政治新闻、参与网络政治讨论和获取线下政治新闻、参与线下政治讨论这两组变量，还可能通过直接影响政治动机而间接影响政治参与行为，控制变量是由教育和收入这两个社会经济地位变量与性别

① ［英］丹尼斯·麦奎尔、［瑞典］斯文·温德尔：《大众传播模式论》第 2 版，祝建华译，上海译文出版社 2008 年版，第 116 页。

② Wenner, L. A. Political News on Television: A Reconsideration of Audience Orientation, *Western Journal of Speech Communication*, 1983, 47, pp. 380－395.

③ Weaver, D. H. What Voters Learn from Media, *Annual of the AAPSS*, 1996, July, pp. 34－47.

和年龄这两个社会统计学变量组成的公民个体特征变量，这一组变量既可能直接影响公民政治参与行为，也可以通过间接影响政治动机、获取网络政治新闻、参与网络政治讨论和获取线下政治新闻、参与线下政治讨论这三组变量而间接影响政治参与行为。当然，变量之间的这种影响关系只是根据理论分析推断出的可能影响，是否真实存在，具体如何影响，还需要接受经验数据的检验。本章第三节将利用调查数据运用统计方法对这一关系进行实证分析。

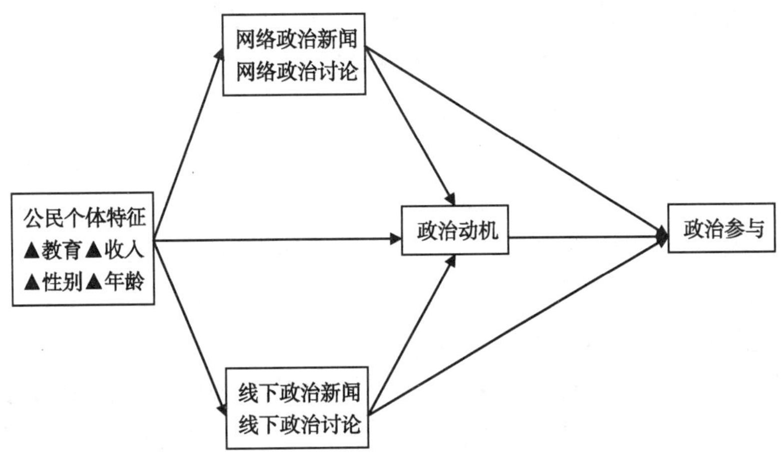

图 3－2　互联网、政治动机与政治参与的关系

第三节　互联网、政治动机与政治参与：实证分析

一　主要变量测量：依据、方法与结果

（一）因变量及控制变量的测量

本章根据政治参与的政治动机模型，从互联网使用影响政治动机的视角来检验互联网对政治参与的作用。本章所涉及的因变量与第二章相同，分为线下政治参与和网络政治参与两大类，具体包括参与村委会或居委会选举投票、参与人大代表选举投票、参与传统政治活动以及参与网络政治活动四种。本章所涉及的控制变量也与第二章相同，具体包括由教育程度与收入水平组成的社会经济地位变量以及由年龄与性别组成的人口特征变量两组，因变量及控制变量的具体测量依据、测量方法以及测量结果与第

二章相同。具体依据、方法和结果见第二章。

（二）自变量的测量

本章涉及的自变量包括由政治效能感、政治信任、政治知识、政治兴趣以及社会信任组成的政治动机变量，由线下政治新闻获取、线下政治讨论组成的线下媒体使用变量，以及由网络政治新闻获取、网络政治讨论组成的网络媒体使用变量共三组，具体测量依据、测量方法及测量结果如下。

1. 政治效能感

政治效能感的测试量表最早由美国密歇根大学调查研究中心（SRC）于 1952 年设计出来，在随后多年的运用中经过了严格的检验，现已得到政治学者的普遍赞同。这套量表测量题目包括四个负面陈述：第一，有时政治和政府看起来很复杂，像我一样的人很难了解；第二，投票是像我这样的人能够对政府运作发表看法的唯一方式；第三，我认为政府根本不会关注像我这样的人的想法；第四，像我一样的人根本无法影响政府的行为。上述问题的答案均采用"同意"与"不同意"两个选项，回答不同意则被认为是具有政治效能感。① 这套问卷经过多次的修订后，现已成为经验研究中政治效能感测量的模板，不仅在美国的选举研究中广泛应用，而且在其他欧洲国家也比较适用。中国台湾学者将这套问卷进行修订后运用于本土民众的测试，也得到比较好的效果。台湾的这组标准化题目包括三个子题目：第一，像我这样的人对政府作为没有任何的影响力；第二，我认为政府官员不会在意像我一样的人的想法；第三，有时候，政治太复杂，不是像我一样的人能够理解的。在这 3 个题目中，第一、二小题属于外在政治效能感，第三小题是内在效能感。答案选项包括"同意与不同意"两项。②

本书采用目前台湾学者的测量方式，使用三个负面陈述的小题目来测量政治效能感，"有时政治和政府看起来很复杂，像我一样的人是很难了解的"，"我认为政府根本不会关注像我这样的人的想法"，"像我一样的人根本无法影响政府的行为"。即从 SRC 问卷中去掉"投票是唯一的影响

---

① Abramson, Paul R., *Political Attitudes in America: Formation and Change*, San Francisco: W. H. Freeman and Company, 1983, pp. 135 – 183.

② 吴重礼、汤京平、黄纪：《中国"政治功效意识"测量之初探》，《选举研究》1987 年第 2 期。

政府的手段”这一项。备选答案为“非常不同意、不同意、无所谓、同意、非常同意”这一五分类定序选项，由于政治效能感的测量采用的是负面问题，所以在分析时对于5个选项分别反向赋值“5、4、3、2、1”，即越是不同意这些看法，表明受调查者的政治效能感越强；越是同意这些看法，表明受调查者的政治效能感越弱。第一个小题目和第二个小题目测量的是外部效能感，第三个小题目测量的是内部效能感，3个题目的内部一致性α系数达0.971，第一小题目和第二小题目的内部一致性系数为0.951。将第一小题和第二小题的得分相加后除以2作为外部效能感的测量结果。虽然这是一个定序变量，但在回归方程中将其看作一个定距变量来使用。[①]

2. 政治信任

测量政治信任与测量其他态度一样，必须有明确的对象，人们不可能只是支持或者信任。必须支持或者信任某些政治家、政治集团，程序或者制度。因此，在测量个人的政治信任水平时，需要界定要评价的是政治的哪个方面。区分政治支持不同层次最主要的理论依据是由伊斯顿（Easton）提出来的。他将人们政治支持的对象分成三个层次：第一是对政治共同体的支持，是指对政治系统的土地和社会边界的支持。第二是对政治制度支持，是指对政治制度的秩序和基本价值的支持。第三是对现任政治领导人和他们所制定政策的支持。[②] 因此，西方学者所用的政治信任测量工具一般都区分了三种不同层次的信任对象，现在使用最广泛的政治信任测量工具，最早由密歇根大学调查研究中心和政治研究中心在1964年美国全国选举研究（American National Election Studies，ANES）项目中开发出来，这些项目参考了伊斯顿的理论框架，适应了对政治支持趋势分析的需要，直到现在运用依然很广泛。

对中国公民政治信任度的测量，在跨国比较研究中一般采用国际通用的测量工具。其他情况下，国内相关学者主要侧重于测量公众对现任政府的信任，不涉及对政治制度及政治共同体信任的测量，当然在中国这三个层次的信任对象具有某种程度的内在一致性。测量工具主要是询问公民对

---

① 五分类以上的定序变量可以作为定距变量来使用。详见胡荣《农民上访与政治信任的流失》，《社会学研究》2007年第3期。

② Muller, E. N. and Jukam, T. O. On the Meaning of Political Support, *American Political Science Review*, 1977, 71, pp. 1561 – 1595.

中央、省、地市、县区、乡镇五级党委和政府部门的信任，胡荣的研究发现，中国公民的政治信任水平随着对象的不同而变化，信任水平从中央到地方自上而下逐渐减少，对党中央和国务院的信任度最高，对乡镇党委和政府的信任度最低，[①] 但也有以大学生为对象的调查发现，他们对各级党委和政府的信任水平没有明显区别。[②]

本书采用胡荣的测量工具，[③] 通过询问受调查者以下五个问题来测量公民的政治信任度：您对中国以下各级党委政府的信任程度如何：对党中央国务院、对所在地省委省政府、对所在地市（地区）委市政府、对所在地县/区委县政府、对所在地乡镇/街道党委政府。供选择的答案有五项："很低、较低、一般、较高、很高"。计量分析中五个选项依次赋值"1、2、3、4、5"。得分越高表示对政府的信任度越高。最终测量结果如下：五个选项的内部一致性效度检验 α 系数为 0. 916，将 5 个题目进行因子分析，结果显示 KMO 度量值为 0. 856，Bartlett 球形度检验近似卡方为 5124. 863，相伴概率小于 0. 001。这一结果表明可以进行因子分析，以特征值大于 1 为因子提取规则，提取出 1 个公共因子，5 个题目除了"对党中央国务院的信任"题目在公共因子上的载荷为 0. 73 以外，其他各个题目的载荷量均大于 0. 86，公共因子解释了 75% 的方差，将其命名为政治信任因子。

3. 政治知识

政治信息与政治动机的其他组成成分不同，政治信息是客观知识而不是主观看法。政治知识工具所要测量的是认知性知识而不是政治情感、态度。一般来说，根据知识内容的范围，可以将政治知识分成一般性政治知识和特殊性政治知识两种。[④] 一般性知识或者称长期性知识是指人们可能从书本学来的知识，包含着相当长时期内不会变化的内容，如国家的首都在哪里，国旗是什么等，这些知识个人一旦知道，就可以长期拥有而不必更新。相反，特殊性知识代表特殊规划、政策及问题事实等政策性知识或者特殊领域知识，如政府预算中用于公共服务的比例等。一般知识的测量

① 胡荣：《农民上访与政治信任流失》，《社会学研究》2007 年第 3 期。

② 王正祥：《传媒对大学生政治信任和社会信任的影响研究》，《青年研究》2009 年第 2 期。

③ 胡荣：《农民上访与政治信任流失》，《社会学研究》2007 年第 3 期。

④ Delli Carpini, Michael X. , and Scott Keeter, *What Americans Know About Politics and Why It Matters*? New Haven: Yale University Press, 1996.

有很广泛的效度，因此使用很频繁，但是这类知识有一个重要的局限，那就是一般性知识一旦获得后一般几年、十几年、几十年都不需要更新，而这些一般性政治知识对于公众具体的政治参与行为可能帮助不大；相反，特殊性知识由于它主要是有关现行政策、最新社会问题的内容，对公众参与政治活动帮助可能更多。因此，政治测量中一般侧重测量公众的特殊性知识，这些知识公众能否获得正确答案，主要依赖于他们最近接触媒体的情况，而不是很多年前从书本上学到的东西。最近接触媒体较多，就可能回答正确；接触媒体较少，就可能很难得出正确答案。

根据政治信息测量的以上理论，维巴在研究测量政治知识时使用了8道题目，其中3个检测的是公共官员的名字、5个检测的是政府及政治知识。① 国内部分学者测量政治知识时没有将政治知识与政治信念作区分，在政治知识的测量中包含了大量的政治信念、政治态度问题，实际上这类题目本身是没有对错可言的，不能说按照某一标准回答一种政治态度是正确的，回答另一种政治态度就是错误的。如“公民不应该只关心个人问题，更应该关心国家大事”等规范命题，这类题目作为测量政治知识的工具，起码其内容效度是很低，也就是说，问卷所测量的内容不是调查者想要测量的内容。本书根据以上政治知识测量的理论，仿照维巴的政治知识测量工具，设计了8道题目来测量受调查者的政治知识水平，其中4道题测量的是公众对现任主要政治人物的了解，另外4道测量的是公众对中国政治系统结构及运行过程的了解，具备这些知识对公众有效参与政治活动来说是很必要的。每道题回答正确计1分，回答错误计0分，8道题的内部一致性效度检测α系数为0.698，将这8道题的得分加总得到受调查者的政治知识总分。

4. 政治兴趣

政治兴趣的测量工具有很多种，本书采用维巴的测量工具，这个测量简单而直接：用两个题目分别询问受调查者对国家政治与地方事务是否感兴趣的，备选项目有五个，“一点也不感兴趣、不太感兴趣、无所谓、有些感兴趣、非常感兴趣”，分别赋值“1、2、3、4、5”。2个测量题目的内部一致性检验结果表明效度较高，α系数为0.94，计量分析中将这2个题目的得分相加除以2就是受调查者的政治兴趣最后得分。

① Verba, Sidney, K. L. Schlozman and H. E. Brady, *Voice and Equality: Civic Voluntarism in American Politics*, Cambridge, MA: Harvard University Press, 1995, p. 347.

5. 社会信任

社会信任的对象是非政治组织和个人，按照信任对象不同，艾里克·乌斯拉纳进一步将社会信任分为特殊信任和普遍信任两种不同的结构。特殊信任是指对与自己有较亲密关系的人的信任，如对自己的家人、亲戚、朋友的信任；普遍信任是指对社会上与自己没有什么关系的一般人的信任。①

关于中国人的信任结构，韦伯认为，中国人的"一切信任、一切商业关系的基石明显地建立在亲戚关系或者亲戚式的纯粹个人之上"②，是建立在血缘共同体基础之上的难以普遍化的特殊信任。福山也指出，"华人本身强烈地倾向于只信任与自己有血缘关系的人，而不信任家庭和亲属以外的人"，并认为这样的低信任社会文化不利于企业走向专业管理。③王飞雪和山岸俊男也基本持这一观点，他们认为："中国是一个低信任社会，其根源在于强烈的相互依恋关系起着支配性作用。"④ 不过与韦伯、福山相比较而言，他们考虑到了信任的复杂性。这意味着中国人信任的对象是家族、宗族成员，是一种特殊信任，而对未置身于此种关系的"外人"是普遍的不信任。但李伟民、梁玉成，以及王绍光、刘欣则对此观点有不同的看法，他们认为，中国人不仅信任与自己具有血缘家族关系的人，而且也信任与自己有密切交往的个人，中国人的信任中包含有以观念信仰为基础建立起的普遍信任。⑤

对社会信任的测量，本书采用胡荣和王正祥的测量方法，⑥ 把社会信任操作化为，人们对他们日常生活工作中所接触对象以及社会上一般人的信任，直接询问受调查者对于以下12类不同对象的信任程度：家庭成员、自家亲戚、邻居、同事、同乡、同学、朋友、熟人（交情不深的朋友）、社会

① ［美］艾里克·乌斯拉纳：《民主与社会资本》，转引自［美］马克·沃伦《民主与信任》，吴辉译，华夏出版社2004年版，第118页。

② ［德］马克斯·韦伯：《儒教与道教》，王容芬译，商务印书馆1999年版，第289页。

③ ［美］弗朗西斯·福山：《信任：社会美德与创造经济繁荣》，彭志华译，海南出版社2001年版，第74页。

④ 王飞雪、山岸俊男：《信任的中、日、美比较研究》，《社会学研究》1999年第2期。

⑤ 李伟民、梁玉成：《特殊信任与普遍信任：中国人信任的结构与特征》，《社会学研究》2002年第3期。王绍光、刘欣：《信任的基础：一种理性的解释》，《社会学研究》2002年第2期。

⑥ 胡荣：《社会资本与城市居民的政治参与》，《社会学研究》2008年第5期；王正祥：《传媒对大学生政治信任和社会信任的影响研究》，《青年研究》2009年第2期。

上大多数人、网友、产品生产商、产品销售商或服务供应商等，备选项包括“很低、较低、一般、较高、很高”五项，分别赋值“1、2、3、4、5”。12 个题目的内部一致性检测 α 系数为 0.942，因子分析检测结果显示 KMO 度量值为 0.915，Bartlett 球形度检验相伴概率远小于 0.001。这一结果表明可以进行因子分析，将这 12 个题目进行因子分析，以特征值大于 1 为提取因子的规则，共提取出 2 个因子，共解释了 77.2% 的方差，以最大方差法进行因子旋转。结果显示：第一个因子主要负载了对家庭成员、自家亲戚、邻居、同事、同乡、同学、朋友的信任，第二个因子主要负载了对熟人(交情不深的朋友)、社会上大多数人、产品生产商、产品销售商或服务供应商的信任。2 个因子正好说明了中国公民的信任结构按照信任对象，可以分为普通信任和特殊信任两种，而不仅仅只有一种特殊信任，将这两个因子分别命名为特殊信任因子和普遍信任因子。

6. 线下政治新闻获取

在现代社会中，报刊、广播、电视、互联网等大众传媒是人们获取新闻的主要渠道，根据研究目的，本书按照人们获取新闻的不同媒体渠道，将人们获取新闻的途径分为线下途径和网络途径两大类。相对于通过互联网获取新闻来说，通过报纸、广播、电视等传统媒体渠道获取新闻的行为本书称为线下新闻获取，虽然强大的信息功能使得更多的人转向互联网去获取新闻，但是受限于“数字鸿沟”的影响，今天传统媒体仍然是人们获取新闻的重要渠道。新闻有很多种类，对于激发人们政治兴趣、引起人们政治参与行为来说，重要的是政治类新闻，因此本书主要测量人们获取政治新闻的情况。

线下政治新闻获取情况的测量方法，是询问受调查者在过去一个月内通过报纸、广播、电视等新闻媒体了解政治新闻的频率是多少，具体包括通过电视收看中央政府和政治新闻、通过电视收看地方政府和政治新闻、通过广播收听中央政府和政治新闻、通过广播收听地方政府和政治新闻、阅读报纸上有关中央政府和政治的新闻、阅读报纸上有关地方政府和政治的新闻等 6 个问题，备选答案是“没有、很少、有时、经常、总是”五分类定序选项。6 个题目的内部一致性检验系数 α 为 0.945，因子分析检验 KMO 度量值为 0.917，Bartlett 球形度检验近似卡方为 10522.279，相伴概率远小于 0.001。这一检验结果表明这 6 个题目可以进行因子分析，以特征值大于 1 为因子提取规则，提取出 1 个公共因子，6 个题目除了“通过广播收听中央政府和政治的新闻”题目在公共因子上的载荷为0.504以外，其他各个题目的载荷量均大于0.80，公共因子解释了81.32%的方差，将公共因子命名为线下政治新闻获取因子。

7. 线下政治讨论

政治讨论是指公民与日常生活中所接触对象之间有关政治议题的讨论，通过政治讨论，人们可以了解政治信息，交流政治观点，因而可以促进他人参与政治活动。根据本书的研究目的，将政治讨论分为线下政治讨论和网络政治讨论两种。线下政治讨论是指公民在现实生活中，与自己社会网络中的成员所进行的政治讨论。对于线下政治讨论的测量，本书将其操作化为，受调查者与其生活工作中所接触对象之间，通过各种非互联网方式进行政治讨论的频率，用7个小题目询问受调查者有没有和家庭成员、亲戚、邻居、同学、朋友、熟人（交情不深的朋友）以及陌生人这7类人群，通过面对面、打电话、发短信或写信的方式，讨论国内政治或时事问题，备选答案包括“没有、很少、有时、经常、总是”这个五分类定序变量，分别赋值“1、2、3、4、5”。7个小题目的内部一致性α系数为0.975，因子分析前的检验结果是KMO度量值0.920，Bartlett的球形度检验也很显著。这一检验结果说明适合做因子分析，以特征值大于1为因子提取标准，提取出一个公共因子，这一公共因子解释了89.85%的方差，将因子命名为线下政治讨论。

8. 网络政治新闻获取

网络政治新闻获取是相对于线下政治新闻获取而言的，是指通过互联网渠道获取政治新闻的状况。对网络政治新闻获取的测量，主要是询问受调查者在过去一个月内使用互联网了解政治新闻的频率，具体包括受调查者浏览政治新闻网页及访问政府部门网站这两种行为的频率，备选答案是“没有、很少、有时、经常、总是”，分别赋值“1、2、3、4、5”。2个题目的内部一致性系数α为0.902，将这2个题目的得分相加除以2得到受调查者获取网络新闻的情况。

9. 网络政治讨论

网络政治讨论是相对于线下政治讨论而言的，是指通过互联网渠道进行的政治讨论，包括通过电子邮件、网络聊天室、BBS、各种即时通信工具如QQ等方式进行的政治讨论。与线下政治讨论相对应，本书将网络政治讨论的测量操作化为，询问受调查者平时和日常生活中所接触的对象，通过互联网方式（如电子邮件、聊天室、QQ 等），讨论国内政治或时事问题的频率，这些对象具体包括家庭成员、亲戚、邻居、同事、朋友、熟人（不太亲密的朋友）、陌生人等 7 类人群。备选答案包括“没有、很少、有时、经常、总是”这个五分类定序选项，分别赋值“1、2、3、4、5”分。7 个小题目的内部一致性系数 α 为 0.933，因子分析检验结果 KMO 度量值 0.891，Bartlett 的球形度检验很显著。这一检验结果说明适合做因子分析，以特征值大于 1 为因子提取标准，提取出了一个公共因子，公共因子解释了总方差的 77.31%，将公共因子命名为网络政治讨论因子。本章所涉及主要变量测量层次及主要统计量见表 3－1。

表 3－1　　第三章主要变量测量层次及主要统计量

变量性质	变量名称		变量类型	变量编码	统计量	
					平均值	标准差
因变量	人大代表选举投票		两分类变量	1＝投票，0＝未投票	0.61	0.49
	村委会、居委会投票		两分类变量	1＝投票，0＝未投票	0.71	0.46
	传统政治参与		连续性变量		45.74	34.61
	网络政治参与		连续性变量		46.10	38.73
自变量	政治动机	外部效能感	连续性变量		2.65	1.39
		内部效能感	连续性变量		3.08	1.389
		政治信任	连续性变量		0	1
		政治知识	连续性变量		4.61	1.97
		政治兴趣	连续性变量		2.76	1.28
		普遍信任	连续性变量		0	1
		特殊信任	连续性变量		0	1
	线下信息讨论	线下政治新闻	连续性变量		0	1
		线下政治讨论	连续性变量		0	1
	网络信息讨论	网络政治新闻	连续性变量		2.68	1.48
		网络政治讨论	连续性变量		0	1
控制变量	社会经济地位	教育程度	6 分类有序变量	1＝小学及以下，2＝初中，3＝高中，4＝大专，5＝本科，6＝研究生及以上	3.94	1.41
		收入水平	连续性变量	受访者家庭月收入（元）	1904.16	1591.63
	人口统计变量	性别	两分类变量	1＝男性，0＝女性，	0.55	0.498
		年龄	连续性变量	2010 年减去出生年份	41.58	11.24

二　主要研究结果

（一）个体特征对政治动机的影响

个体特征对政治动机的影响：多元回归分析。政治动机可能是影响政治参与的一个重要因素，要从政治动机角度探讨互联网对政治参与的影响，首先要知道影响政治动机的因素有哪些，哪些人的政治动机可能较高，哪些人的政治动机可能较低。下面通过多元回归分析来检验在同时控制了教育、收入、学历及性别等因素影响的情况下，个体特征变量与政治动机的关系，回归分析以性别、年龄、教育程度、收入水平为自变量，分别以外部效能感、内部效能感、政治信任、政治知识、政治兴趣、普遍信任和特殊信任这7项政治动机指标为因变量，回归分析的结果见表3-2。

表3-2　　　个体特征因素对政治动机影响的多元回归分析

	外部效能感	内部效能感	政治信任	政治知识	政治兴趣	普遍信任	特殊信任
性别a	0.035***	0.086***	-0.063*	0.106***	0.104***	0.138***	-0.006
年龄	0.210**	0.209***	0.203***	0.049*	0.229***	-0.158***	0.351***
学历	0.436***	0.421***	0.402***	0.448***	0.447***	-0.124**	0.386***
收入	0.461***	0.402***	0.264***	0.379***	0.399***	0.328***	0.222***
N	1151	1151	1140	1154	1154	1112	1112
F统计值	399.619***	409.061**	358.496***	304.360***	444.360***	130.965***	356.897***

注：1. 表内数字为标准化回归系数。

2. a参考类别是女性。

3. *表示 $p<0.05$，**表示 $p<0.01$，***表示 $p<0.001$。

从表3-3回归分析结果可以看出，在控制了其他因素的情况下，教育、收入、年龄和性别，都对外部效能感、内部效能感、政治信任、政治知识、政治兴趣、普遍信任、特殊信任等政治动机因素有显著的影响。

性别、年龄、学历及收入，与外部效能感、内部效能感、政治知识及政治兴趣的关系在统计上十分显著，而且标准化回归系数都是正数，说明受教育程度越高、收入水平越高的人，其外部效能感越强、内部效能感越强、政治知识越丰富、政治兴趣越高；男性的外部效能感和内部效能感比女性强，政治兴趣比女性高，政治知识比女性丰富；中老人的外部效能感、内部效能感比年轻人强，政治兴趣比年轻人高，政治知识比年轻人丰富。

性别、年龄、学历及收入，与政治信任、普遍信任及特殊信任的关系也十分显著。从性别、年龄、学历及收入与政治信任的关系看，年龄、学历与收入对政治信任的回归系数都是正值，意味着它们对政治信任都有正面影响，但性别的标准化回归系数是负值，意味着女性的政治信任度要比男性高。从性别、年龄、学历及收入与普遍信任的关系看，四个特征变量与普遍信任的关系在统计上都相当显著，性别及收入对普遍信任的回归系数为正值，说明这两者都和政治信任有正面联系，年龄和学历与普遍信任的回归系数为负值，也就是说，年轻人的普遍信任高于中老年人，学历层次较低的人群的普遍信任度高于学历层次较高的人群。从性别、年龄、学历及收入与特殊信任的关系看，性别、学历及收入对特殊信任的标准化回归系数在统计上均相当显著，且均为正数，这说明这三者与特殊信任都有正面联系。性别对特殊信任的标准化回归系数不显著，这说明性别与特殊信任之间没有关系，即女性和男性在对与自己有特殊关系人群的信任方面没有区别。

总体来看，在同时考虑性别、年龄、教育、收入这 4 个变量的情况下，它们与 7 项政治心理动机指标的关系依然十分显著。这里值得注意的是，教育层次和收入水平与外部政治效能感、内部政治效能感、政治知识、政治兴趣及政治信任的关系显著为正，而外部政治效能感、内部政治效能感、政治知识、政治兴趣及政治信任，是促进政治参与最显著的政治动机指标，特别是政治兴趣和政治效能感对政治参与的影响最大，教育及收入与这些政治动机指标的正面联系说明，基于教育和收入的社会分层，不仅可以通过影响人们的政治资源而形成政治参与差距，而且还可以影响人们参与政治的心理动机，从而进一步影响政治参与行为。

（二）政治动机对政治参与的影响

政治动机有不同的组成部分，政治参与也分为不同的类型，这些不同的政治动机变量是否都对政治参与有明显影响？政治动机是否影响所有类型的政治参与活动？如果是这样，它们又会如何影响政治参与？为了解答这些问题，下面本节将分别检验政治动机因素对政治参与行为的影响，首先检验政治动机对投票行为的影响，包括对参与村委会或居委会投票及参与人大代表选举投票的影响，然后再检验政治动机对传统政治参与行为及网络政治参与活动的影响。

1. 政治动机对投票参与的影响

统计回归模型设置。为了检验政治动机因素对参与投票行为的影响，下面将采用Logistic回归模型，分别估计个体特征变量和政治动机变量，对参与村委会或居委会投票行为及参与人大代表投票行为的影响，为此总共设置了4个Logistic回归模型：模型Ⅰ的因变量是参与村委会投票，自变量是性别、年龄、学历和收入4个特征变量；模型Ⅱ的因变量也是参与村委会或居委会投票，它在模型Ⅰ的基础上引入外部效能感、内部效能感、政治信任、政治知识、政治兴趣、普遍信任、特殊信任等7个政治动机变量，以在模型Ⅰ的基础上判断政治动机因素将如何影响参与村委会或居委会投票；模型Ⅲ的因变量是参与人大代表选举投票，自变量也是4个个体特征变量；模型Ⅳ在模型Ⅲ的基础上同样增加了7个政治动机变量，以检验政治动机因素如何影响参与人大代表选举的行为。回归模型估计的结果见表3－3。

表3－3　　政治动机对参与投票影响的Logistic回归分析

自变量与控制变量	村委会或居委会选举投票		参与人大代表选举投票	
	模型Ⅰ	模型Ⅱ	模型Ⅲ	模型Ⅳ
个体特征				
性别a	0.407**	0.034	0.627***	1.012***
年龄	0.029***	0.013	0.052***	0.032***
学历	0.336***	0.002	0.560***	0.365***
收入	0.001	0.001***	0.001	0.001*
政治动机				
外部效能感	—	－0.135	—	0.995***
内部效能感	—	－0.145	—	0.126
政治信任	—	－0.214	—	0.575***
政治知识	—	0.263**	—	0.253***
政治兴趣	—	0.921***	—	0.793***
普遍信任	—	0.003	—	－0.055
特殊信任	—	0.174	—	0.043
常量	－1.780***	－1.961**	－3.820***	－1.589**
N	1080	1080	1069	1069
似然估计值	1221.134	1122.180	1247.798	1171.665
卡方检验	25.725	53.442	64.579	26.522

注：1. 表内数字为非标准回归系数。

2. a参考类别是女性。

3. *表示 $p<0.05$，**表示 $p<0.01$，***表示 $p<0.001$。

个体特征对参与村委会或者居委会选举投票的影响。模型Ⅰ估计的是个体特征变量对参与村委会或者居委会投票的影响，从模型估计的回归系数可以看出，性别、年龄、学历与参与投票行为之间正面关系在统计上相当显著，而收入对参与村委会或居委会选举投票的影响不显著。这一结果与第二章模型估计的结果是一致的。模型Ⅱ在模型Ⅰ的基础上引入7项政治动机变量，从系数估计的结果看，7项动机变量中，只有政治知识和政治兴趣两个变量的回归系数在统计上显著，而且是正数，这说明政治知识与政治兴趣对参与村委会或居委会选举投票有明显的促进作用，政治知识越丰富、政治兴趣越高，参与村委会或居委会选举投票的可能性越大，而其他5项动机变量的回归系数在统计上均不显著，表明这些心理因素对是否参与村委会选举投票没有影响。

个体特征对参与人大代表选举投票的影响。模型Ⅲ估计的是个体特征变量对参与人大代表选举影响的情况，回归系数显示，教育、性别、年龄对参与人大代表选举正面影响显著，而收入高低则没有影响，这一结论与参与村委会选举投票的结果是一致的。模型Ⅳ在模型Ⅲ的基础上引入7项政治动机变量，回归结果表明，外部效能感、政治信任、政治知识及政治兴趣4项心理变量，对参与人大代表选举正面影响在统计上显著，其他心理动机变量对参与人大代表选举没有明显影响。

总的来看，就政治动机对投票参与的影响来说，政治知识与政治兴趣对于参与两类投票行为都有正面促进作用，这是因为相对于其他政治参与活动来说，投票参与是所需成本最小的、同时也是选择性收益最小的一种政治活动，[①] 在很少甚至不能带来直接利益的情况下，人们依然选择参与投票，其中政治知识和政治兴趣所起的作用不能忽视。

2. 政治动机对传统政治参与和网络政治参与的影响

统计模型设置。为了进一步检验政治效能感、政治信任、政治知识、政治兴趣、社会信任等政治动机变量与传统政治参与及网络政治参与的关系，下面将运用多元回归模型，来估计个体特征变量及政治动机变量，对传统政治参与及网络政治参与的影响。

多元回归模型因变量是传统政治参与及网络政治参与，自变量包括两组：第一组是由教育、收入、性别和年龄组成的个体特征控制变量；第二

① Verba, Sidney and Norman H. Nie, *Participation in America: Political Democracy and Social Equality*, New York: Harper and Row, 1972, pp. 47 – 51.

组是由外部政治效能感、内部政治效能感、政治信任、政治知识、政治兴趣、普遍信任、特殊信任等组成的政治动机变量。在分析中，运用普通最小二乘法（OLS）方法同时估计了四个多元回归模型。模型Ⅰ的因变量是传统政治参与行为，自变量包含收入、教育、性别、年龄等4个个体特征变量，用来检验在同时控制住这些个体特征因素影响的情况下，它们与传统政治参与的关系是怎样的。模型Ⅱ的因变量也是传统政治参与行为，自变量包含收入、教育、性别、年龄等4个个体特征变量及由外部政治效能感、内部政治效能感、政治信任、政治知识、政治兴趣、普遍信任、特殊信任等组成的政治动机变量，用来检验在控制住个体特征变量影响的情况下，政治动机对传统政治参与活动的影响状况。模型Ⅲ的因变量是网络政治参与，自变量包括教育、收入、性别、年龄等个体特征变量，这一模型用来检验这些个体特征变量，在控制了其他个体特征变量影响的情况下，对网络政治参与的影响情况。模型Ⅳ的因变量也是网络政治参与，自变量包括个体特征变量及政治动机变量，这一模型用来检验在控制住个体特征变量作用的条件下，政治动机对网络政治参与的影响情况。4个回归模型估计的结果见表3－4。

表3－4　政治动机对传统政治参与和网络政治参与影响的多元回归分析

自变量与控制变量	传统政治参与		网络政治参与	
	模型Ⅰ	模型Ⅱ	模型Ⅲ	模型Ⅳ
个体特征				
性别a	0.098***	0.020***	0.032	0.0704
年龄	0.195***	0.027**	－0.140***	－0.044
学历	0.388***	0.024*	0.505***	0.4674***
收入	0.463***	0.064***	0.162**	0.1074**
政治动机				
外部效能感	—	0.323***	—	0.6314***
内部效能感	—	0.144***	—	－0.7294***
政治信任	—	0.090***	—	－0.1954***
政治知识	—	0.131***	—	－0.021
政治兴趣	—	0.345***	—	0.2924**
普遍信任	—	0.051***	—	－0.1054

续表

自变量与控制变量	传统政治参与		网络政治参与	
	模型Ⅰ	模型Ⅱ	模型Ⅲ	模型Ⅳ
特殊信任	—	-0.107***	—	-0.041
N	1059	554	—	—
F统计值	472.467***	1955.299***	35.190***	78.251***

注：1. 表内数字为标准化回归系数。

2. a参考类别是女性。

3. *表示 $p<0.05$，**表示 $p<0.01$，***表示 $p<0.001$。

个体特征对传统政治参与的影响。从模型Ⅰ的估计结果来看，在不考虑政治动机因素影响的情况下，教育、收入、性别、年龄等4个个体特征变量对传统政治参与的影响在统计上都相当显著，而且回归系数都是正值，说明它们都与传统政治参与有正面联系，而且教育和收入的回归系数绝对值要大于年龄和性别的回归系数绝对值，说明教育和收入对传统政治参与的影响要大于年龄和性别因素的影响，社会经济地位的差异是造成人们传统政治参与差异的主要原因。

政治动机对传统政治参与的影响。模型Ⅱ在模型Ⅰ的基础上引入了7项政治动机变量，从模型估计结果来看，7项政治动机变量与传统政治参与的回归系数在统计上都相当显著。除了特殊信任的回归系数为负值外，其他6项的回归系数都是正值，说明这些心理动机变量都对政治参与有正面促进作用。其中政治兴趣、外部政治效能感的系数远大于其他几个心理动机的回归系数，说明在其他条件相同的情况下，政治兴趣和外部政治效能感是影响个人是否参与传统政治活动的主要因素。这一估计结果与维巴的研究结果也是一致的，他的研究结果表明，影响公民是否参与政治活动的最主要的心理动机因素是政治兴趣，[①] 除了政治兴趣和外部政治效能感以外，对公民是否参与传统政治活动有较大影响的因素，还有内部政治效能感和政治知识，内部政治效能感是公民对自身影响政治能力的自我评价，内部政治效能感低就意味着对自己影响政治能力的自我认知很低，对自身参与能力的不自信就可能造成较低的参与。政治知识对传统政治参与这类非选举性参与来说也是很重要的影响因素之一，因为不同于投票参与

① Verba, Sidney, K. L. Schlozman and H. E. Brady, *Voice and Equality: Civic Voluntarism in American Politics*, Cambridge, MA: Harvard University Press, 1995, p. 359.

这种制度化程度很高的参与形式，它的很多程序都是由选举组织者事先安排好了，选民不需要多大的主动性。传统政治参与的制度化程度较低，有些甚至是非制度化参与，所以传统政治参与所需要的主动性很高，由于参与活动都是有成本的，如果不想出现劳而无功的情况的话，一定的政治知识就显得比较重要了。

政治信任对传统政治参与有一定正面影响。政治信任表示公众对政府部门、政治制度和政治共同体的支持和赞同的心理状态，与较高政治信任相联系的政治参与活动一般是一些对政治系统的支持性行为，如向有关政府部门提出一些建设性的建议等；相反，如果政治信任度低的话，往往就意味着对政府的不支持，其表现一般为对政治参与的冷漠，有时也可能会出现非制度性参与行为，甚至是非法参与行为。

普遍信任对传统政治参与也有一定正面影响。普遍信任和特殊信任是社会信任的两个组成成分。但回归分析的结果显示两者对传统政治参与的回归系数值一个为正数，另一个为负数，这表明两者对传统政治参与的影响方向刚好相反：普遍信任度越高，参与政治活动的可能性越大；而特殊信任度越高，参与传统政治活动的可能性越低。

在帕特南的社会资本理论中，他认为，人们的横向社会网络越密集，社会信任度越高，就越能克服集体行动的困境，促进人们广泛地参与社会活动。但是他后来也注意到社会资本并不总是都能促进社会参与，实际上存在两者不同性质的社会资本，他分别称为作为“桥梁”（bridge）的社会资本和作为“纽带”（bonding）的社会资本。前一种社会资本能够促进群体内的成员与外界的沟通和交往；而后一种社会资本只能加强群体内部的沟通和联系，对于群体与外界的沟通则有限制作用，比如一些秘密组织中的社会资本。与前一种社会资本相联系的社会信任就是通常所说的普遍信任，它是指对社会上一般人的信任，这种信任是促进社会合作的润滑剂；而与后一种社会资本相联系的社会信任就是我们所说的特殊信任，它是对与自己有亲密关系的人的信任，局限于这种对象的信任不利于社会活动范围的扩展。

这一点正如乌斯拉纳所说：“在人们与陌生人相联系的相互依存的世界里，信任大多数人即普遍信任会（比特殊信任）起到更重要的作用。如果社会不只是要复制自己，如果它们要兴盛，那么它们的成员就要与其他人发生联系。而且，必须做其他人值得信任的理性博弈。在这个更广的网络中特殊信任对于社会资本将是不利的。我们需要超出我们的亲属和小集团，转而信任更大范围的人，尤其是信任那些我们不了解和那些与我们不一样的人。”① 除了特殊接触之外的传统政治参与也是一种集体性行动，需要人们相互之间的广泛合作，从特殊信任与普遍信任的不同特征来看，就比较好理解为什么普遍信任会促进传统政治参与，而特殊信任反而会不利于传统政治参与。“人际信任对于陌生人的合作来说是必要的”②，只有信任他人才会与他们合作进行参与活动，如果只是信任与自己有紧密关系的几个人，对其他大多数人都不信任的话，是不利于参与政治活动的。

个体特征变量对网络政治参与的影响。从模型Ⅲ的估计结果来看，在不考虑政治动机因素的情况下，年龄、收入与教育这 3 个个体特征变量对网络政治参与的标准化回归系数在统计上都相当显著，其中，教育与收入的回归系数是正值，说明它们与传统政治参与有正面联系。而且教育和收入的回归系数绝对值要大于年龄的回归系数绝对值，这说明教育和收入对参与传统政治活动的影响，在总体上要大于年龄因素的影响，以教育和收入为主体组成部分的社会经济地位的差异，也是造成人们网络政治参与差异的主要原因。不过年龄对网络政治参与的回归系数显著为负值，说明对于网络政治活动来说，年轻人比中老年人参与得更多，这一点与参与传统政治活动时的情况不同；在后一种情况下，年轻人比中老年人参与得更少。年轻人更多地通过网络形式参与政治活动，说明互联网可以改善传统政治参与方式中由于年龄因素而造成的参与差距。这一结论与第二章的结论是一致的。

性别因素对网络政治参与的影响。与参与传统政治活动不同，性别对参与网络政治活动的影响在统计上不显著，说明性别对网络政治参与活动没有影响，也就是说，与传统政治参与中女性参与比例要显著少于男性这一情况不同的是，就网络政治参与活动来说，女性的比例不一定会比男性少。从这一点看，互联网的使用，可能有助于缩小传统政治参与活动中由于性别差异而形成的参与差距。

政治动机对网络政治参与的影响。模型Ⅳ在模型Ⅲ的基础上引入了政

① ［美］艾里克·乌斯拉纳：《民主与社会资本》，转引自［美］马克·沃伦《民主与信任》，吴辉译，华夏出版社 2004 年版，第 114 页。

② ［美］罗纳德·英格尔哈特：《信任、幸福与民主》，转引自［美］马克·沃伦《民主与信任》，吴辉译，华夏出版社 2004 年版，第 82 页。

治效能感、政治信任等 7 项政治动机变量，从模型估计的结果看，外部效能感、内部效能感、政治信任及政治兴趣对网络政治参与的回归系数在统计上显著，其中外部效能感与政治兴趣的回归系数显著为正数，说明外部效能感越高、政治兴趣越大，参与网络政治活动就可能越多，这一点与参与传统政治活动类似。与参与传统政治活动不同的是，内部效能感与政治信任的回归系数为负值，表明内部效能感较弱、政治信任度较低的人更可能通过网络形式参与政治活动，这说明借助网络这种新的渠道，可以弥补传统政治参与中，人们因内部效能感不足和政治信任度较低而造成的参与较少的状况，从而可能有助于缩小基于这两种政治动机因素而造成的传统政治参与差距。而政治知识、普遍信任及特殊信任对网络政治参与活动的系数在统计上不显著，说明这 3 个心理动机因素对网络政治参与没有影响，这一点也与它们对传统政治参与的影响不同。

总体来看，就政治动机对政治参与的影响来说，政治知识和政治兴趣对参与村委会和居委会投票有正面影响，内部政治效能感，政治信任、政治知识和政治兴趣对参与人大代表投票有正面影响，其他心理动机变量对参与投票的影响在统计上不显著。外部政治效能感、内部政治效能感、政治信任、政治知识、政治兴趣、普遍信任、特殊信任等 7 项政治动机变量对于人们参与传统政治活动都有显著影响，其中除了特殊信任是负向关系之外，其他 6 项政治动机因素与参与传统政治活动的关系都是正向关系。也就是说，政治效能感越强、政治信任度越高、政治知识越丰富、政治兴趣越大普遍信任度越高的人，越有可能以传统方式参与政治活动。外部政治效能感及政治兴趣与网络政治参与有正向关系，内部政治效能感及政治信任与网络政治参与有负向关系，而政治知识、普遍信任及特殊信任与网络政治参与活动没有关系。这说明互联网作为一种新的参与工具与传统政治参与渠道具有一些不同的特征，从而使得影响网络政治参与活动的心理动机因素和影响传统政治参与的心理动机因素并不完全相同。总起来说，在 7 个政治动机变量中对政治参与影响最稳定的是外部效能感及政治兴趣。

影响网络政治参与的动机因素与影响传统政治参与的动机因素并不完全相同，这说明互联网具有缩小传统政治参与中因心理动机因素差异而造成的参与差距的作用。在传统参与方式下，那些对自身能力不自信（内部效能感不足）的人，以及对政府信任度较低的人一般会选择不参与，但在网络环境中，互联网参与的匿名性，将有助于他们克服由于对自身影响政治能力认知不高而造成的自卑心理，能够促使他们通过互联网这种方式更多地参与政治活动。同时网络政治参与也与政治知识、普遍信任和特殊信任等政治动机因素无关，这也说明互联网可能会改变传统政治参与方式中，由于政治知识、社会信任不同而造成的参与差距。

还有一点应该注意的是，无论是否引入心理动机变量，对于传统政治参与及网络政治参与来说，收入与教育的正面影响都相当显著，这说明不管是否考虑心理动机因素的影响，教育程度越高、收入水平越高的人群，参与传统政治活动及网络政治活动的可能性都越大。

（三）政治新闻、政治讨论对政治动机的影响

通过以上分析检验，可以看出政治动机在政治参与过程中确实发挥了重要的作用。那么影响政治动机的因素又有哪些呢，互联网的使用能否以及如何影响这些心理因素变量呢，下面将从政治新闻获取及政治讨论的角度，通过对比线下新闻获取、线下政治讨论以及网络新闻获取、网络政治讨论与政治动机的关系，来检验浏览网络政治信息及参与网络政治讨论能否及如何影响政治动机。

从这一检验目的出发，分别以 7 项政治动机变量为因变量，以个体特征变量、线下媒体使用、线下政治讨论、网络新闻使用及网络政治讨论为自变量建立多元回归模型，模型估计的结果见表 3 – 5 和表 3 – 6。

1. 线下政治新闻获取、线下政治讨论对政治动机的影响

表 3 – 5 是以个体特征变量为控制变量，以线下政治新闻使用、线下政治讨论为自变量，分别对 7 个心理动机变量进行回归分析的结果。具体来看，通过报纸、广播、电视等传统媒体获取政治新闻，与外部政治效能感、内部政治效能感、政治知识、政治兴趣及普遍信任有显著的正向关系，也就是说更多地通过阅读报刊、收听广播、观看电视来获取政治信息，能够提高人们对政府回应度的认识，提高对自身影响政府能力的自信心、丰富相关政治知识、提升政治兴趣及对社会上大多数人的信任度，但获取政治新闻对政治信任和特殊信任没有影响。

从模型估计的结果看，在现实生活中同其他人讨论政治问题，对于提升外部效能感、内部效能感、对政府的信任度、增长政治知识、提高政治兴趣及培养特殊信任有正面作用，但对于培养对大多数人的信任没有作用。

表 3－5　线下政治新闻、线下政治讨论对政治动机影响的多元回归分析

	外部效能感	内部效能感	政治信任	政治知识	政治兴趣	普遍信任	特殊信任
个体特征							
性别 a	－0.039 **	0.002	－0.123 ***	0.033 **	0.026 ***	0.075 ***	－0.051 ***
年龄	0.021 **	0.017	0.089 ***	－0.078 ***	0.037 ***	－0.410 ***	0.304 **
学历	0.119 ***	0.122 ***	0.209 ***	0.273 ***	0.140 ***	－0.527 ***	0.319 ***
收入	0.109 ***	0.022	0.011	0.104 ***	0.035 **	－0.048	0.102 **
线下新闻	0.451 ***	0.270 ***	0.067	0.135 **	0.365 ***	0.945 ***	－0.210
线下讨论	0.364 ***	0.577 ***	0.495 ***	0.728 ***	0.463 ***	－.015	0.468 ***
N	1119	1119	1110	1122	1122	1080	1080
F 统计值	365.199 ***	392.631 ***	379.996 ***	351.874 ***	461.254 ***	233.436 ***	423.350 ***

注：1. 表内数字为标准化回归系数。

2. a 参考类别是女性。

3. * 表示 $p<0.05$，** 表示 $p<0.01$，*** 表示 $p<0.001$。

2. 网络政治新闻使用、网络政治讨论与政治动机

表 3－6 是以个体特征变量为控制变量，以网络政治新闻使用、网络政治讨论为自变量，分别对 7 个心理动机变量进行回归分析的结果。具体来看，浏览网络政治新闻、访问政府部门网站，对于提高外部效能感、内部效能感、丰富政治知识及提高政治兴趣有正面作用，对于培养对政府部门的信任、对社会上大多数人的信任及对与自己有紧密关系的人的信任没有作用。参与网络政治讨论能够提升外部效能感、内部效能感、增长政治知识、激发政治兴趣及培养对大多数人的政治信任，但对于提升政治信任度及特殊信任度没有作用。

表 3－6　网络政治新闻、网络政治讨论对政治动机影响的多元回归分析

	外部效能感	内部效能感	政治信任	政治知识	政治兴趣	普遍信任	特殊信任
个体特征							
性别 a	0.022	0.082 ***	0.041 *	0.134 ***	0.126 ***	0.229 ***	－0.004
年龄	0.636 ***	0.701 ***	0.542 ***	0.480 ***	0.669 ***	0.081 *	0.436 ***
学历	0.188 ***	0.193 ***	0.151 ***	0.290 ***	0.167 ***	－0.288 ***	0.224 ***
收入	0.198 ***	0.097 **	0.060 *	0.144 ***	0.161 ***	0.162 ***	0.160 ***
网络新闻	0.166 ***	0.246 ***	－0.596	0.265 **	0.250 ***	－0.477	－0.521

续表

	外部效能感	内部效能感	政治信任	政治知识	政治兴趣	普遍信任	特殊信任
网络讨论	0.209 ***	0.236 ***	0.615	0.288 ***	0.269 ***	0.464 ***	0.505
N	592	592	581	592	592	583	583
F 统计值	258.985 ***	285.327 ***	224.710 ***	181.730 ***	194.003 ***	222.396 ***	152.611 ***

注：1. 表内数字为标准化回归系数。

2. a 参考类别是女性。

3. * 表示 $p<0.05$，** 表示 $p<0.01$，*** 表示 $p<0.001$。

（四）媒体使用、政治动机对政治参与的影响

上一部分检验了政治新闻及政治讨论对政治动机的影响，结果表明通过传统媒体获取政治新闻及通过传统渠道参与政治讨论，对于提高政治效能感、丰富政治知识、提升政治兴趣具有较强的正面作用，通过互联网渠道获取政治新闻、参与网络政治讨论也能够起到同样的作用。前面的分析说明政治动机对政治参与有重要影响。上一部分分析了政治新闻使用和政治讨论对政治动机的影响，那么政治新闻使用、政治讨论又会如何影响政治参与行为呢。接下来将检验政治新闻使用、政治讨论对政治参与的具体影响。

1. 媒体使用、政治动机对投票参与的影响

统计模型设置。首先利用 Logistic 回归模型检验政治新闻获取、政治讨论对投票行为的影响。回归模型中的因变量包括参与村委会或居委会选举投票及参与人大代表选举投票。自变量包括四组变量：第一组是由个体特征变量组成的控制变量，第二组是由政治效能感、政治信任、政治知识等 7 项组成的政治动机变量，第三组是由线下政治新闻获取、线下政治讨论组成的线下媒体使用变量，第四组是由网络政治新闻获取、网络政治讨论组成的网络媒体使用变量。在模型估计的过程中，为了比较线下媒体使用与网络媒体使用对投票参与的不同影响，分别设计了 6 个回归模型，各种模型的组成情况及最终估计结果见表 3 - 7。

媒体使用、政治动机对村委会选举投票的影响。模型Ⅰ在控制住个体特征变量影响的情况下，估计了线下媒体使用及政治动机对参与村委会或居委会选举投票的影响，结果显示，只有政治知识、政治兴趣及收入对参与村委会或居委会投票有显著正面影响，其他变量的影响在统计上均不显著。而且在这 3 个有影响的变量中，政治兴趣的系数绝对值最大，它的作用是最明显的。模型Ⅱ将模型Ⅰ的线下媒体使用部分改换成网络媒体使

用，用来检验网民使用网络政治新闻、参与网络政治讨论后参与村委会选举的状况，估计结果显示除了政治兴趣和收入对参与村委会选举有显著正面影响外，其他变量回归系数均不显著，对个体是否参与村委会投票没有影响。模型Ⅲ同时考虑了网民使用线下媒体及网络媒体与其参与村委会投票的关系，估计结果显示，政治兴趣、政治信任和收入的正面影响显著，其他变量回归系数均不显著。

表 3－7　政治新闻获取、政治讨论对投票行为影响的 Logistic 回归分析

自变量与控制变量	村委会或居委会选举投票			人大代表选举投票		
	模型Ⅰ	模型Ⅱ	模型Ⅲ	模型Ⅳ	模型Ⅴ	模型Ⅵ
个体特征						
性别 a	0.038	－0.457	－0.524	1.037	0.444	0.442
年龄	0.010	0.035	0.029	0.037	－0.003	－0.022
学历	－0.054	0.221	0.199	0.555***	0.183	0.329**
收入	0.001**	0.001**	0.001***	0.001**	0.001	0.001
政治动机						
外部效能感	－0.075	－0.044	－0.366	1.103***	0.966**	0.597*
内部效能感	－0.096	－0.312	－0.486	0.058	0.569**	1.094***
政治信任	－0.218	－0.392	0.574**	0.563***	0.689*	0.229
政治知识	0.267**	－0.191	－0.180	0.345	－0.075	－0.089
政治兴趣	0.996***	1.619***	1.563***	0.805***	1.078**	1.194***
普遍信任	－0.014	－0.264	－0.401	－0.064	－0.059	－0.303
特殊信任	0.205	0.174	0.302	0.010	－0.109	0.171
线下新闻讨论						
线下政治新闻	0.283	—	0.978	1.616***	—	3.348***
线下政治讨论	－0.485	—	0.012	1.617***	—	3.848***
网络新闻讨论	—	—	—	—	—	—
网络政治新闻	—	0.001	－0.004	—	0.154	0.352
网络政治讨论	—	－0.061	－0.035	—	－0.615	－0.816
常量	－2.214*	－2.867**	－0.994	－2.134**	－2.260*	－3.369**
有效样本数	1050	561	546	1039	558	561
似然估计值	1093.88	529.669	511.294	1115.33	589.351	512.211
卡方值	36.797	13.874	16.901	27.615	21.957	13.521

注：1. 表内数字为非标准化回归系数。

2. a 参考类别是女性。

3. * 表示 $p<0.05$，** 表示 $p<0.01$，*** 表示 $p<0.001$。

总体来看，获取政治新闻及参与政治讨论对于人们是否参与村委会投票没有影响，政治动机因素中政治兴趣对于是否参与村委会选举投票的影响始终很显著，就人们是否参与村委会选举来说，政治兴趣是一个比较重要的因素。

媒体使用、政治动机对人大代表选举投票的影响。模型Ⅳ在控制了个体特征变量的情况下，估计了线下媒体使用及政治动机对参与人大选举投票的影响，从模型估计的结果看，通过报纸、广播或电视获取政治新闻及参与政治讨论，和人们参与人大代表选举有显著的正面联系。政治动机因素中政治外部效能感、政治信任及政治兴趣，也和参与人大代表选举投票的行为有显著正面联系，而且在这 3 个有影响的政治动机变量中，政治兴趣的系数绝对值最大，表明对政治感兴趣是促使人们参与投票最主要的心理因素。另外收入和学历也是重要的影响因素之一，其他变量的影响在统计上均不显著。模型Ⅴ将模型Ⅳ的线下媒体使用部分改换成网络媒体使用，用来检验网民使用网络政治新闻、参与网络政治讨论的行为，对其参与人大代表选举的影响状况，模型估计的结果显示，浏览网络新闻及参与网络政治讨论，对于网民是否参与人大代表选举投票没有显著影响。政治动机中，外部效能感、内部效能感、政治信任及政治兴趣对参与人大代表选举投票有显著正面影响，其他变量回归系数均不显著。模型Ⅵ同时考虑了网民使用线下媒体及网络媒体与参与人大代表投票的关系，估计结果显示，通过传统媒体渠道获取新闻、参与线下政治讨论和网民参与人大代表选举投票有正面联系，外部效能感、内部效能感、政治兴趣等政治动机及受教育程度，也和网民参与的人大代表投票行为有显著的正面联系，其他变量回归系数均不显著。

总体来看，通过传统媒体获取政治新闻及参与政治讨论和人们是否参与人大代表选举投票有正面联系，政治动机因素中，政治效能感及政治兴趣对个人是否参与人大代表选举投票的影响始终很显著。

2. 媒体使用、政治动机对传统政治参与和网络政治参与的影响

统计模型设置。接下来利用多元回归模型检验政治新闻获取、政治讨论对参与传统政治活动及网络政治活动的影响，模型以传统政治参与及网络政治参与为因变量，自变量的设置与上一组 Logistic 回归模型的自变量相同，在模型估计的过程中，为了比较线下媒体使用与网络媒体使用，对传统政治参与及网络政治参与的不同影响，同样分别设计了 6 个多元回归

模型，各个模型的组成情况及最终估计结果见表3-8。

表3-8　政治新闻获取、政治讨论对传统政治参与和网络政治参与影响的多元回归分析

自变量与控制变量	传统政治参与			网络政治参与		
	模型Ⅰ	模型Ⅱ	模型Ⅲ	模型Ⅳ	模型Ⅴ	模型Ⅵ
个体特征						
性别a	0.011*	0.017*	0.022**	0.024	0.078	0.014
年龄	0.001	0.044**	-0.003	0.059*	-0.044	0.063*
学历	0.027**	0.029**	0.016	0.075**	0.414***	0.078**
收入	0.065***	0.053***	0.046***	0.015	0.092	0.019
政治动机						
外部效能感	0.095**	0.191***	0.040	0.246***	0.646***	0.237**
内部效能感	0.076***	0.196	0.091**	-0.381***	-0.745***	-0.329***
政治信任	0.063***	0.105***	0.076***	-0.203***	-0.156**	-0.215***
政治知识	0.129***	0.057***	0.050***	0.015	-0.024	0.009
政治兴趣	0.217***	0.348***	0.265***	0.197***	0.315**	0.224***
普遍信任	0.007*	0.091***	0.026**	-.058**	-0.102**	-0.054**
特殊信任	-0.078***	-0.029*	-0.013	-0.026	-0.055	-0.023
线下新闻讨论						
线下政治新闻	0.280***	—	0.429***	—	0.511**	0.164**
线下政治讨论	0.185***	—	0.012	—	0.532***	0.109*
网络新闻讨论	—	—	—	—	—	—
网络政治新闻	—	0.088***	0.093***	0.374***	—	0.384***
网络政治讨论	—	0.080**	0.077***	0.514***	—	0.517***
N	1029	551	536	554	539	539
F统计值	244.169***	164.625***	350.252***	324.379***	130.434***	277.938***

注：1. 表内数字为标准化回归系数。

2. a参考类别是女性。

3. * 表示 $p<0.05$，** 表示 $p<0.01$，*** 表示 $p<0.001$。

媒体使用、政治动机对传统政治参与的影响。在控制了人口特征变量的基础上，模型Ⅰ检验了线下媒体使用及政治动机对参与传统政治活动的影响，从模型估计的结果来看，线下政治新闻获取及线下政治讨论，对参与传统政治活动的正面影响相当显著，也就是说，通过传统渠道获取新闻频率越高，参与政治讨论的次数越多，参与传统政治活动的可能性也越大。此外，外部效能感、内部效能感、政治信任、政治知识、政治兴趣、普遍信任及特殊信任等7项心理动机因素，对传统政治参与的影响在统计上也很显著，这一点与前面政治动机对传统政治参与影响的估计结果是一致的，这就是对于参与传统政治活动来说，具备一定的政治心理动机、获取一定的政治新闻、并参加一些政治讨论，对于参与活动正面促进作用相当明显。

模型Ⅱ在模型Ⅰ的基础上将线下媒体使用变换成了网上媒体使用，用来检验，对于网民来说浏览网络政治新闻、参加网络政治讨论对他们参与传统政治活动会产生什么影响。根据模型估计的结果来看，浏览网络新闻及参与网络讨论，对于传统政治参与活动的影响在统计上都很显著，而且回归系数为正数，说明浏览网络新闻以及参与网络政治讨论，对网民参加传统政治活动有促进作用。模型Ⅱ中除了网络政治新闻获取、网络政治讨论，对传统政治参与的影响在统计上显著外，政治动机因素中，外部效能感、政治新闻、政治知识、政治兴趣、普遍信任及特殊信任等变量的影响在统计上也显著，而且除了特殊信任的影响方向为负向之外，其他变量的影响方向均为正向，这说明对于网民来说，如果他们要以传统方式参与政治活动，同样要受到政治动机因素的影响。

模型Ⅲ是模型Ⅰ和模型Ⅱ的综合，同时估计了线下媒体使用和网络媒体使用，对网民传统政治参与行为的影响。结果显示，网络政治讨论、网络政治新闻浏览及线下政治新闻获取，对传统政治参与的影响在统计上显著，浏览网络政治新闻、获取线下政治新闻及参与网络政治讨论与网民参与传统政治活动的关系是正向关系，而线下政治讨论对于网民是否以传统渠道参与政治没有影响。除了媒体使用变量之外，内部效能感、政治知识、政治信任、政治兴趣、普遍信任及特殊信任，对网民参与传统政治活动的影响在统计上也相当显著。从以上三个模型的估计结果可以看出，对于传统政治参与活动来说，媒体使用和政治动机的影响相当显著。

媒体使用、政治动机对网络政治参与的影响。在控制了人口特征变量作用的基础上，模型Ⅳ检验了网络媒体使用及政治动机对参与网络政治活动的影响。从模型估计的结果来看，网络政治新闻获取及网络政治讨论，对参与网络政治活动的正面影响相当显著，也就是说，通过网络渠道获取政治新闻频率越高，参加网络政治讨论的次数越多，则参与网络政治活动的可能性也越大。此外，外部效能感、内部效能感、政治信任、政治兴趣、普遍信任等 5 项政治动机因素和网络政治参与的关系在统计上也很显著，这一点与前面政治动机对网络政治参与影响的估计结果也是一致的，但是与传统政治参与活动明显不同的是，内部效能感、政治信任及普遍信任与网络政治参与的回归系数为负值，这说明那些内部效能感不足、政治信任度低、普遍信任度低的人群更多地通过互联网方式参与政治活动。此外政治知识及特殊信任和是否参与网络政治活动无关，这一点也与传统政治参与活动不同。

模型Ⅴ在模型Ⅳ的基础上将网络媒体使用变换成了线下媒体使用，用来检验对于网民来说，通过传统渠道获取政治新闻、参加政治讨论对于他们参与网络政治活动会有什么作用。根据模型估计的结果来看，通过传统渠道获取政治新闻、参加线下政治讨论与网络政治参与活动的关系在统计上都很显著，而且回归系数值为正数，说明通过传统渠道获取政治新闻、参与线下政治讨论，对于网民参与网络政治活动有促进作用。模型Ⅴ中除了通过传统渠道获取政治新闻、参加政治讨论与网络政治参与活动的关系在统计上都很显著以外，政治动机因素中，外部效能感、内部效能感、政治信任、政治兴趣及普遍信任等变量的影响在统计上也显著，但是与模型Ⅳ一样，内部效能感、政治信任及普遍信任与网络政治参与关系的显著为负向。

模型Ⅵ是模型Ⅳ和模型Ⅴ的综合，同时估计了线下媒体使用和网络媒体使用，对网民网络政治参与行为的影响。结果显示，网络政治新闻浏览、网络政治讨论、线下政治新闻获取及线下政治讨论，对网络政治参与的影响在统计上显著且为正向，除了媒体使用变量之外，外部效能感、内部效能感、政治信任、政治兴趣及普遍信任，对网民参与网络政治活动的影响在统计上也是相当显著。但与模型Ⅳ一样，内部效能感、政治信任及普遍信任与网络政治参与关系的显著为负向。

三　主要研究结论及含义

本章利用政治参与的动机模型部分，在控制了收入、教育、性别及年龄等主要个体特征变量影响的情况下，通过比较线下政治新闻使用、线下政治讨论及网络政治新闻使用、网络政治讨论对投票参与行为、传统政治参与行为及网络政治参与的影响，来判断互联网能否及如何通过改变政治动机来进一步影响政治参与，以及这种影响将对政治参与平等化起到什么作用。实证分析的主要结论与相关含义如下：

第一，不同教育程度、收入水平、年龄层次和性别特征的人政治动机不同。其中教育程度和收入水平对政治动机的影响相当显著。从教育及收入与政治动机的关系看，随着教育程度及收入水平的提高，个体的外部效能感、内部效能感、政治信任度、政治知识、政治兴趣及普遍信任度等重要的政治动机水平都在提高。而这些政治动机对促进政治参与具有重要作用。这说明收入水平和教育程度的差异，不仅可以通过影响政治资源的分配而造成政治参与的差距，而且还可以通过改变个体的政治动机水平而带来政治参与差异。以教育和收入为主要指标的社会分层，可以通过影响政治动机而进一步强化政治参与的差距。

第二，在控制个体特征变量及媒体使用等相关变量影响的情况下，外部效能感、内部效能感、政治信任度、政治知识、政治兴趣及普遍信任度等6项政治动机变量，对于参与传统政治活动有明显的促进作用。也就是说，在考虑了相关因素影响的基础上，那些对政府回应性认识越高、对自身影响政府行为的能力越自信、对政府信任度越高、政治知识越丰富、政治兴趣越强、对社会上大多数人越信任的人，就越有可能更多地参与传统政治活动。其中政治外部效能感和政治兴趣对参与投票有正面作用。

第三，在控制个体特征变量及媒体使用等相关变量影响的情况下，内部效能感、政治信任感、普遍信任感与网络政治参与的关系是负向的。这一点与这些心理动机变量对传统政治参与活动的影响正好相反，也就是说，在考虑了其他相关因素影响的基础上，那些对自身影响政府行为的能力不自信、对政治信任度偏低、对社会上大多数人的信任感偏低的人，在传统政治参与方式下，他们可能因参与政治的动机不足而选择不参与，成为一名传统政治参与的冷漠者，然而在互联网环境下，由于互联网的匿名性、互动性等特征，这些心理因素不再成为限制他们参与政治活动的心理障碍，他们会更多地通过互联网参与政治活动。这说明互联网作为一种政治参与的新工具，具有不同于传统政治参与的新特征，使得利用这种工具参与政治活动所要求的心理动机，和通过传统渠道参与政治活动所要求的心理动机并不完全相同，这样互联网这种新的参与渠道就可能帮助那些在传统政治参与方式下，由于心理动机不足而无法参与政治活动的人转到互联网上，通过网络方式进行参与。因此，互联网就可能会缩小传统政治参与方式下由于这6种政治动机原因而造成的参与差距。

第四，在控制了其他相关变量影响的情况下，政治知识及特殊信任对公民是否参与网络政治活动没有影响，这一点和它们和传统政治参与的关系不同。传统政治参与中，特殊信任有负向影响，政治知识有正向影响。这说明政治知识和特殊信任对网民是否参与政治活动的影响，在互联网环境中与在现实环境中是不同的。在现实环境中，网民政治知识更丰富、特殊信任度更低的人参与传统政治活动的可能性更大，而在网络政治参与中，政治知识的多少、特殊信任度的高低都与个人是否参与网络政治活动无关。政治知识更少的人参与网络政治活动的可能性不一定更少。特殊信任度高的人不会比其他人更少参与网络政治活动。

第五，获取线下政治新闻、参与线下政治讨论与传统政治参与有正向关系，这说明通过传统媒体渠道获取使用政治新闻、广泛参与线下政治讨论能够促进人们以传统方式参与政治活动。获取网络政治新闻、参与网络政治讨论与网络政治参与有正向关系，说明浏览网络政治新闻、参与网络政治讨论能够促进人们更多地通过互联网这种新工具来参与政治活动。

第六，在控制了政治动机、网络媒体使用、线下媒体使用等多种变量影响的情况下，教育和收入与传统政治参与及网络政治参与依然保持稳定的正向关系，说明教育和收入是造成政治参与差距的主要原因之一，这一结果与第二章的结果相同。性别与网络政治参与没有关系，说明在网络政治参与中女性并不比男性更少参与。通过互联网这种新的参与渠道，女性公民可以缩小（至少不会再次拉大）和男性公民之间的参与差距。

政治参与需要一定的资源和动机，拥有资源的人能够参与，具备动机的人想要参与。但是有时候，公民即使拥有了一定的资源和动机也不一定就能参与，因为政治活动一般都是集体性活动，个人是否参与政治活动不完全由个人的资源和动机等个人因素决定，政治参与还离不开外部因素的作用，需要有人进行组织和动员，这就是说，即使有资源能够参与、有动机想要参与，也还必须有机会可以参与。而且，有时候对于那些没有参与所必需资源和动机的人来说，如果有人动员组织的话，他也可能会克服资源和动机不足的障碍而参与政治活动。第四章将讨论政治动员对政治参与的影响，以及互联网能否及如何改变政治动员，并进而影响政治参与。

第四章　互联网、政治动员与政治参与

从个人因素角度看，政治资源和政治动机是解释政治参与差距的重要因素，由于人们所拥有的资源状况不同：有些人比其他人更能够负担得起政治参与的成本；由于他们的兴趣、偏好、认同和信念不同；有些人比其他人更有动机参与政治活动。显然，对于政治参与来说，政治资源和政治动机都在起作用：一方面，不管政治参与的动机有多大，如果人们没有参与所需的足够资源的话，他们就不能参与政治；另一方面，不管资源有多么丰富，如果人们没有政治参与动机的话，他们也不会参与政治。总体来说，这些因素有助于解释为什么有些人参与政治，而另一些人却不参与。

然而，这一模型在解释政治参与水平随时间而变化的情况时却遇到了困难，比如根据公民资源主义模型，通常教育水平的上升会促进政治参与的增长，受教育程度越高的人，越可能参与政治。但美国人受教育程度与投票率之间关系的现实变化趋势，却与这一理论预测相反。美国人的受教育程度从20世纪中期开始不断在提高，20世纪50年代时普通成年人仅仅完成9年制教育，到1990年普通成年人已快完成了一年的大学教育。然而，美国全国选举的投票参与率在此期间却在不断地下降。从1960年到1988年总统选举投票率下降了将近13个百分点。[①] 为什么公众受教育水平的上升，不仅没能带来越来越高的参与反而造成了参与的不断下降呢？另外，个人的资源或者动机状况一般来说短时间内不会发生很大的变化，但是个人参与政治的状况却可能发生很大的变化，也就是说，一个人的教育程度、收入水平、公民技能、政治效能感、政治兴趣等因素在几个月内或者一两年内一般不会发生很大的变化，但是公民参与政治的情况却可能发生较大的变化，可能会由参与的冷漠者变成参与的活跃者。要解释公民政治参与随时间变化的问题，就必须从个人因素之外寻找原因，政治动员因素就是影响公民政治参与的外部因素，它侧重于从个人内嵌于其中的社会网络视角，考察政治动员这一外在因素对政治参与的影响。

---

① Rosenstone, S. J. and Hansen, J. M., *Mobilization, Participation, and Democracy in America*, New York: Macmillan, 1993, pp. 1–3.

第一节　社会网络、政治动员对政治参与的影响：理论分析

一　政治动员与政治参与的影响

（一）政治动员的含义和类型

政治动员，是指候选人、政党、政治活动积极分子等政治动员主体，劝诱其他人参与政治的过程。当这些活动者采取某些措施提高了其他人参与政治的可能性的时候，就称这些人动员了其他人。[①] 政治动员可以分为两种类型：一种是直接动员，是指政治动员主体包括政党、政治领导人、政府官员、政治活跃分子等亲自接触公民并鼓励他们采取行动的动员方式，如政治活跃者挨家挨户劝说人们参与投票。另一种是间接动员，是指政治领导人通过相互交往的人，如通过家人、朋友、邻居或同事关系，而接触其他公众并鼓励他们采取行动的动员方式。比如：如果政治活动积极者邀请他的朋友参加集会而他的朋友又要求他的家人陪伴他参加，那么他的家人就受到了政治活跃者的间接动员；如果动员主体邀请工厂的负责人去投票，而负责人又要求他的员工也去投票，那么他的员工就受到了政治动员主体的间接动员。[②]

（二）政治动员对政治参与的作用

第一，政治动员为公民提供了一个参与政治活动的机会。政治参与需要一定的资源和动机，但是具备了这些条件的人不一定会参与政治活动，因为有些集体性政治活动需要有人发起组织，也就是说需要有人进行动员，政治动员为那些具备参与资源和动机的人，将这些条件转换成实际的参与活动提供了一个机会。如动员主体发起集会，给公民提供了参与政治会议的机会；动员主体散发请愿书，给公民提供了一个签名请愿的机会；等等。政治动员主体的努力给公众创造了参与机会，没有政治动员就不会有这种参与的机会，当然也很难有现实的参与行动了。

第二，政治动员减少了公民参与政治活动时获取政治信息的成本。获

---

① Tilly, Charles, *From Mobilization to Revolution* Reading, Mass.: Addison-Wesley, 1978, p. 69.

② Huckfeldt and Sprague, Political Parties and Electoral Mobilization. Rosenau, James N., *Citizenship Between Elections: An Inquiry into the Mobilizable American*, New York: Free Press, 1974, chap. 3.

取政治信息是有成本的，对于大多数公民来说，政治不是他们最关注的事情，很少会有公众知道很多的政治信息，因为对于集体性政治活动来说，个人知道了政治信息也没有太大的作用，所以他们对政治信息保持“理性的无知”。在政治动员过程中，动员主体将现阶段有关的政治信息通过各种途径传递给公众。通过动员主体的动员努力，公众了解了有关政治事务的信息，减少了公众主动收集相关信息时所需要的成本，有助于克服公民的“理性无知”。

第三，政治动员降低了公民参与政治活动的成本。和其他活动一样，参与政治活动也是有成本的，而且政治活动一般是不能带来直接利益的集体性志愿行为，而参与成本往往要由参与者个人承担。因此，如果能够降低参与成本，公众参与的积极性就可能会更高，而政治动员除了能够降低人们参与政治活动前收集政治信息的成本外，还可以直接减少人们参与政治活动本身的成本。如：投票前，政治动员主体为选民发布选民登记表；投票当天，为距离投票点较远的选民提供交通工具；等等。显然，这些服务措施都降低了选民参与投票的成本，也就会相应地提高投票参与率。

（三）政治动员对象的选择

虽然政治动员对于公众参与政治具有很大的促进作用，但是由于政治动员本身与政治参与一样也是需要成本的。因此，政治动员主体都会希望以最小的成本达到最大的效果，也就是使受到动员的人能够尽可能多地参与政治活动，所以为了取得动员的最大效率，动员主体对于动员的目标人群也会有所选择，他们不会试图动员所有人，只会选择特定人群作为动员目标，他们选择动员目标的最佳策略，就是要选择那些受到动员以后最可能参与政治活动的人，那么，哪些人受到动员后会比其他人更可能参与政治活动呢？以下四类人群是政治动员的首选目标。

第一，动员主体已经认识的人。一方面，因为这些人是熟人、朋友或者同事关系，相互之间联系很方便，并且受到动员后对方回应的可能性也很大。另一方面，因为彼此之间很熟悉，动员主体也了解对方的政治立场，在动员对象的选择上目标性也就更强，谁都只希望自己的朋友参加，而不是想要自己的敌人参与。当动员主体去动员自己熟悉的人时，已经清楚地了解这些人的政治立场，知道他们将会表达什么样的政治态度。①

① Huckfeldt and Sprague, Political Parties and Electoral Mobilization. Rosenau, James N., *Citizenship between Elections: An Inquiry into the Mobilizable American*, New York: Free Press, 1974, chap. 3.

第二，位于社会网络中心位置的人。比如组织或公司的领导等[①]，这些人处于社会网络的中心，比普通人更活跃，更容易认出和找到他们，同时这些人位于组织和机构的最上层，熟悉更多的人，这使得他们有能力影响组织中其他人，能够更方便动员其他人。如公司主管就有机会接近公司雇员，这些位于社会网络中心的人是将直接动员转换成间接动员的关键。

第三，加入各种协会、志愿组织的人[②]。这些人在社会网络中的位置很明显。通过加入组织，组织成员与那些和他们有共同价值认同和兴趣爱好的人联系起来，相比较于单个孤立的个体，组织中的成员更有影响。组织是一个重要的社会网络，同其他社会网络一样，能够为集体性行动提供选择性激励，因为彼此相当熟悉，组织中的成员一般很难拒绝其他成员的动员请求，所以如果政治动员主体选择动员志愿组织中的成员的话，他们会比其他人群更有可能参与政治活动，动员的效率就会较高。

第四，收入水平较高、受教育程度较高的人。这主要是因为他们拥有更多的政治参与所需的政治资源和心理动机：他们的空余时间较多，公民技能较高，参与政治的可能性更大。由于受教育程度较高，其政治知识、政治效能感也更强，更加明确政府政策对他们生活的影响，有更大的兴趣会参与政治活动。因此，与其他社会群体相比较，政治动员主体对这一群体的动员所能收到的效果往往最大，这类人群也就成了政治动员的首选目标之一。

二　社会网络与政治动员

（一）社会网络、“参与悖论”与政治动员

政治动员主体在动员公众参与政治活动时，除了要选择政治动员对象以外，还会选择政治动员的途径，即选择通过哪种渠道接触动员对象以劝导他们参与政治活动。大致来说，政治动员的渠道可以分为两种：一种是动员主动直接面对所有选择的动员对象进行动员；另一种是动员主体通过社会网络进行动员。动员主体只是直接动员社会网络中的重要成员，然后再由这些重要成员去动员社会网络中的其他成员，即动员主体通过社会网

① Verba, Sidney and Gary Orren., *Equality inAmerican: The View from the Top*, Cambridge: Harvard University Press, 1985, p. 67.

② Verba, Sidney and Norman H. Nie, *Participation in America: Political Democracy and Social Equality*, New York: Harper and Row, 1972, chap. 11.

络中的重要成员去间接动员其他大部分成员。在这两种动员渠道中，一般来说，动员主体较少会选择直接单独面对所有动员对象，而是会选择通过社会网络这种渠道进行动员，所谓社会网络就是指日常生活中由家人、朋友和同事等关系所形成的网络，这些网络就体现为家庭、工作场所、所加入的志愿组织等社会组织。一般来说，公众都内嵌于这些社会网络之中，学习、工作、生活都离不开这些网络。通过这些关系网络，人们向其成员说明他们希望其成员做什么样的事情，不想要其成员做哪些事情。在社会网络中人们以两种方式表达自己对成员行为期望：有的时候人们公开表达、明确说出他们的要求，直接要求他们的熟人做某些事情；而有些时候，人们会巧妙地表达他们的期望，他们只是向成员表达自己的关注。

生活工作中的社会网络为克服集体行动的悖论，提供了一种选择性激励机制：只有那些遵守社会网络规则，按照大家共同意愿行事的人才能获得社会网络的认可，被社会网络所接纳，并会从社会网络获得相应的物质利益或精神奖励。[①] 社会网络是人们日常生活、工作、学习的场所，大多数时候人们都在自己特定的社会网络中活动，由于社会网络中的成员彼此之间相当熟悉，所以他们能够很容易辨别出，哪些人遵守了社会网络的规则，哪些人违反了社会网络的期望，并能够通过社会网络鼓励那些按照期望行事的人，处罚那些不遵守共同规则的人。对于通过社会网络进行的政治动员来说，这就意味着间接动员主体能够很容易辨别出，哪些人接受政治动员后参与了政治活动，哪些人接受政治动员后没有参与这些活动。因此，他们也就能够选择性地奖励那些接受动员后参与了行动的人，处罚另一些接受动员后没有参与行动的人。从被动员者方面看，对于大多数人来说，由朋友、同事、邻居和家人等纽带组成的社会网络对他们的行为影响很大。一般来说，人们都希望能够为自己社会网络中的人所接受、称赞和喜欢，都害怕被社会网络抛弃，人们即使可能不在意社会上普通人对于自己的看法，一般也都会关注朋友、熟人对自己的看法。因此，在社会网络中，当人们接受到来自网络成员的间接政治动员时，一般都会积极响应这些动员的要求，通过为集体性行动提供选择性激励机制，社会网络在克服

---

① Huckfeldt, Robert. Political Participation and the Neighborhood Context, *American Journal of Political Science*, 1979, 23 (2), pp. 579 – 592.

政治参与活动所面临的集体行动困境方面发挥了很大的作用。[①]

（二）社会网络对政治动员的作用

通过社会网络进行的政治动员，使得动员的影响范围远超过动员主体直接接触的人数，社会网络的成员身份使得人们可以接触到许多政治家、各类政治性组织和许多活跃分子，也使得人们会对动员作出回应，也就是说，社会网络是将直接动员转换成间接动员的重要渠道。[②]

第一，社会网络减少了动员主体接触公众的成本。通过社会网络进行政治动员，动员主体就不再需要和每个动员对象直接交流，他们只需要接触少部分人，然后由这些人联系自己的同事，再由这些同事去联系他们的朋友、家庭及同事等，通过层层联系，动员主体发送的政治消息在社会网络中不断扩展开来，公众通过社会网络获得信息，社会网络也相应地放大了动员的效果，动员主体的直接动员通过社会网络的间接动员可以获得更广泛的回应。

第二，社会网络使得动员公众参与政治活动成为可能。如果缺乏社会网络的介入，政治动员的效果会比较差，因为政治动员的直接目的就是使受动员者参与相应的政治活动。作为一种集体性行动，政治参与同样面临集体行动的悖论：因为政治参与的回报是集体性的，不论公民是否参与，他们都会获得相应参与活动所带来的利益，所以理性的公众会选择不参与[③]，也就是说，没有通过社会网络进行的政治动员是低效的，甚至是无效的。通过社会网络进行的政治动员可以提高人们政治参与率，因为虽然政治参与行动本身是集体性行动，但是社会网络却可以为这种集体性行动提供一种选择性激励机制：即只有遵守社会网络规范，响应社会网络动员的成员才能获得网络中朋友和同事们的关注和尊重，才能获得帮助同事的内在满足感；而那些违反社会网络要求，接受了社会网络动员而不参与政治活动的成员可能无法得到社会网络提供的选择性报酬。通过社会网络的介入，动员主体将政治活动嵌入日常社会关系网络中，提高了动员的

① Kennedy, Christopher B. Political Participation and Effects from the Social Environment, *American Journal of Political Science*, 1992, 36 (1), pp. 259 – 267.

② Katz, Elihu and Paul F. Lazarsfeld., *Personal Influence: The Played by People in the Flow of Mass Communications*, Glencoe, Ⅲ.: The Free Press, 1955.

③ ［美］曼瑟尔·奥尔森：《集体行动的逻辑》，陈郁、郭宇峰、李崇新译，上海三联书店、上海人民出版社2007年版，第1章。

效果。

第三，社会网络使得动员主体可以利用公民对朋友、邻居和社会组织的义务感，促进人们参与政治活动。一般来说，公民都会觉得有义务帮助自己喜欢的人，或者喜欢自己的人以及过去曾经帮助过自己的人。因此，在社会网络中当人们接受到来自朋友、同事的动员邀请时，如果他们知道这些邀请他们参与的人，能够清楚地辨别出他们接受动员后是否参与过时，他们应该会积极回应来自这些人的政治动员。人们一般都认为，人际间、面对面地个人接触的动员效果，可能要比通过邮件或媒体进行的非个人的动员效果要好得多，这就是其中的原因之一。[①]

（三）志愿组织、政治动员与政治参与

作为社会网络重要组成部分之一的志愿组织是个人和群体互动的场所，是政治参与的重要平台，通过各种志愿组织，人们将自身所拥有的社会经济资源和政治动机转换成现实的政治行动。有些人的政治参与水平要超出由他们的政治资源和政治动机所决定的水平，其中重要的原因是志愿组织的动员，而有些人的政治参与水平可能会低于根据他们的社会经济地位所预测的参与水平，一个重要的原因是组织抑制了他的参与水平。[②] 加入志愿组织能够为促进公民政治参与起到一定的作用，主要表现在以下三个方面：

第一，志愿组织是社会网络的重要组成部分，是政治动员的重要渠道。前面介绍了社会网络对政治动员的重要性，简单地说，社会网络为政治动员提供了一种选择性激励机制，从而有利于提高政治动员的效率。志愿组织是人们除了家庭、学校、工作场所之外又一类重要的社会网络。而且，与后者不同的是，加入志愿组织时，个人选择的自主性更大，加入组织的数量也没有明确的限制。通过加入各种志愿组织，个人能够与其他和自己有着共同兴趣爱好的人联系起来。志愿组织为个人加强同社会的联系提供一条新渠道，在志愿组织内，成员会逐步形成朋友、熟人关系网络，这种组织网络为成员接受来自外部的政治动员提供了一个平台，也为志愿

① Kahn, Si. Organizing, New York: McGraw-Hill, 1992, p. 109.

② Verba, Sidney, Norman H. Nie and Jae-on Kim, *Participation and political equality: a seven-nation comparison*, Cambridge, Eng.; New York: Cambridge University Press, 1978, p. 80.

组织的领导者及工作人员动员普通成员参与政治活动提供了便利。①

第二，志愿组织为成员接触政治信息、开展政治讨论提供了新渠道和新平台。志愿组织本身的组织目标是非政治性的，组织开展的活动也与政治没有直接联系，但是由于其成员往往来自各个不同社会阶层，具有各种不同职业背景，使得组织成员可以从大众传媒以外的其他不同渠道获得一些政治信息，政治信息的获得除了可以提高他们的政治知识以外，还会作为话题，引发相应的政治讨论，而政治信息和政治讨论是传统政治参与的重要促进因素，因而，通过为政治信息传播提供新渠道、为政治讨论提供新平台，志愿组织为人们更多参与政治活动创造了有利条件。②

第三，加入志愿组织为培养成员的公民技能提供了一种新途径。组织和表达等公民技能的培养首先在家庭中开始，随后主要在学校中进行，随着人们从学校毕业，学校这一重要的培养公民技能的场所就不能再发挥作用了。但是，人们公民技能的培养并没有随着学校教育的结束而停止，而是贯穿了整个成年阶段，志愿组织就是其中重要的部分，这些非政治组织在与政治没有任何关系的活动环境中，为其成员提供了获得、提高组织沟通技能的机会，如安排成员举行一次郊游活动、组织成员参加一次志愿服务活动等，这些活动都提供了在非政治背景下学习、保持和提高公民技能的机会。③ 而前面已经分析过，公民技能是影响线下政治参与重要的资源之一，拥有公民技能越高的公民参与线下政治活动的可能性越高，加入志愿组织就通过这种潜移默化的方式间接促进成员更多参与政治活动。维巴认为，公民要在志愿组织中培养自己的公民技能，其效果取决于三个因素：第一是加入组织的数量，至少要加入一个组织；第二是加入组织的类型，最好是加入那种对外开放度高、与外界联系较多的组织；第三是要积极地参与组织的各种活动，只加入组织而不参加组织的活动，对于培养公民技能是没有帮助的。④

---

① Verba, Sidney, K. L. Schlozman and H. E. Brady, *Voice and Equality: Civic Voluntarism in American Politics*, Cambridge, MA: Harvard University Press, 1995, p. 309.

② Ibid., p. 370.

③ Ibid., p. 310.

④ Ibid., pp. 310 - 311.

第二节 互联网对政治动员的影响：理论分析

通过以上分析可以看出，一般来说，政治动员对于促进人们自愿参与政治活动能够起到一定的作用，对于那些具备政治参与所必需的资源与动机的人来说，政治动员为他们将这些资源和动机转换成实际的政治参与行动提供了一个机会。而对于那些还不具备政治参与所必需的资源和动机的人来说，政治动员可以起到补充资源、提升动机的作用。互联网作为一种新型媒体，其强大的信息与沟通功能除了可以补充政治参与所需资源、提高政治参与动机外，还可能作为政治动员的新渠道和建立社会网络的新平台，而影响公众的政治参与行为。

一 线下政治动员与网络政治动员

通过互联网进行的政治动员称为网络政治动员，也是动员的一种方式。关于利用互联网进行政治动员的效果，从理论上说有两种不同可能性。

一种可能是互联网的使用会扩大政治动员，从而也会起到提高政治参与率的作用。这主要是因为：

第一，相比较与线下政治动员，网络政治动员降低了政治动员所需的成本。显然，动员主体对公众的政治动员与公众参与的政治活动一样都需要一定成本。成本约束有时候可能成为政治动员能否发起的重要因素。通过互联网进行的政治动员其成本，要比线下面对面进行的政治动员的成本低很多。如通过电子邮件给特定目标人群发送邀请他们参与某些政治活动的信件，就比通过普通邮件发送此类信件更快速、更廉价、更方便；与特定动员对象通过互联网进行的交流降低了线下政治动员所受的时间约束；通过即时通信工具、网络论坛进行的网络政治动员，也减少了线下政治动员要与动员对象进行面对面联系所需的交通成本、时间成本；等等。成本的降低也就意味着效率的提高。

第二，网络政治动员扩大了政治动员的对象，扩展了政治动员的范围。由于降低了动员的成本，网络政治动员在动员对象的选择上，可以不必像线下动员那样，仅仅局限于动员主体所熟悉的、位于社会网络中心的、受教育程度和收入水平较高的几类人，而是可以利用互联网尽可能广泛地动员更多的人，相比较于线下政治动员，即使网络政治动员的平均动员成功率可能不如前者，但由于扩大了动员的范围和规模，所以最终总体的动员效果要高于前者。

第三，网络政治动员降低了政治动员的门槛，增加了政治动员的频率。相比较于线下政治动员，网络动员降低了政治动员的成本。减少了成本，就相当于增加了动员主体的资源，使得动员主体可以提高动员的频率，即使单次网络动员的效果不如线下动员，多次动员的总体效果也会好于线下动员。

第四，相比较于线下政治动员，网络政治动员的弱点其实并不弱。人们一般之所以认为线下政治动员的效果要好于网络政治动员，这是因为受“面对面的联系是政治动员中必不可少的条件”这种假设的影响，但是现在这一假设正受到越来越多的质疑，大量案例证明了政治动员过程中空间的影响正在显著减弱，社会网络的研究成果也证明了物理接近性这一要素对于构建社会认同而言，其重要程度远不如人们想象中的那样高。如汤姆·帕斯特穆斯和苏珊·布恩斯特宁（Tom Postmes and Suzanne Burnsting）就认为，社会行动并非来自与其他个体的直接接近：“社会生活中的许多方面已经内化于我们自身，并将这些融入了我们的社会认同中，即使我们与他人在空间中相互隔离，仍然可能一如既往地接受社会认同……即使个体间互相隔离，不受团体内其他成员的直接影响，而个体行为和认知仍然具有高度社会化的特征。”① 这就是说，是否进行面对面接触与政治动员的最终效果之间没有关系，以互联网方式进行的政治动员其最终效果，不一定比以面对面方式进行的线下政治动员效果差。

关于网络动员与线下动员效果的另一种可能性是通过互联网进行动员的总体效果，不如线下面对面动员的效果，网络动员扩大政治动员的效果不明显。这主要是因为：

第一，虽然与线下政治动员相比较，网络动员确实降低了联系动员对象所需的成本，但是网络动员的最后效率不能仅仅看动员的成本，更重要的是要看最后效果，是要看受到动员的对象最后到底有多少响应动员号召实际参与了政治活动。从这一点看，网络动员的最后效果没有线下动员的效果好，因为政治动员过程不仅仅是动员主体向动员对象传递政治信息、

① Postmes, Tom. and Burnsting, Suzanne. Collective Action in the Age of the Internet: Mass Communication and Online Mobilization, *Social Science Computer Review*, 2002, 20 (3), pp. 290 – 301.

发出参与邀请的过程，而且还是动员主体和动员对象之间感情交流的过程，如果没有后一个过程，动员的效果要大打折扣。西德尼·塔罗（Sidney Tarrow）认为，对于政治动员来说面对面的交流关系十分重要。[①] 相比较于线下动员来说，网络动员减少了动员主体和动员对象之间面对面接触的机会，也降低了双方的感情交流程度，网络动员虽然降低接触单个动员对象的成本，但由于缺乏双方面对面的交流，因而降低了单个动员的成功率，从而使得总体上看网络动员的效果不如线下动员。

第二，虽然网络动员降低了动员成本，从而可能会扩大动员对象的选择范围，但这种可能并不能转化成提高动员对象政治参与率的现实。政治动员的最终效果是要看有多少受动员对象最后确实响应了动员邀请，参与了相关的政治活动。任何政治动员对于动员对象都会有所选择，不能因为网络动员降低了动员成本就在动员对象的选择上降低要求，因为就政治参与来说，政治动员不是万能的，会有很多动员对象即使受到动员邀请，也不会响应邀请参与相应的政治活动，因为这些人没有政治参与所需的资源和动机，即使受到动员，也可能很难有实际的参与行为。因此，网络动员如果要收到较好的动员效果的话，对动员对象也应该有所选择，明智的选择标准就是与线下动员一样，选择那些接受动员邀请后最有可能实际参与的人作为政治动员的潜在对象。接受动员后最有可能实际参与政治活动的人是：那些位于社会网络中心的人，那些加入各种志愿组织的人，那些受教育程度较高、收入水平较高的人。

第三，虽然网络动员降低了动员门槛，也可能提高动员的频率，但是仅仅依靠提高动员频率，并不意味着就能动员更多的人参与政治活动，就能提高动员效率。因为对于那些没有资源不能参与、没有动机不想参与的人来说，接受动员的次数再多，也可能不会有最终的参与行为，有时候过多的动员反而会引起他们的反感。

从理论上说，网络政治动员的效果既可能好于线下政治动员，也可能不如线下动员。经验研究表明，这两种动员方式只对特定的参与方式有作用，百斯特和克鲁格（Best and Krueger）研究结论认为：线下动员对投票参与与传统政治参与有促进作用，但是对网络政治参与没有影响；而网

① Tarrow, Sidney, *Power in Movement: Social Movements and Contentious Politics*, 2nd Ed. Cambridge: Cambridge University Press, 1998, p. 193.

络动员对网络政治参与有促进作用，但是对于线下政治参与没有影响。[①]总体来看，网络政治动员与线下政治动员都是政治动员的方式之一，网络动员是对线下动员的一种补充或者替代，两者都具有提高公众政治参与的作用。

二　互联网与社会网络

政治动员能够促进人们的政治参与，提高政治参与水平，而影响政治动员效果的因素之一是作为政治动员渠道的社会网络，即通过社会网络进行的、有针对性的动员效果要好于无特定目标的广泛动员。从政治动员视角考虑互联网对政治参与的影响，一个很重要的方面就是看互联网对社会网络的作用，看互联网是增加了社会网络的密度，提高了人们社会互动的频率，还是相反。如果是前一种情况，则说明互联网的使用可以增强社会网络联系，增加政治动员效果，从而可能起到扩大政治参与的作用；而如果是后一种情况，则意味着互联网的使用会削弱人们的社会联系、降低政治动员的效果，从而也就无法起到扩大政治参与的作用。

关于互联网使用对社会网络的具体影响有两种不同的观点。一种观点认为，互联网的使用减少了人们的社会互动，削弱了社会网络。这是因为：

第一，互联网的使用减少了人们参与社会活动的时间和精力，从而削弱了人际间的社会网络。帕特南（Putnam）就是持这种观点的著名学者之一，他在2000年曾指出，过去三十年以来，美国公民加入俱乐部、参加社区会议以及为社区工程工作等社会活动的数量和频率已经明显下滑了，帕特南认为，这一现象侵蚀了社区生活。他指出，造成这一现象的主要原因是媒体选择与使用的变化，人们把大量时间花在电视上而减少了看报纸的时间，花在电视上的时间将人们的闲暇时间私人化，看电视取代了人们参与其他有利于社区建设的活动。[②]关于互联网对社会联系的影响，帕特南认为，与电视一样，互联网的使用也使人们把更多的时间花在了电脑面前，从而没有时间参与社会活动，也没有精力与社会网络中的其他人

---

① Best, S. J., and Krueger, B. S. Analyzing the Representativeness of Internet Political Participation, *Political Behavior*, 2005, 27 (2), pp. 183 - 216.

② Putnam, R. D., *Bowling alone: The collapse and revival of American community*, New York: Simon and Schuster, 2000.

进行互动，[①] 这种情况长期持续下去就会削弱人们与社会网络的联系。克劳特等人（Kraut et al.）也认为，“与观看电视一样，使用家庭电脑及互联网一般也意味着身体的慵懒，并会限制面对面的社会互动”，他们使用时间序列数据分析得出结论强调，互联网使用减少了人们与家人及朋友的沟通交流。[②] 同样，尼（Nie）将花在互联网上时间的增加，和参与社会化时间及户外活动时间的减少两者之间联系起来，得出的研究结论认为，在考虑了其他因素的影响以后，互联网的使用使得人们失去了与他们社会环境的联系。[③]

第二，互联网的社会联系不同于现实生活中的社会联系，互联网的使用减弱了现实社会中面对面联系的生动性，从而带来了互联网使用的“孤立效应”。克劳特等人（Kraut et al.）认为，以电脑为中介的沟通缺乏现实世界中互动的丰富性，作为一种交流感情或者思想的方式，互联网有不可避免的缺点，可能会造成沟通双方的孤立与矛盾，而不是带来社会的团结，这就是互联网的“孤立效应”。[④]

关于互联网使用对社会网络影响的另一种观点则认为，互联网的使用不仅没有削弱人们联系的社会网络，反而更进一步加强了社会网络。这是因为：

首先，互联网的使用并没有减弱社会联系，而只是将这种联系转换到了互联网上。虽然互联网的使用会部分占用人们在线下进行社会联系的时间，但是它同时也加强了人们在网络上的社会联系，现实中的社会联系是一种社会网络，互联网上的社会联系也同样是一种社会网络，不能因为互联网减少了现实中的社会联系，就断言互联网的使用削弱了社会网络，实际上它同时通过新的社会联系方式也加强了人们的社会网络。沙阿等人（Shah et al.）曾指出，那种认为互联网的使用减弱了社会网络的观点只

---

① Putnam, R. D. Tuning in, tuning out: The strange disappearances of social capital in America, *PS: Political Science and Politics*, 1995, 28, pp. 664 – 683.

② Kraut, R., Patterson, M., Lundmark, V., Kiesler, S., Mukopadhyay, T., and Scherlis, W. Internet Paradox: A Social Technology that Reduces Social Involvement and Psychological Well-being? *American Psychologist*, 1998, 53, pp. 1017 – 1031.

③ Nie, N. Sociability, Interpersonal Relations, and the Internet: Reconciling Conflicting Findings. *American Behavioral Scientist*, 2001, 45, pp. 420 – 435.

④ Kraut, R., Patterson, M., Lundmark, V., Kiesler, S., Mukopadhyay, T., and Scherlis, W. Internet Paradox: A Social Technology that Reduces Social Involvement and Psychological Well-being? *American Psychologist*, 1998, 53, pp. 1017 – 1031.

注意到了很多人在使用互联网，因而认为互联网使用占用人们在现实社会中进行社会联系的时间，减少了现实中的社会参与，但是这种观点没有看到人们是怎样在使用互联网，没有考虑人们使用互联网的不同方式，而是集中于互联网的使用总量上。实际上借助于互联网强大的信息和表达潜力，人们将现实中的社会联系转换到了网络上，互联网的使用并没有削弱社会网络，反而增加了人们在互联网上的社会联系，从而总体上加强了人们之间的社会网络。①

其次，互联网强大的信息能力和便捷的沟通功能，也使得公众可以更容易找到一些和自己具有共同价值认同或兴趣爱好的人，并和这些人建立新的社会联系，从而在总体上会扩大他们的社会网络。据皮尤 2010 年的调查数据显示：总体上说，有 54% 的成年互联网用户认为，互联网的使用使得他们更容易找到与他们分享共同政治观点的人。具体来看：有 44% 的成年用户认为，互联网的使用使得他们很容易就能够找到与自己分享共同政治观点的人，有 10% 的用户认为，使用互联网来寻找和自己有相同政治观点的人会变得有点容易。②

再次，互联网上的社会联系也可以转换成现实生活中的社会联系。互联网上建立的社会联系并不完全是虚拟的，它实际上是现实社会联系的一种反映，也能够转换成现实生活中的社会联系。在互联网上联系密切的人群，在现实生活中的互动也会更密切。

最后，网络沟通减少了陌生人面对面沟通时容易产生的心理紧张感，从而有利于加强与陌生人的联系。李·斯普劳尔和萨拉·基斯勒（Lee Sproull and Sara Kiesler）对电子邮件的人际沟通效果进行了研究，结果表明，电子邮件可以减少面对面沟通时的禁忌，消除面对面交流时的焦虑，如对尴尬或被拒绝的担心，通过减少不必要的社交礼仪而有利于加强陌生人之间的交流，增加有用的弱关系。③

总体上看，关于互联网使用对社会网络的影响：一方面它可能会削弱

---

① Shah, Dhavan V., Jaeho Cho, William P. Eveland, JR. and Nojin Kwak, Information and Expressiion in a Digital Age Modeling Internet Effects on Civic Participation, *Communication Research*, 2005, 32 (5), pp. 531 - 565.

② The Internet and Campaign 2010, *Pew Internet and American Life Project*, Washington, DC: Pew Center, 2010, http://www.pewinternet.org/Reports/2011/The-Internet-and-Campaign-2010, aspx.

③ Sproull, Lee., and Kiesler, Sara., Reducing Social Context Cues: Electronic Mail in Organizational Computing, *Management Science*, 1986, 32 (11), pp. 1492 - 1512.

社会联系，因为虚拟网络代替不了现实的社会联系，互联网使用减少了人们面对面沟通的时间和机会，造成了人际关系的隔膜；另一方面，互联网的使用也可能会增强人们的社会联系，因为虽然互联网的使用减少了人们现实生活中直接接触的机会，但是却增加了人们通过互联网联系的机会。网络联系是对现实联系的替代和补充，总量上并没有减少人们之间联系的网络，反而会增加人们的社会网络。

根据前面两节的理论分析，可以将互联网影响政治动员分布进而影响政治参与的关系，用图4－1简略地描述出来。这一关系中：因变量是政治参与，包括线下政治参与和网络政治参与两大类；自变量包括接受网络动员、加入网络论坛组织和接受线下动员、加入线下自愿组织这两组变量，这两组变量都可能会对网络政治参与和线下政治参与产生影响；控制变量是由教育和收入这两个社会经济地位变量，与性别和年龄这两个社会统计学变量组成的公民个体特征变量。这一组变量既可能直接影响公民政治参与行为，也可以通过影响公民接受网络动员、加入网络论坛组织、接受线下政治动员、加入线下志愿组织的状况而间接影响政治参与。当然，变量之间的这种影响关系只是根据理论分析推断出的可能影响，是否真实存在，具体如何影响，还需要接受经验数据的检验。本章第三节将利用调查数据运用统计方法对这一关系进行实证分析。

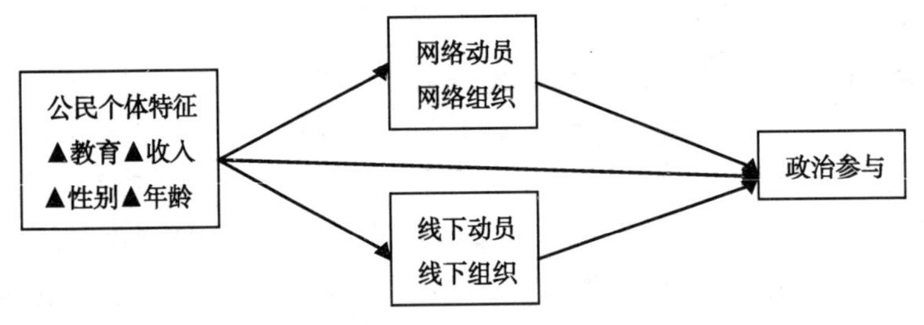

图4－1 互联网、政治动员与政治参与的关系

第三节 互联网、政治动员与政治参与：实证分析

一 主要变量测量：依据、方法与结果

（一）因变量与控制变量的测量

本章利用政治参与的政治动员模型，从互联网使用影响政治动员的视

角来检验互联网对政治参与的作用。本章所涉及的因变量与第二章相同，分为线下政治参与与网络政治参与两大类。具体包括参与村委会或居委会选举投票、参与人大代表选举投票、参与传统政治活动、参与网络政治活动四种。本章所涉及的控制变量也与第二章相同，具体包括由教育程度及收入水平组成的社会经济地位变量，以及由年龄和性别组成的人口统计学变量，所有因变量及控制变量的测量依据、测量方法及测量结果都与第二章相同。具体测量依据、方法与结果见第二章。

（二）自变量的测量

本章所涉及的自变量主要包括四种：加入线下志愿组织的情况、受到线下政治动员的情况、加入网络论坛组织的情况、受到网络政治动员的情况。具体测量依据、测量方法及测量结果如下：

1. 加入志愿组织

除了家庭、学校和工作单位以外，影响个人所受政治动员状况的另一个重要社会网络是公民志愿组织。这类组织在公民学习工作的网络之外，为公民加强与社会的联系提供了另一种渠道。相比较很少加入志愿组织的人来说，加入志愿组织较多的人受到动员的可能性更大。而且志愿组织除了能够直接动员成员参加政治活动之外，还有一种间接动员的功能，即培养其成员的公民技能，因为加入志愿组织的人，有更多的机会通过参与志愿组织的活动，来提高自己的组织和表达能力，即公民技能，而公民技能是线下政治参与的一项重要资源。当然对于提高公民技能来说，仅仅加入组织本身是不够的，真正重要的是要积极参与志愿组织的活动。①

关于中国志愿组织的分类，本书参考了胡荣及中国综合社会调查（CGSS）2005 年调查中的分类方法②，用以下 7 个小题目来测量受调查者加入志愿组织的状况，具体包括询问受调查者是否加入了娱乐或文艺组织，健身或体育组织，经济或商业协会，教育、科学、文化或研究协会，同学、同乡、同行联谊组织或社交组织，公益或义务组织（如扶贫、社会救济、赈灾、扫盲、环保等组织），其他组织等 7 类志愿组织的情况。

① Verba, Sidney, K. L. Schlozman and H. E. Brady, *Voice and Equality: Civic Voluntarism in American Politics*, Cambridge, MA: Harvard University Press, 1995, pp. 310 - 311.

② 胡荣：《社会资本与城市居民的政治参与》，《社会学研究》2008 年第 7 期。中国社会科学数据库，http://www.cssod.org/search.php? key = CGSS 登录日期 2010 年 10 月 15 日。

备选项的设计本书参考维巴的研究结论①，同时考虑受调查者所加入的志愿组织的种类、数量及其在志愿组织中的活跃度三个方面的因素，设计了一个三分类定序选项，“没有加入、加入了但很少参与其组织的活动、加入了并积极参与其组织的活动”，分别赋值“1、2、3”。7 个小题的内部一致性检验 α 系数为 0. 915，因子分析检验 KMO 度量值 0. 872，Bartlett 的球形度检验也很显著。说明适合做因子分析，以特征值大于 1 为提取因子的标准，提取出了一个公共因子，但“教育或科学或文化或研究协会”题目在因子上的载荷只有 0. 07，远小于 0. 50 的载荷标准。因此删除此项后，重新进行因子分析的相关检验，KMO 度量值 0. 895，Bartlett 的球形度检验也很显著，提出的一个公共因子解释了 80. 57% 的方差，将这个公共因子命名为线下志愿组织加入。

2. 接受线下政治动员

政治动员是影响公民政治参与的重要因素，根据研究目的，本书将政治动员分成线下政治动员和网络政治动员两类：线下政治动员是指通过线下渠道而非互联网渠道受到的政治动员，包括面对面、电话、短信、普通邮件等方式进行的政治动员。线下政治动员的测量，本书将其操作化为询问受调查者在过去两年内，是否有日常生活中所接触的对象通过当面、电话、短信或信件方式，邀请或要求受调查者参与政治活动。动员主体具体包括家庭成员、亲戚、邻居、同事、朋友、熟人（交情不深的朋友）、陌生人、工作单位领导、政府官员及受调查者所加入的志愿组织的负责人这 10 类人群，备选答案包括“没有、很少、有时、经常、总是”这个五分类定序选项。10 个小题的内部一致性系数 α 为 0. 960，KMO 度量值 0. 934，Bartlett 的球形度检验很显著。说明适合做因子分析，以特征值大于 1 为提取因子标准，提取出了一个公共因子，但“受到来自政府官员的动员”这个小题目在公共因子上的载荷只有 0. 067，小于 0. 5 的载荷标准。因此删掉此项重新进行因子分析的相关检验，KMO 度量值 0. 933，Bartlett 的球形度检验也很显著，提取出一个公共因子解释了 82. 41% 的方差，将其命名为线下政治动员因子。

① Verba, Sidney, K. L. Schlozman and H. E. Brady, *Voice and Equality: Civic Voluntarism in American Politics*, Cambridge, MA: Harvard University Press, 1995, pp. 310 – 311.

3. 加入网络论坛组织

加入网络论坛组织是相对于加入线下志愿组织而言的，与加入线下志愿组织的测量相似，对于网络论坛组织的测量，本书也同时考虑了受调查者加入网络论坛的数量、类型及个人在网络论坛中的活跃度3个因素，用以下2个题目来测量：您是否在互联网上注册过社交网站或论坛、博客？社交网站（如校友录、校内网、新浪空间、51.com、开心网）、论坛（如强国论坛、复兴论坛、新浪、搜狐、网易、腾讯等门户网站的论坛、天涯论坛、新浪微博、腾讯微博、中国博客等）。备选项为“没有注册、注册了但很少参与组织的活动（即很少发帖或回帖）、注册了并积极参与其组织的活动（即经常发帖或回帖）”，3个选项分别赋值“1、2、3”。2个题目的内部一致性 α 系数为0.857，将2个小题目的得分加总得到受调查者加入网络论坛组织的总得分。

4. 接受网络政治动员

接受网络政治动员是相对于接受线下政治动员而言的，是指通过互联网渠道受到的政治动员，包括通过电子邮件、即时通信工具、网络聊天室等网络沟通方式进行的政治动员，本书将其测量具体操作化为询问受调查者在过去两年内是否有日常生活中，所接触的对象通过互联网动员（邀请或者要求）受调查者参与政治活动，这些对象具体包括家庭成员、亲戚、邻居、同事、朋友、熟人、交情不深的朋友、陌生人、工作单位领导、政府官员、受调查者所加入志愿组织的负责人以及受调查者所加入的论坛或社交网站的负责人11类群体，备选答案包括“没有、很少、有时、经常、总是”五分类定序选项，分别赋值“1、2、3、4、5”分。11个小题目的内部一致性系数 α 为0.944，KMO 度量值0.918，Bartlett 的球形度检验很显著。说明适合做因子分析，以特征值大于1为提取因子标准，提取出了一个公共因子，但“受到来自政府官员的动员”题项在公共因子上的载荷只有0.065，远小于0.50的载荷标准。因此删掉此项重新进行因子分析，因子分析检验结果 KMO 度量值0.943，Bartlett 的球形度检验也很显著，最终提取的公共因子解释了83.56%的方差，将其命名为网络政治动员因子。本章所涉及的主要变量的测量层次及相应的主要统计量见表4-1。

表 4-1　　第四章主要变量测量层次与主要统计量

<table>
<tr><th rowspan="2">变量性质</th><th rowspan="2" colspan="2">变量名称</th><th rowspan="2">变量类型</th><th rowspan="2">变量编码</th><th colspan="2">统计量</th></tr>
<tr><th>平均值</th><th>标准差</th></tr>
<tr><td rowspan="4">因变量</td><td colspan="2">人大代表选举投票</td><td>两分类变量</td><td>1 = 投票，0 = 没有投票</td><td>0.61</td><td>0.49</td></tr>
<tr><td colspan="2">村委会或居委会投票</td><td>两分类变量</td><td>1 = 投票，0 = 没有投票</td><td>0.71</td><td>0.46</td></tr>
<tr><td colspan="2">传统政治参与</td><td>连续性变量</td><td></td><td>45.74</td><td>34.61</td></tr>
<tr><td colspan="2">网络政治参与</td><td>连续性变量</td><td></td><td>46.10</td><td>38.73</td></tr>
<tr><td rowspan="4">自变量</td><td rowspan="2">线下动员组织</td><td>线下政治动员</td><td>连续性变量</td><td></td><td>0</td><td>1</td></tr>
<tr><td>线下组织加入</td><td>连续性变量</td><td></td><td>0</td><td>1</td></tr>
<tr><td rowspan="2">网络动员组织</td><td>网络政治动员</td><td>连续性变量</td><td></td><td>0</td><td>1</td></tr>
<tr><td>网络组织加入</td><td>连续性变量</td><td></td><td>4.16</td><td>1.57</td></tr>
<tr><td rowspan="4">控制变量</td><td rowspan="2">社会经济地位</td><td>教育程度</td><td>6 分类定序变量</td><td>1 = 小学及以下，2 = 初中，3 = 高中，4 = 大专，5 = 本科，6 = 研究生及以上</td><td>3.94</td><td>1.41</td></tr>
<tr><td>收入水平</td><td>连续性变量</td><td>受访者家庭月收入（元）</td><td>1904.16</td><td>1591.6</td></tr>
<tr><td rowspan="2">人口统计变量</td><td>性别</td><td>两分类变量</td><td>1 = 男性，0 = 女性</td><td>0.55</td><td>0.498</td></tr>
<tr><td>年龄</td><td>连续性变量</td><td>2010 年减去出生年份</td><td>41.58</td><td>11.24</td></tr>
</table>

二　主要研究结果

（一）个体特征对组织加入及政治动员的影响

与政治资源和政治动机的不均衡分配一样，不同的人所受到的政治动员也是不同的，而造成人们所接受的政治动员不同的一个重要原因是，基于社会经济地位差距而形成的公民加入志愿组织的状况不同。志愿组织是政治动员的主要渠道，加入志愿组织越多，在组织中活跃度越高，在社会网络中的地位越突出，受到动员的机会就越多，参与政治活动的可能性也就越大，下面检验个体特征对组织加入与政治动员的影响。

个体特征对组织加入及政治动员的影响：独立样本 t 检验与单因素方差分析。首先利用调查数据比较不同教育程度、收入水平、性别特征及年龄层次的个体，接受政治动员及加入志愿组织的情况，以判断不同个体特征的公民，所受政治动员及所加入的志愿组织是否确实存在差异，然后，在此基础上进一步判断，所受政治动员和加入志愿组织的差异能否以及如何影响政治参与。以教育、收入、性别及年龄为自变量，以线下政治动员、线下组织加入、网站政治动员及网络组织参与为因变量，运用独立样本 t 检验与单因素方差分析方法进行分析，结果见表 4－2。

表 4－2　个体特征因素对组织加入及政治动员影响的独立样本 t 检验与单因素方差分析

		线下政治动员	线下组织加入	网络组织加入	网络政治动员
性别	男性	0.11	0.18	4.19	0.15
	女性	0.09	0.15	3.14	0.11
	t 统计值	13.26***	35.12***	12.23***	11.23***
年龄（岁）	20 及以下	－0.73	－0.81	3.80	－0.47
	20—30	－0.76	－0.76	4.05	－0.41
	30—40	0.31	0.26	4.86	0.21
	40—50	0.35	0.41	4.37	0.22
	50—60	－0.42	－0.60	3.85	－0.82
	60 及以上	－0.75	－0.86	3.82	－0.99
	F 统计值	72.79***	93.18***	13.12**	16.87***
学历	小学	－0.78	－0.87	3.99	－0.73
	初中	－0.68	－0.58	4.33	－0.69
	高中、中专	0.21	0.07	4.03	－0.41
	大专、高职	0.53	0.56	4.14	－0.05
	大学、本科	0.76	1.04	5.12	0.82
	研究生	1.16	1.05	3.43	1.62
	F 统计值	159.08***	201.72***	15.16***	77.64***
收入（元）	1000 以下	－0.76	－0.79	4.09	－0.55
	1000—2000	－0.54	－0.49	4.25	－0.35
	2000—3000	1.16	1.12	4.44	－0.15
	3000—4000	1.38	1.31	3.64	0.25
	4000—5000	1.35	1.51	2.86	1.41
	5000 以上	1.17	1.42	4.00	1.21
	F 统计值	1135.38***	1159.29***	12.40**	55.56***

注：1. * 表示 $p<0.05$，** 表示 $p<0.01$，*** 表示 $p<0.001$。

2. a 参考类别是女性。

从分析结果来看，教育程度、收入水平、性别状况及年龄层次等个体特征变量，对个体所接受的政治动员及所加入的组织的影响在统计上相当显著。

具体来说，从性别方面看，男性在线下政治动员、线下组织加入、网络政治动员及网络组织加入等 4 项上的均值都显著大于女性，这就是说，相对于女性而言，男性所接受的线下政治动员、网络政治动员，所加入的线下志愿组织和网络论坛组织数量都要显著多于女性。从年龄方面看，不同年龄层次的个体，所接受的政治动员及所加入的志愿组织的均值差异，在统计上都相当显著。从具体数字来看，年龄层次与线下政治动员、线下组织加入、网络政治动员及网络组织加入的关系呈现出倒“U”字形，即中年层次的群体所受到的政治动员及所加入的志愿组织、网络组织，要多于年轻人及老年人。

从学历层次方面看，个体所接受的线下政治动员、网络政治动员，所加入的线下组织及网络组织的状况，总体来看，是随着学历层次的提高而逐渐增加的。从收入水平来看，随着收入水平的提高，个体所受的线下政治动员、网络政治动员及所加入的线下组织大致在逐步上升，只是收入高于 5000 元以上的群体，所受政治动员及所加入的线下志愿组织数量，要略低于相邻收入群体，但仍远高于低收入群体所受到的政治动员及所加入的线下志愿组织。

（二）政治动员、组织加入对参与投票的影响

1. 政治动员、组织加入对参与投票的影响

统计模型设置。下面将分析不同社会经济条件、接受不同政治动员、加入不同的志愿组织对公民参与政治活动的具体作用。首先在控制了社会经济地位变量及人口统计学变量的前提下，分别检验线下政治动员、线下组织加入及网络政治动员、网络论坛组织加入对参与选举的影响。因为参与选举的测量尺度是两分类变量，因此用 Logistic 回归模型来估计政治动员及组织加入对投票行为的影响。为了将线下政治动员和网络政治动员进行比较，分别设置了 4 个回归模型。模型Ⅰ的因变量是参与村委会或者居委会选举投票，自变量包括线下政治动员及线下组织加入，以检验在控制了个体特征变量作用的情况下，线下政治动员和线下志愿组织加入对参与村委会投票有何影响。模型Ⅱ的因变量也是村委会选举投票，但自变量换成了网络政治动员及网络论坛组织加入，以检验它们对参与村委会或居委会选举投票的影响。模型Ⅲ的因变量是人大代表选举投票，自变量是线下政治动员及线下组织加入，以检验在控制了个体特征变量作用的情况下，线下政治动员和线下自愿组织加入对参与村委会投票有什么影响。模型Ⅳ的因变量也是人大代表选举投票，因变量同样换成了网络政治动员及网络

论坛组织加入，以检验它们对参与人大代表选举投票的影响，模型估计的结果见表4-3。

2. 政治动员、组织加入对参与村委会或居委会投票的影响

模型估计结果。从模型Ⅰ估计的结果来看，在控制住了教育、收入、年龄及性别等4个个体特征变量影响的情况下，线下政治动员及线下组织加入对参与村委会或居委会选举投票的回归系数在统计上显著，而且系数为正数，说明在控制了教育、收入、年龄及性别这4种个体特征因素影响的情况下，个体所受线下政治动员越多，加入的志愿组织越多，在组织中越活跃，则参与村委会选举投票的可能性也越高。同时教育、性别及年龄对参与村委会选举投票的影响在统计上也显著为正，说明在考虑了线下政治动员因素及公民志愿组织加入情况下，教育、年龄和性别因素与参与村委会选举投票有正面关系。

表4-3　政治动员、组织加入对参与投票影响的Logistic回归分析

自变量与控制变量	村委会或居委会选举投票		人大代表选举投票	
	模型Ⅰ	模型Ⅱ	模型Ⅲ	模型Ⅳ
个体特征				
性别a	0.695***	0.218*	0.357**	-0.327
年龄	0.050***	0.145***	0.018**	0.139***
学历	0.512***	1.188***	0.169**	0.861***
收入	0.001	0.001**	0.001**	-0.001**
线下动员组织				
线下政治动员	0.519**	—	0.463**	—
线下组织加入	0.357**	—	1.304***	—
网络动员组织	—	—	—	—
网络政治动员	—	-0.386	—	0.367
网络组织加入	—	0.057	—	-0.032
常量	-3.427***	-9.333	0.072	-6.068***
N	1128	579	1142	582
-2LL	1307.275	175.560	1231.448	177.375
卡方值	42.546	30.839	50.100	18.005

注：1. 表内数字为非标准化回归系数。

2. a参考类别是女性。

3. *表示 $p<0.05$，**表示 $p<0.01$，***表示 $p<0.001$。

模型Ⅱ在控制了个体特征变量影响的条件下，引入网络政治动员及网络论坛加入这两个自变量，从模型估计的结果看，它们参与对村委会或居委会选举投票的回归系数在统计上都不显著，这说明对于网民来说，所接受的网络政治动员状况以及所加入的论坛数量等因素，对于他们是否参与村委会或居委会选举投票没有影响。而在引入了网络政治动员及网络论坛组织变量的情况下，教育、收入、学历、性别等个体特征变量的回归系数依然显著为正数，这说明对于网民来说，是否会参与村委会或居委会选举投票很大程度上依然受制于这些人口特征因素的影响。

3. 政治动员、组织加入对参与人大代表选举投票的影响

从模型Ⅲ的估计结果来看，在控制了人口特征变量影响的基础上，线下政治动员及线下志愿组织加入状况，对参与人大代表选举投票的回归系数在统计上相当显著，而且回归系数也为正数，说明在考虑了教育、收入、性别、年龄等相关因素影响的条件下，如果公民受到的线下政治动员越多，加入的志愿组织越多，则参加人大代表选举投票的可能性也越大。同时，在考虑了个人所受到的政治动员及所加入的志愿组织情况影响的条件下，他们是否参与人大代表选举还与其受教育程度、收入水平、性别状况和年龄层次有关系。这一结果基本与个人参与村委会或居委会选举的影响因素相同。

模型Ⅳ在控制了人口特征变量的基础上，引入了网络政治动员及网络论坛加入作为因变量，从模型估计的结果看，网络政治动员及网络组织加入，对参与人大代表选举投票的回归系数在统计上不显著，这说明对于网民来说，其受到的网络动员状况及其所加入的网络组织情况，和他们是否参与人大代表选举投票没有关系。

综合起来看，对于参与选举活动来说，线下政治动员及线下志愿组织加入具有显著的正面影响，而网络政治动员及网络组织加入对于参与选举活动没有影响。

（三）政治动员、组织加入对传统政治参与和网络政治参与的影响

1. 政治动员、组织加入对传统政治参与和网络政治参与的影响

统计模型设置。下面将在控制了社会经济地位变量及人口统计学变量影响的前提下，检验政治动员、志愿组织加入对传统政治参与及网络政治参与的影响。因为参与传统政治活动及网络政治活动的测量尺度是连续性变量，因此用多元回归模型来估计政治动员及组织加入的影响。为了将线

下政治动员和网络政治动员进行比较研究，分别估计了四个多元回归模型。模型Ⅰ的因变量是参与传统政治活动，自变量包括线下政治动员及线下组织加入，以检验在控制了个体特征变量作用的情况下，线下动员和线下组织加入对参与传统政治活动有什么影响。模型Ⅱ的因变量也是参与传统政治活动，但自变量由线下政治动员和线下组织加入变换成了网络政治动员及网络组织加入，以检验它们对参与传统政治活动的影响。模型Ⅲ的因变量是网络政治参与，自变量是线下政治动员及线下组织加入，以检验在控制了个体特征变量影响的情况下，线下动员和线下组织加入对参与网络政治活动有什么影响。模型Ⅳ的因变量也是网络政治参与，因变量同样换成了网络政治动员及网络组织加入，以检验它们对参与网络政治活动的影响。模型估计的结果见表4－4。

表4－4　　政治动员、组织加入对传统政治参与和网络政治参与影响的多元回归分析

自变量与控制变量	传统政治参与		网络政治参与	
	模型Ⅰ	模型Ⅱ	模型Ⅲ	模型Ⅳ
个体特征				
性别a	0.086***	0.100**	0.053	0.016
年龄	0.020**	0.729***	-0.270***	-0.241***
学历	0.082***	0.337***	0.104***	0.453***
收入	0.075***	0.114**	0.087**	0.135***
线下动员组织				
线下政治动员	0.369***	—	—	0.247**
线下组织加入	0.471***	—	—	0.382***
网络动员组织	—	—	—	—
网络政治动员	—	-0.070	0.807***	—
网络组织加入	—	0.003	0.100***	—
N	1118	572	566	571
F统计值	102.418***	120.842***	76.691***	55.787***

注：1. 表内数字为标准化回归系数。

2. a参考类别是女性。

3. *表示 $p<0.05$，**表示 $p<0.01$，***表示 $p<0.001$。

2. 政治动员、组织加入对传统政治参与和网络政治参与的影响

模型估计结果。线下政治动员、线下组织加入对传统政治参与的影

响。模型Ⅰ在控制了个体特征变量影响的基础上，引入线下政治动员和线下组织加入这两个变量，以检验它们对参与传统政治活动的影响。从模型Ⅰ估计的结果看，线下政治动员与线下组织加入，对传统政治参与的回归系数在统计上相当显著，而且系数值为正数。说明接受线下政治动员及加入公民志愿组织，对于参与传统政治活动的促进作用相当明显。而且线下政治动员与线下组织加入的系数绝对值在模型Ⅰ中是最大的，说明相比较与个体特征变量而言，它们对公民是否参与传统政治活动的影响最大，根据这一检验结果。在模型Ⅰ中教育、收入、年龄和性别等变量的回归系数也显著为正数，说明它们都与是否参与传统政治活动有正面联系，即在考虑了所受线下政治动员和所加入的志愿组织状况影响的前提条件下，学历层次较高、收入水平较高、年龄层次中年、性别男性的人，更可能参与传统政治活动。

作为社会经济地位重要组成部分的受教育程度与传统政治参与，具有显著的正向关系，关于其中的原因，康威（Conway）认为，这是因为：一是受教育程度较高的人一般更了解政治系统的结构与运行程序，更加清楚政府行为对他们自身生活的影响；二是受教育较多的人更可能居住在存在较多政治压力的社会环境中；三是受教育水平较高的人更可能来自父母受教育水平也较高的家庭，家庭政治社会化的影响也可能使他们更多参与政治；四是教育水平越高，越可能学得一些有助于提高政治参与水平所必需的民主技能。①

网络政治动员、网络组织加入，对传统政治参与的影响。模型Ⅱ在控制了人口特征变量作用的基础上，引入网络政治动员与网络组织加入这两个变量，以检验它们对网民参与传统政治活动的影响。模型Ⅱ估计的结果显示，网络政治动员与网络组织加入，对传统政治参与的回归系数在统计上不显著，这说明根据检验结果，网络政治动员与网络组织加入对网民是否参与传统政治活动没有影响。模型Ⅱ中在考虑了网络政治参与与网络组织加入影响的情况下，教育、收入、性别和年龄的回归系数依然显著为正数，说明这些个人特征因素对网民是否参与传统政治活动的影响同样显著。

综合模型Ⅰ和模型Ⅱ的检验结论可以看出，对于传统政治参与活动来

① Conway, M. M., *Political participation in the United States*, 2nd Ed. Washington, DC: CQ Press, 1991, pp. 23 – 24.

说，在考虑了线下政治动员、线下组织加入或者网络政治动员、网络组织加入影响的情况下，教育、收入、年龄和性别这4个个体特征因素的正面影响始终很显著。这就是说，这些因素对传统政治参与的影响在各种条件下都很稳定，传统政治活动中参与较多的人就是那些教育程度较高、收入水平较高、中年、男性群体，其他群体的参与程度要小于这些群体。基于这些个体特征的社会分层在每个社会中都不可避免地存在着，由此必然造成政治参与程度的差异。

网络政治动员、网络组织加入对网络政治参与的影响。模型Ⅲ在控制了人口变量作用的基础上，引入网络政治动员和网络组织加入这两个变量，以检验它们对网络政治参与的影响状况。模型Ⅲ估计的结果显示，网络政治动员与网络组织加入的回归系数显著为正数，说明在考虑了教育、收入、性别和年龄因素影响的情况下，如果网民受到的网络政治动员越多、加入网络组织越积极，那么他们就越有可能参与网络政治活动。在模型Ⅲ中，在考虑网络政治动员与网络组织加入影响的情况下，教育、收入及年龄变量的回归系数在统计上显著，其中教育和收入的回归系数为正数，说明这两个社会经济变量依然是决定网民是否参与网络政治活动的重要因素，但年龄与网络政治参与的系数显著为负值，说明年轻人比中老年人更多地通过网络方式参与政治活动，互联网的使用应该有助于缩小因年龄不同而造成的传统政治参与差距。另外，模型Ⅲ中性别与传统政治参与的回归系数在统计上不显著，说明性别因素对于网民是否参与网络政治活动没有影响，也就是说，虽然在传统政治活动中，女性一般比男性更少参与，但是在网络政治活动，女性并不一定比男性更少参与。这一状况说明女性可能借助于互联网这种政治参与的新渠道更多地参与政治活动，从而可能会缩小、最少不至于进一步扩大性别之间的网络政治参与差距。

线下政治动员、线下组织加入对网络政治参与的影响。模型Ⅳ在控制人口特征变量影响的基础上，引入线下政治动员与线下组织加入这两个变量，以检验它们对网民参与网络政治活动的影响。模型估计的结果显示，线下政治动员和线下政治讨论对网络政治参与的系数在统计上显著，而且为正数，这说明对于网民来说，接受线下政治动员及加入线下志愿组织能够促进他们以网络形式参与政治活动。在模型Ⅳ中，在考虑了线下政治动员和线下组织加入影响的情况下，教育、收入和年龄的回归系数在统计上显著，其中教育和收入的回归系数为正数，说明对于网民来说，以互联网方式参与政治活动，依然受教育和收入因素制约，受教育程度越高、收入水平越高的网民越有可能参与网络政治活动。年龄与网络政治参与的系数在统计上显著而且为负数，说明在控制了其他因素影响的情况下，年轻人比中老年人更多地通过互联网方式参与政治。这一点与模型Ⅲ的估计结果一致。同时，在模型Ⅳ中，性别对网络政治参与的回归系数不显著，表明在网络环境下，女性并不比男性更少参与政治活动。这一点也与模型Ⅲ的估计结果一致。

综合模型Ⅲ和模型Ⅳ的检验结果可以看出，在考虑了线下政治动员、线下组织加入，或网络政治动员、网络组织加入影响的情况下，个体特征变量中的教育与收入的系数始终为显著且为正数，这说明对于网民来说，是否利用互联网参与政治活动，依然是受到收入水平及教育程度约束的，那些受教育程度较高、收入水平较高的网民往往是网络政治参与中的活跃分子，将这一点和传统政治参与活动联系起来看，就意味着，那些教育程度较高、收入水平较高的人，既是传统政治参与活动中的活跃分子，也是网络政治参与中的活跃者，教育和收入差异是强化传统政治参与差距的首要原因。不过，网络政治参与中，年龄的回归系数始终显著为负数，表明即使在考虑其他情况影响的条件下：年轻人都比中老年人更多参与网络政治活动，由于在传统政治参与方式中，年龄与参与显著正相关，说明和中老年人相比，年轻人一般更少参与传统政治活动；但在网络政治参与中，年龄与参与的关系反转了过来，年轻人比中老年人更多地参与。根据第二章的分析，这主要是因为与中老年人相比，年轻人掌握了更多的网络技能，网络资源更丰富。从这一点看，互联网的使用具有动员传统政治参与中的不活跃者——年轻人更多地通过网络形式参与政治活动的作用，因此，互联网将有利于缩小传统政治参与中基于年龄差异而形成的参与差距。

综合模型Ⅲ和模型Ⅳ的检验结果还可以发现，在考虑了线下政治动员、线下组织加入或网络政治动员、网络组织加入影响的情况下，个体特征变量中的性别系数始终不显著，说明对于网民来说，是否会利用互联网参与政治活动与网民的性别无关，也就是说，在互联网环境中，女性网民不一定比男性网民更少参与政治活动。在传统参与方式下，女性比男性更少参与政治活动；而网络参与方式下，性别差异与参与可能性无关。所以互联网的使用将有利于减少、至少不会进一步拉大传统政治参与方式中，基于性别差异而造成的政治参与差距。

最后，综合分析四个模型的估计结果，比较传统政治参与活动与网络政治参与活动影响因素的差异，可以发现，线下政治动员和线下组织参与，对于传统政治参与活动以及网络政治参与活动都有显著的正面影响。这是因为线下动员不同于网络动员，线下政治动员一般是在现实社会网络中通过面对面的人际沟通方式进行的，受动员者与动员主体之间一般在社会网络中有密切的联系，根据政治参与的政治动员模型可以知道，除了极少数人之外，大多数个体都是内嵌于由家庭、学校、工作场所、志愿组织等组成的社会网络之中的，这些社会网络为集体行动提供了选择性激励机制，那些积极回应来自他所在社会网络动员请求的人，会获得社会网络的选择性奖励，而那些不回应社会网络动员请求的人，往往会不受社会网络欢迎。由于人们的生活是内嵌于社会网络的，没有谁希望自己不受自身所处社会网络的欢迎，因此，积极回应来自社会网络的政治动员请求就成了人们的最优选择。网络动员作为一种通过互联网进行的新的动员方式，其最大的优势是极大地降低了政治动员的成本，扩大了政治动员的范围，但是与此优势相伴随的一个不足之处是，网络政治动员减少了传统政治动员中的面对面交流的机会，由于动员效果在很大程度上取决于动员主体和动员对象之间的情感交流，缺少了这一环节，网络动员的成功率可能就没有线下动员那么高了。也就是说，通过现实社会网络进行的线下政治动员效果，一般要好于网络政治动员的效果。这就是线下政治动员与网络政治参与及传统政治参与都有正向关系，而网络政治动员仅与网络政治参与有正向关系，而与传统政治参与没有关系的原因之一。

线下志愿组织加入，对传统政治参与及网络政治参与都有显著的正面促进作用。志愿组织促进政治参与是通过三种机制发生作用的。第一，志愿组织本身就是政治动员的一种重要社会网络①。第二，志愿组织是培养成员公民技能的新平台②。第三，志愿组织是提供政治新闻、进行政治讨论的新渠道③。通过这些作用机制，线下政治组织的政治动员效果往往很

① Verba, Sidney, K. L. Schlozman and H. E. Brady, *Voice and Equality: Civic Voluntarism in American Politics*, Cambridge, MA: Harvard University Press, 1995, p. 309.

② Ibid., p. 370.

③ Ibid., p. 310.

明显，维巴也十分强调加入志愿组织对政治参与平等化的影响[①]。

三 主要研究结论及含义

本章利用政治参与的政治动员模型，在控制了收入、教育、性别及年龄等主要个体特征变量影响的情况下，通过比较线下政治动员、线下志愿组织加入及网络政治动员、网络论坛组织加入等因素，对投票行为、传统政治参与行为及网络政治参与的影响，来判断互联网能否及如何改变政治动员状况，并通过改变政治动员状况如何进一步影响政治参与，以及这种影响将对政治参与平等化起到何种作用。实证分析的主要结论及相关含义如下：

第一，总体来说，不同教育程度、收入水平、性别状况及年龄层次的个体，所接受的政治动员状况及所加入的志愿组织状况在统计上显著不同。具体来说，从性别差异看，男性所接受的线下政治动员、网络政治动员，所加入的线下志愿组织和网络论坛组织数量都显著地多于女性。从年龄不同所引起的差异来看，年龄层次与线下政治动员、线下组织加入、网络政治动员及网络组织加入的关系呈现出倒“U”字形，即中年层次的群体所受到的政治动员及所加入的志愿组织、网络组织要多于年轻人及老年人。从学历层次差异看，个体所接受的线下政治动员、网络政治动员，所加入的线下组织及网络组织的状况，总体来随着学历层次的提高而逐渐增加的。从收入水平来看，随着收入水平的提高个体所受的政治动员及所加入的组织都在逐步上升，但是收入高于5000元以上的群体所受政治动员及所加入的志愿组织数量，要略低于相邻收入群体，但仍远高于低收入群体所受到的政治动员及所加入的志愿组织。

第二，教育与收入对传统政治参与及网络政治参与具有促进作用。即受教育程度越高、收入水平越高，参与传统政治活动与网络政治活动的可能性越大，这说明教育和收入差异是造成政治参与差距的重要原因，互联网的使用将会强化受教育程度高、收入水平高的人在网络政治参与中的优势地位，从而会继续扩大传统政治参与中因教育和收入差异而造成的参与差距。

第三，性别与传统政治参与是正向关系，而与网络政治参与没有关

---

① Verba, Sidney, Norman H. Nie, Jae-on Kim, *Participation and political equality: a seven-nation comparison*, Cambridge, Eng.; New York: Cambridge University Press, 1978, pp. 84-91.

系。在考虑了其他相关因素的情况下，性别与传统政治参与是正向关系，与网络政治参与没有关系，这表明男性比女性更多地参与传统政治活动，但性别差异对于网民是否参与网络政治活动没有影响，即女性不一定会比男性更少参与网络政治活动，这就意味着互联网的使用可以促进女性更多地通过互联网参与政治活动，对于缩小女性和男性之间在传统政治参与中的参与差距可能具有一定作用，至少互联网的使用不会扩大女性和男性之间的参与差距。

第四，年龄与传统政治参与有正向关系，与网络政治参与有负向关系。也就是说，在传统政治参与方式中，中老年人的参与政治活动的可能性高于年轻人；但在网络政治参与方式中，年轻人的参与率要高于中老年人。这说明互联网的使用能够促进传统政治参与中的不活跃者——年轻人通过互联网这种方式更多地参与政治活动，从而有助于缩小年轻人和中老年人之间，在传统政治参与方式中已经存在的参与差距。

第五，线下政治动员、线下志愿组织加入对村委会投票、人大代表选举投票、传统政治参与和网络政治参与都有促进作用。在考虑了不同人口特征变量的情况下，线下政治动员、线下志愿组织加入与投票参与、传统政治参与和网络政治参与都有正向关系，说明接受线下政治动员越多，加入线下组织越多的人既有可能更多地参与投票、和传统政治活动，也有可能更多地参与网络政治活动，这一结论意味着线下政治动员和加入公民志愿组织确实能够促进公民更多地参与传统政治活动，并且可能将促进效果也传递到互联网上。同时，这也意味着互联网的使用，将会进一步扩大接受线下政治动员较多、加入线下志愿组织较多者，与那些接受线下政治动员较少、加入线下志愿组织较少者之间，在线下政治参与方式中已经形成的参与差距。

第六，网络政治动员、网络组织加入对参与村委会投票、人大代表选举投票、和传统政治活动没有影响，但对参与网络政治活动有正向关系。在控制了人口特征变量作用的基础上，网络政治动员和加入网络论坛组织，对于是否以传统方式参与政治活动没有影响，这就是说，接受网络政治动员较多、加入网络论坛组织较多的网民，并不一定会比那些接受网络动员较少、加入网络论坛组织较少的网民，更多地参与投票或其他传统政治活动，这说明网络动员的效果可能无法传递到现实生活中，网络动员的效果还是要稍逊于线下面对面通过社会网络进行的政治动员的效果。网络政治动员与网络论坛组织加入，对网络政治参与活动有正面促进作用说明，接受网络政治动员较多、加入网络论坛组织较多的网民，比其他网民参与网络政治活动的可能性更大。这也意味着，虽然网络政治动员对于网民是否参与线下政治活动没有影响，但是它对于网民参与网络政治活动还是具有一定效果的。

结　论

一　研究背景回顾

政治参与是指普通公民试图影响或者实际影响政府行为的活动，是公民向政府部门表达利益诉求、维护合法权益的一项重要政治权利。合格公民一般在法律上拥有平等的政治参与权，但现实社会中人们却并没有平等地利用这项权利，只有少部分人在参与政治，另一部分人很少甚至从不参与政治活动。对于这一现象，精英民主理论认为，参与投票是公民唯一可行的政治参与方式，其他时候大多数人的政治冷漠有利于维护民主制度的稳定运行，对于这一现象没有必要担心，因为官员的选择权仍然掌握在人民的手中。但多元民主理论、参与民主理论及协商民主理论则都认为，大部分公众对政治的冷漠违背民主理论本义，也不利于民主制度本身健康发展。因而，寻找造成政治参与差距的原因，就成为行为主义政治学革命后西方政治学研究的一个重要方面。

已有的解释这一现象的理论模型，主要有理性选择理论、标准社会经济地位模型、政治动机模型、政治动员模型、社会资本理论及公民志愿主义模型等。这些模型都从某一方面对人们为什么参与政治活动这一问题提供了一定的理论解释，其中维巴的公民志愿主义模型，从某些方面可以说是对前面五种理论模型的综合与超越。根据公民志愿主义理论，人们之所以不参与政治是因为他们没有资源不能参与、没有动机不想参与、没有机会、没人动员他们参与。反过来说，有些人之所以积极参与政治活动，是因为他们有资源能够参与、有动机想要参与、有机会可以参与。政治资源、政治动机和政治动员差异是造成公民政治参与差距的重要因素，而这三个因素又都与公民的性别特征、年龄层次、教育程度、收入水平等个人特征因素及个人加入外部组织的状况有密切关系。这样，公民志愿主义理论就建立了一套相对完整的从个人层次、微观视角解释政治参与原因的理论模型，即公民政治参与的状况是由自身的社会经济地位、人口统计学特征、所拥有的政治资源、自身的政治动机、所受到的政治动员及所加入的志愿组织状况这些因素共同决定的。具备这些因素中有利成分的人就能更多地参与政治；反之，则会更少地参与。所以这一理论同时也是解释政治参与差距的理论模型。根据这一理论模型，可以作以下推断，如果某一外在因素能够改变这些政治参与的影响因素，那么这一外在因素就能够影响政治参与的总体分布，从而可能扩大或者缩小原有的政治参与差距。

互联网的出现使人们看到了它改变线下政治参与中基于教育、收入等结构性因素而造成的政治参与差距的潜力。一方面，互联网作为一种新的沟通媒介为人们在线下政治参与方式之外开辟了一条新的参与渠道，这条渠道减少了参与的成本，降低了参与的门槛，因此可能会促进以前那些参与不活跃的人转而通过互联网方式积极参与政治；另一方面，互联网也可能通过改变线下政治参与影响因素的分布而间接影响政治参与。关于互联网的使用将如何影响政治参与，西方已有的研究基本上形成了两种相反的观点：一种是促进论的观点，这一观点认为，互联网作为一种新的信息通信工具，其强大的信息和通信功能，改变了公众获取信息和交流沟通的方式，降低了人们获取信息和交流沟通的成本，从而也降低了通过互联网参与政治活动的成本，降低了成本就相当于增加了资源，因而，互联网的使用将能够促进那些线下政治参与中的边缘群体变得积极起来，从而会缩小已有的参与差距。另一种观点是强化论的观点，这种观点认为，互联网的使用并不能缩小线下政治参与方式中已经形成的政治参与差距，反而会进一步强化优势群体的优势，从而会进一步拉大已有的差距，这是因为虽然互联网会降低政治参与的成本，但是要利用互联网参与政治活动本身却是有成本的，这种成本就是“数字鸿沟”的存在，能够支付互联网使用成本，并利用互联网参与政治活动的人往往就是那些线下政治活动中的活跃者。根据强化论的观点，在旧的参与差距没有缩小的情况下，互联网又在线下政治参与中的活跃者和非活跃者之间造成了新的参与差距，所以互联网使用本身不仅不会缩小反而会扩大政治参与差距。

本书在分析已有相关文献的基础上，构建了互联网影响政治资源、政治动机和政治动员进而影响政治参与的模型（见图 1 –3），并利用中国湖北省的调查数据，来检验互联网对中国公民政治参与平等化影响的具体状况。

根据公民志愿主义模型，在线下政治参与方式下，造成公民政治参与差距的主要因素是由于教育、收入、年龄、性别等个体因素和个人所加入的组织状况等外部因素，所决定的政治资源、政治动机和政治动员的差异。在线下政治参与方式下，那些积极参与的人往往是那些受教育程度较高、收入水平较高、政治资源丰富、政治动机较高、所受政治动员较多的男性中年人，而这些因素之间也存在相互强化的现象，即那些受教育程度较高、收入水平较高、政治资源丰富、政治动机较高、受政治动员较多的人往往是同一人群，这就造成了政治参与差距可能会不断扩大的情况，即活跃者会变得更加活跃，冷漠者会将变得更加冷漠。在这种状况下要研究互联网对政治参与平等化的影响效果，就是在承认线下政治参与差距的基础上，在承认互联网提供了一条新的政治参与渠道的前提下，检验互联网如何通过改变政治参与的影响因素，进而来影响政治参与状况。

二　研究结论总结

本书在第一章理论分析的基础上，从第二章开始连续三章分别从互联网对政治资源的影响、互联网对政治动机的影响以及互联网对政治动员的影响等三个不同角度，分别比较了线下政治参与的影响因素和网络政治参与的影响因素，以及互联网使用对线下政治参与和网络政治参与影响的状况，通过检验互联网使用对政治资源、政治动机及政治动员的影响状况来判断互联网对政治参与平等化的作用。现将主要研究结论作一下简要总结。

（一）互联网对政治资源和政治参与的影响

第一，教育、收入、年龄及性别（以女性为参照）因素与传统政治参与均有正向关系。教育、收入与网络政治参与有正向关系，年龄与网络政治参与有负向关系、性别与网络政治参与无关。第二，空余时间、公民技能等线下资源与传统政治参与有正向关系，但都与网络政治参与没有关系。第三，网络技能、网龄及上网时长等网络资源与网络政治参与有正面联系，但都与传统政治参与没有关系。

（二）互联网对政治动机和政治参与的影响

第一，网络政治新闻、网络政治讨论和网络政治参与和传统政治参与都有正向关系。第二，线下政治新闻、线下政治讨论和传统政治参与和网络政治参与都有正向关系。第三，政治动机总体上与政治参与关系显著。外部效能感、内部效能感、政治信任、政治知识、政治兴趣、普遍信任和特殊信任等7项政治动机变量都和传统政治参与有显著关系，其中前6项和传统政治参与是正向关系，最后1项特殊信任和传统政治参与是负向关系。政治动机中外部效能感与政治兴趣和网络政治参与有正向关系，内部效能感、政治信任、普遍信任和网络政治参与有负向关系，政治知识及特殊信任和网络政治参与没有关系。第四，教育程度、收入水平、年龄层次以及性别特征等个体特征与政治动机有显著关系，其中教育程度、收入水平及性别特征（以女性为参照），总体上与外部效能感、内部效能感、政治信任、政治知识、政治兴趣、普遍信任和特殊信任等政治动机有正向关系。第五，获取政治新闻、参与政治讨论总体上会对政治动机产生影响，通过报纸、广播、电视等传统媒体获取政治新闻，与外部政治效能感、内部政治效能感、政治知识、政治兴趣和普遍信任有显著的正向关系，但获取政治新闻对政治信任和特殊信任没有影响。在现实生活中同其他人讨论政治问题，对于提升外部效能感、内部效能感、对政府的信任度、增长政治知识、提高政治兴趣及培养特殊信任有正向关系，但对于培养对大多数人的信任没有作用。浏览网络政治新闻对于提高外部效能感、内部效能感、丰富政治知识及提高政治兴趣有正面作用，但对于培养对政府部门的信任、对社会上大多数人的信任及对与自己有紧密关系的人的信任没有作用。参与网络政治讨论能够提升外部效能感、内部效能感、增长政治知识、激发政治兴趣及培养对大多数人的信任，但对于提升政治信任度及特殊信任度没有作用。第六，获取网络政治新闻和参与网络政治讨论，对参与村委会或居委会投票以及参与人大代表选举投票没有影响。

（三）互联网对政治动员和政治参与的影响

第一，线下政治动员、线下志愿组织加入与传统政治参与和网络政治参与都有正向关系。第二，网络政治动员、网络论坛加入与网络政治参与有正向关系，但和传统政治参与没有关系。第三，学历、教育及性别（以女性为参照）与线下政治动员和线下志愿组织加入有正向关系，年龄与线下政治动员及线下志愿组织加入呈倒“U”字形关系。学历、教育及性别（以女性为参照）与网络政治动员和网络论坛加入有正向关系，年龄与网络政治动员及网络论坛加入呈倒“U”字形关系。第四，网络政治动员、网络论坛加入，对参与村委会或居委会选举投票和参与人大代表选举投票没有影响。

三　促进还是强化——互联网的政治参与平等化效应

在总结前面三章经验研究结论的基础上，下面本书将试图回答这一问题：互联网的使用对于政治参与平等化到底起到了什么作用，是促进了线下政治参与方式中的不活跃者通过互联网这种方式积极参与政治，从而在总体上缩小了已有的参与差距，还是仅仅强化了线下政治参与方式中活跃者的优势，从而在总体上进一步扩大了活跃者和冷漠者之间已有的参与差距？根据前面的研究结果，由于浏览网络政治新闻、参与网络政治讨论、接受网络政治动员和加入网络组织等因素，对公民参与村委会或居委会选举投票及参与人大代表选举投票没有影响，所以下面将重点通过分析互联网，对传统政治参与和网络政治参与的影响，来判断其政治参与平等化效应，具体的分析逻辑如下。

不论是传统政治参与还是网络政治参与，从参与所需的条件看，两种参与方式都要受一定因素影响，这些因素有的既与传统政治参与有关系，又与网络政治参与有关系，而有些因素则要么只与传统政治参与有关系而与网络政治参与无关系，要么只与网络政治参与有关系而与传统政治参与无关系。这些关系本身又可以分为正向关系（即同时增加或同时减少）和负向关系（即一个增加而另一个减少）。将已研究过的所有影响传统政治参与或网络政治参与的因素综合起来，看这些因素与传统政治参与或网络政治参与是正向关系、负向关系还是没有关系。然后，以传统政治参与为基准，将这些因素与传统政治参与的关系，同它们与网络政治参与的关系进行对比，以判断通过这些因素的作用，互联网的使用到底是促进弱势从而缩小差距，还是强化优势进而扩大差距。

如果某一因素与传统政治参与有正向关系，同时与网络政治参与也有正向关系。也就是说，如果传统政治参与中的有利因素同时也是网络政治参与中的有利因素的话，那么就说明这一因素既会促进传统政治参与又能促进网络政治参与，它会在引起传统政治参与差距的基础上，继续造成网络政治参与的差距，也就是说，这一因素将会在总体上扩大政治参与差距。从这一因素的作用看，互联网的使用将会起到强化已有优势、扩大已有差距的作用。

如果某一因素与传统政治参与有正向关系，但与网络政治参与没有关系。也就是说，如果传统政治参与中的有利因素在网络政治参与中没有作用的话，那就说明这一因素只对传统政治参与起促进作用，而对网络政治参与没有作用，在造成传统政治参与差距的基础上，它不会进一步拉大网络政治参与的差距，从而可能在总体上缩小（至少不会加大）政治参与差距。从这一因素的作用看，互联网的使用将会起到促进传统政治参与中不活跃者更多参与政治活动的作用，从而可能会缩小已有差距。

如果某一因素与传统政治参与有正向关系，而与网络政治参与有负向关系。也就是说，如果传统政治参与环境中的有利因素变为网络政治参与中的不利因素的话，这说明这一因素只能促进传统政治参与，而对网络政治参与起阻碍作用，那么它在形成传统政治参与差距的基础上，将会缩小网络政治参与的差距。从这一因素所起的作用上说，互联网的使用可能会起到促进传统政治参与中的不活跃者更多参与政治的作用，从而在总体上会缩小已有参与差距。

如果某一因素与传统政治参与没有关系，但与网络政治参与有正向关系。也就是说，这一因素对形成传统政治参与差距没有影响，但是会造成网络政治参与差距，并且如果在网络政治参与差距中处于优势地位者恰好是传统政治参与中的不利群体的话，则说明互联网的使用可能会起到促进传统政治参与中的不活跃者更多参与的作用，从而在总体上会缩小已有参与差距。反之，如果网络政治参与差距中处于优势地位者同时也是传统政治参与中的活跃者的话，则说明互联网的使用将会强化已有优势、扩大已有差距。

如果某一因素与传统政治参与有负向关系，而与网络政治参与有正向关系。也就是说，如果传统政治参与中的不利因素成为网络政治参与中的有利因素的话，则说明这一因素将会起到促进传统政治活动中的不活跃者更多参与政治的作用，从而表明互联网的使用将会缩小已有的参与差距。

结合前面总结的传统政治参与和网络政治参与的影响因素及其影响方向，根据以上分析逻辑，可以归纳出互联网使用对政治参与平等化的影响效果，见表5-1。

从表5-1可以看出，个体特征变量中，教育和收入与传统政治参与有正向关系，也与网络政治参与有正向关系，传统政治参与中的活跃者是那些受教育程度越高、收入水平越高的人，这群人同样也会是网络政治参与中的活跃者，而那些受教育程度低、收入水平低的人，在传统政治参与中是冷漠者，在网络政治参与中同样也会是冷漠者。这样，互联网的使用就会通过教育和收入与网络政治参与的正向关系，而进一步扩大传统政治参与中基于教育和收入差异而造成的已有差距。以教育和收入差异为主要标志的社会经济地位差异，是造成传统政治参与差距的重要原因，这一差异通过互联网的使用进一步强化了高学历、高收入者在网络政治参与中的优势地位，从而成为扩大已有差距的首要原因。

表 5 – 1　互联网对政治参与平等化的影响效果

		传统政治参与	网络政治参与	互联网使用对政治参与差距的影响效果
个体特征	教育程度	正向关系	正向关系	强化
	收入水平	正向关系	正向关系	强化
	性别特征	正向关系（女性）	没有关系	促进（女性）
	年龄层次	中年	青年	促进（青年人）
线下资源	空余时间	正向关系	没有关系	促进（无时间者）
	公民技能	正向关系	没有关系	不能确定
网络资源	网络技能	没有关系	正向关系	不能确定
	网龄	没有关系	正向关系	不能确定
	上网时长	没有关系	正向关系	不能确定
政治动机	外部效能感	正向关系	正向关系	强化
	内部效能感	正向关系	负向关系	促进
	政治信任	正向关系	负向关系	促进
	政治知识	正向关系	没有关系	促进
	政治兴趣	正向关系	正向关系	强化
	普遍信任	正向关系	负向关系	促进
	特殊信任	负向关系	没有关系	促进
线下新闻讨论	线下政治新闻	正向关系	正向关系	强化
	线下政治讨论	正向关系	正向关系	强化
网络新闻讨论	网络政治新闻	正向关系	正向关系	强化
	网络政治讨论	正向关系	正向关系	强化
线下动员组织	线下政治动员	正向关系	正向关系	强化
	线下组织加入	正向关系	正向关系	强化
网络动员组织	网络政治动员	没有关系	正向关系	不能确定
	网络组织加入	没有关系	正向关系	不能确定

个体特征变量中的性别特征与传统政治参与有正向关系，而与网络政治参与没有关系。在传统政治参与中男性的参与率要比女性高，而在网络政治参与中男性的参与率与女性的参与率没有差别。虽然在传统政治活动中女性比男性更少参与，但是她们参与网络政治活动的可能性并不比男性

小，这就意味着借助于互联网这种政治参与新工具，女性可能更多地参与政治活动，互联网的使用能够促进传统政治参与中的不活跃者——女性群体，通过网络这种新的参与工具更多地参与政治活动，从而能在一定程度上缩小（至少不至于扩大）由于性别差异，而造成的传统政治参与差距。

从个体特征变量中的年龄因素看，在传统政治参与中，更多参与的是那些中年人，年轻人的参与率要比中年人更低，而在网络政治参与中，更多参与的是年轻人，他们参与的可能性要高于中老年人。表明互联网的使用可能会改变年轻人较少参与政治活动的状况，促进这些传统政治参与中的不活跃者更多地借助于互联网这种新工具，以网络参与这种新形式更多地参与政治活动，从而可能有利于缩小基于年龄因素而造成的传统政治参与差距。

线下资源中的空余时间与传统政治参与有正向关系，与网络政治参与没有关系。这说明在传统政治参与中，空余时间越多的人，参与的可能性越多。而在网络政治参与中，空余时间的多少与个人是否参与网络政治活动没有关系，空余时间少的人参与网络政治活动的可能性，并不比空余时间多的人参与网络政治活动的可能性小。也就是说，互联网的使用会带来对政治参与的“时间提升”效应，从而有助于克服传统政治参与受时间约束较大的困境，降低人们参与政治活动时对空余时间的依赖。表明互联网的使用，能够促进传统政治参与中缺乏参与时间的不活跃者，通过网络方式更多地参与政治，从而能够缩小由于时间约束而造成的参与差距。

线下资源中的公民技能因素与传统政治参与有正向关系，与网络政治参与没有关系。在传统政治参与中，公民技能更高的人参与的可能性也更高。而在网络政治参与中，公民技能的大小对于个人是否通过互联网参与政治活动没有影响。公民技能低的人并不比公民技能高的人更少参与网络政治活动。对于那些缺乏线下资源的人来说，虽然线下资源的不足可能使他们很难通过传统渠道参与政治活动，但是这并不意味着他们也同样不能通过网络方式参与政治活动。对于那些缺乏公民技能的人来说，这一局限并不影响他们通过网络方式参与政治活动；如果那些缺乏公民技能的人拥有一定的网络技能的话，那么互联网的使用，将会促进这些缺少公民技能但拥有网络技能的人，通过互联网更多地参与政治，从而有助于缩小因公民技能差异而造成的传统政治参与差距；但如果缺乏公民技能的人同时也缺乏网络技能的话，那么互联网使用对于促进他们参与政治活动来说没有作用。

网络资源中的网络技能、网龄及上网时长与传统政治参与没有关系，与网络政治参与有正向关系。在网络政治参与中，那些精通网络技能的、网龄更长、上网时长更长的人将比那些网络资源较少的人更可能参与。但是在传统政治参与中，这些掌握网络资源较少的人，并不一定就比那些网络资源较多的人更少参与。如果那些掌握较多网络技能的人也是在传统政治参与中较少参与的人群的话，互联网的使用就会促进这些传统政治参与中的不活跃者，更多地通过网络形式参与政治，从而可能会缩小政治参与差距；反之，如果那些掌握较多网络技能的人，同时也是在传统政治参与中的活跃者的话，那么互联网的使用就会强化这些原来活跃者的优势，从而会进一步拉大活跃者与非活跃者之间的已有参与差距。

政治动机中的外部效能感和政治兴趣与传统政治参与有正向关系，同时与网络政治参与也有正向关系。在传统政治参与中，那些外部效能感较强、对政治兴趣较高的人会较多地参与；在网络政治参与中，这批人也同样会更多地参与，而那些外部效能感较弱、政治兴趣较低的人，在传统政治参与及网络政治参与中同样都会较少地参与。这样互联网使用将会强化外部效能感较强、政治兴趣较高的人在网络政治参与中的已有优势，从而会进一步扩大那些外部效能感较弱、政治兴趣较低的人同那些外部效能感较强、政治兴趣较高的人之间已有的参与差距。

政治动机中的内部效能感、政治信任及普遍信任与传统政治参与是正向关系，与网络政治参与是负向关系。在传统政治参与中，那些内部效能感较强、政治信任度较高、普遍信任度较高的人，将比那些内部效能感较弱、政治信任度较低、普遍信任度较低的人更多地参与。也就是说，在传统政治参与环境下，这些内部效能感弱、政治信任度低及普遍信任感低的人由于缺乏参与政治的心理动机，一般会选择不参与，而成为一名传统政治参与的冷漠者。而在网络政治参与中，情况则刚好相反，那些内部效能感弱、政治信任度低、普遍信任度低的人，比那些内部效能感强、政治信任度高、普遍信任度高的人参与的可能性更高。这样，对于那些内部效能感较低、政治信任度较低、普遍信任度较低的人来说，互联网的使用将能够弥补他们在传统政治参与的不利状况，促进他们更多地以互联网方式参与政治活动，从而可能会缩小由于相关政治动机因素而造成的参与差距。

政治动机中的政治知识与传统政治参与是正向关系，与网络政治参与没有关系。这说明，那些政治知识丰富的人以传统方式参与政治的可能性，要比那些政治知识不足的人参与的可能性更大，而这些政治知识丰富的人以网络形式参与政治的可能性，并不比那些政治知识不足的人参与的可能性更大。也就是说，在传统政治参与方式中，政治知识是约束政治参与的一个重要原因；而在网络政治参与中，政治知识的多少不再是决定参与多少的因素。这意味着，互联网的使用将会促进传统政治参与中知识不足者，通过互联网方式参与政治，从而能够缩小（至少不会进一步扩大）传统政治参与方式中因政治知识差异而造成的参与差距。

政治动机中的特殊信任与传统政治参与有负向关系，与网络政治参与没有关系。这就是说，特殊信任度低的人参与传统政治活动的可能性，比特殊信任度高的人参与的可能性更大，特殊信任度过高不利于集体性活动进行，那些过度信任与自己有亲密关系的人往往更少参与传统政治活动。在网络政治参与中，特殊信任度的高低与网络政治参与没有关系。特殊信任度低的人并不比特殊信任度高的人更多地参与。所以，互联网的使用将会缩小（至少不会进一步扩大）传统政治参与中由于特殊信任度差异而造成的参与差距。

线下政治新闻使用、线下政治讨论与传统政治参与有正向关系，与网络政治参与也有正向关系。也就是说，那些通过传统渠道获取政治新闻较多、参加政治讨论较多的人，将比那些较少获取政治新闻或较少参加政治讨论的人更多地参与传统政治活动，而且，前者也同样会比后者更多地参与网络政治活动。这说明互联网的使用将会进一步强化获取线下政治新闻较多、参与线下政治讨论较多者在网络政治参与中的优势，因而会扩大由于参与者所获取线下政治新闻、所参与线下政治讨论的不同而造成的参与差距。

网络政治新闻及网络政治讨论与传统政治参与有正向关系，也与网络政治参与有正向关系。这说明，那些更多浏览网络政治新闻、参与政治讨论的人，比那些较少浏览政治新闻、参与网络政治讨论的人更多地参与传统政治活动，而且，在网络政治参与中，两者之间的这种差距仍然会保持，前者仍然会比后者更多地参与网络政治活动。因此，互联网的使用将会进一步强化获取网络政治新闻较多、参与网络政治讨论较多者在网络政治参与中的优势，从而会扩大由于浏览网络政治信息、参与网络政治讨论不同而形成的参与差距。

线下政治动员及线下组织加入与传统政治参与有正向关系，与网络政治参与有正向关系。在传统政治参与中，那些接受线下政治动员较多、参与志愿组织较多的人，比那些接受线下政治动员较少、加入线下志愿组织较少的人更多地参与，而这批人在网络政治参与中也会同样更多地参与。这说明互联网的使用，将会扩大传统政治参与中基于线下政治动员、线下组织加入差异而造成的参与差距。

网络政治动员及网络组织加入与传统政治参与没有关系，与网络政治参与有正向关系。那些接受网络动员较多、加入网络组织较多的人，要比那些接受网络动员较少、加入网络组织较少的人更多地参与网络政治活动。而在传统政治参与中，个人受到的网络政治动员及加入网络组织的状况与他是否会参与政治活动没有关系。即那些接受网络动员较多的、加入网络组织较多的人，不一定比那些接受网络动员较少、加入网络组织较少的人更多地参与网络政治活动。因此，如果那些接受网络动员较多、加入网络组织较多的人是传统政治参与中的不活跃者的话，那么互联网的使用将会起到促进这些传统政治参与中的不活跃者参与政治的作用；反之，如果这些接受网络政治动员较多、加入网络组织较多的人是传统政治参与中的活跃分子，那么互联网的使用将会强化活跃者的已有优势，从而将会在此基础上进一步扩大已有的政治参与差距。

总体来看，相比较于传统政治参与，网络政治参与一方面降低了参与的要求，从而使得那些通过传统渠道不能、不想、没机会参与政治活动的人，多了一条便利廉价的参与渠道，因而，互联网的使用具有促进传统政治参与中的不活跃者通过网络方式积极参与的可能性；另一方面互联网作为一种新的参与工具也提出了新的参与门槛，使得那些不具备新条件、不满足新要求的人被挡在门槛之外，而这些人往往就是传统政治参与中的不活跃者，因而互联网的使用又具有强化已有参与差距的可能性。

互联网是政治参与的一种工具，使用这种工具的是各种不同特征的人，这些人的教育程度不同、收入水平不同、性别特征不同、年龄层次不同，从而造成了他们利用互联网的机会不同、掌握互联网的技能不同、使用互联网的目的不同，正是这些使用互联网的人本身的不同特征，造成了互联网这一工具所起的作用不同。作为政治参与工具，互联网必须以这些不同的个人因素为中介才能发生作用，但这些因素对传统政治参与及网络政治参与这两种形式的参与方式的影响方向有的是相同的，有的是不同的，有的甚至是截然相反的。如：收入和教育与两种参与方式都有正向关系，空余时间与公民技能和传统政治参与有正向关系，而和网络政治参与没有关系，内部效能感和政治信任和传统政治参与有正向关系而和网络政治参与有负向关系，正是这些因素对两种参与方式不同的影响方向，使得很难说互联网的使用对于政治参与平等化到底起了什么作用，只能说：它在某些方面起到了促进的作用，而在另一些方面起到了强化的作用；它对具备某些特征的人起到了促进的作用，而对具备另一些特征的人起到了强化的作用，也正是从这种意义上，可以说互联网的使用对政治参与平等化是一把“双刃剑”。

当然互联网所有促进效果都要建立在参与者已经克服了互联网“接入鸿沟”基础上。如果某些政治参与者还没有克服“接入鸿沟”，还无法使用互联网，那么所有这些促进效果，对于那些非互联网用户来说都还只是一种假设，对于他们来说，互联网使用的现实影响就只剩下强化作用了。但是关于“数字鸿沟”所造成的新的参与差距问题，必须清楚的一点是，不是使用互联网造成了新的参与差距，而是有人使用互联网而有人无法使用互联网才造成新的参与差距，这种差距产生的原因不是互联网本身造成的：不是使用互联网造成了非互联网用户不能参与网络政治活动，而是无法使用互联网造成了他们不参与。如果非互联网用户也能像互联网用户一样，有机会使用电脑、有机会上网的话，他们就可能会获得互联网使用为政治参与所带来的好处，非互联网用户不是不想利用网络参与，而是不能利用互联网，是“接入鸿沟”将他们挡在了网络政治参与活动之外。这种“数字鸿沟”所造成的参与差距原因在互联网之外，要找到解决它的办法，也必须在互联网之外去寻找。

四　研究的不足和下一步研究的方向

本书研究中存在的不足及下一步研究方向主要有以下三点：第一，调查数据的地域局限性问题。受时间、精力、资金限制，本书研究中所使用数据样本收集的范围局限于湖北省，虽然说湖北省的社会经济发展水平在中国位于中间层次，这使得本书抽样调查样本的代表性不至于存在过多偏差，但是仅仅局限于一省范围内的样本所得出的研究结论的代表性是有限的。因此，如果有可能的话，本书的研究结论还必须进一步接受更广范围内数据的严格检验。

第二，样本数据是一次性调查所获取的截面数据，很难反映互联网对政治参与平等化影响的纵向时间效应。互联网技术本身正是处于一个快速发展阶段，因而它对社会各方面所带来的影响相应地也会发生很大变化。因此研究互联网对政治参与的影响最好应该使用按照年代收集的纵向数据，利用这些数据可以分析互联网影响政治参与的变化趋势及其主要影响因素。但由于目前在中国还没有有关网络政治参与的年度调查数据，本书使用的也是截面数据，这类数据可以通过统计分析技术反映变量之间的关系，但是很难反映主要变量间的变化趋势。因此，如果有可能的话，下一步应该尽量使用时间序列数据对本书的研究结论作进一步的检验。

第三，研究方法有待进一步完善。本书研究的问题是互联网对政治参与平等化的影响，采用的是大规模调查数据基础上的实证研究方法，这种方法通过对大量数据的分析，可以在统计上确定相关变量之间的具体关系，避免了纯粹思辨推理可能带来的结论未经检验的问题。但是，这种研究方法也不是没有问题，相比较于个案研究，统计分析只能从特殊现象中总结出共同的规律，它无法反映事件的具体细节。政治参与是人的行动，仅仅解释这些行为会受哪些因素的影响、如何影响，还是不够的，因为不同的参与活动背后都会有它特殊的原因，具体地参与活动也有不同的过程，对这些具体情况的分析，也是有利于更清晰理解政治参与的影响因素及互联网对政治参与的影响状况的，而对具体事件发生过程进行研究就是个案研究法（case study）的强项了。出于研究风格一致性的考虑，同时限于个人的水平问题，本书的研究没有采用个案研究法。如果有可能的话，下一步研究可以考虑利用几个典型个案，具体分析互联网对政治参与的影响过程。

最后一点要说明的是由于本书的研究对象——互联网本身正在迅速发展，因此会使得研究结果充满不确定性。互联网自出现以来，本身的结构及功能与使用者的规模及结构都在发生快速的变化，研究对象的变动性使得研究结论很难有定论，当我们基于现在的数据将研究结论用来预测将来互联网对政治参与影响时，必须十分谨慎。因为互联网是一个已经发生、现在正在发生、将来还会发生快速变化的技术平台，它的用途范围在不断扩张，它的用户规模在不断扩大，它的用户结构在不断优化，因而它的影响很难最终确定。

附录　中国公民政治参与状况调查问卷

尊敬的朋友，您好！

扩大公民有序政治参与是推进社会主义民主政治建设的重要任务之一。为了解我国公民政治参与的基本状况，我们设计了这份问卷。根据匿名保密原则，问卷无须填写姓名，因此您接受我们的调查不会给您的单位、家庭和您本人带来任何不利影响，而且我们的调查数据是作为科学研究之用，对您提供的信息，我们绝对替您保密，敬请放心！

问卷问题的答案无所谓对或错，您只要按照您的实际情况和真实想法回答就行，请您在问题后面所给出的答案中选出合适您情况的答案打钩，或者在问题后面的横线上填写合适的答案。在答题过程中，请您独自填答，不要与他人商量，调查资料的真实性是调查工作的生命线，您的每个选择对于我们研究的客观性和科学性都至关重要。衷心希望能得到您的支持与配合！

A 部分——线下政治参与相关问题

我们首先想了解一下您以线下方式（即不借助互联网这一媒体工具）参与政治的相关情况。

A1a. 在最近五年内，您是否参加过以下选举活动？（每行单选）

	是	否
A1a－1 在人大代表选举中投票	1	0
A1a－2 在村委会/居委会选举中投票	1	0
A1a－3 在选举活动中从事志愿服务活动（如帮助粘贴标语、布置选举会场等）	1	0
A1a－4 在选举前鼓励、劝说其他人去投票	1	0
A1a－5 在选举前联名推荐候选人	1	0

A1b、在过去两年内，您是否通过以下方式参与过政治？（每行单选）

	没有	很少	有时	经常	总是
A1b－1 参与由政府部门组织的听证会	1	2	3	4	5
A1b－2 和其他人进行合作以解决公共事务问题	1	2	3	4	5
A1b－3 通过当面、打电话或写信等方式向政府官员、人大代表、政协委员反映公共事务问题（如信访、市长热线等）	1	2	3	4	5
A1b－4 通过当面、打电话或写信等方式向电台、电视台或报纸的编辑或记者反映公共事务问题（如拨打新闻热线）	1	2	3	4	5
A1b－5 通过当面、打电话或写信等方式向单位领导或村干部反映过个人的合法权益问题	1	2	3	4	5
A1b－6 通过当面、打电话或写信等方式向地方政府官员、地方人大代表、地方政协委员反映过个人的合法权益问题（如信访、市长热线等）	1	2	3	4	5
A1b－7 通过当面、打电话或写信等方式向中央政府官员、全国人大代表、全国政协委员反映过个人的合法权益问题（如信访等）	1	2	3	4	5
A1b－8 通过当面、打电话或写信等方式向电台、电视台或报纸的编辑或记者反映过个人的合法权益问题（如拨打新闻热线等）	1	2	3	4	5
A1b－9 在关于公共事务问题的请愿书上签名	1	2	3	4	5

A2a. 您认为，一般来说，您自己的组织和表达技能如何？（单选）

（1）很差　（2）较差　（3）中等　（4）较好　（5）很好

A2b. 您每天除了上班、学习、干家务活、睡眠之外的空余时间大约有____（小时）

A2c. 您家庭每月的收入中除去必要的开支外，剩余的可支配收入平均有____（元）

A2d. 在过去一年内，在工作、学习或业余活动中，您是否从事过以下这些活动：（每行单选）

	是	否
A2d－1 写过信	1	0
A2d－2 参加过决策会议	1	0
A2d－3 计划或主持过会议	1	0
A2d－4 作过报告或演讲	1	0

A3a. 在过去一个月内，您通过报纸、广播、电视等新闻媒体了解政治新闻的频率如何？（每行单选）

	没有	很少	有时	经常	总是
A3a－1 通过电视收看中央政府和政治的新闻	1	2	3	4	5
A3a－2 通过电视收看地方政府和政治的新闻	1	2	3	4	5
A3a－3 通过广播收听中央政府和政治的新闻	1	2	3	4	5
A3a－4 通过广播收听地方政府和政治的新闻	1	2	3	4	5
A3a－5 阅读报纸中有关中央政府和政治的新闻	1	2	3	4	5
A3a－6 阅读报纸中有关地方政府和政治的新闻	1	2	3	4	5

A3b. 当您从报纸、广播、电视等新闻媒体上看到或听到下面的这些新闻时，您对它的关注程度如何？（每行单选）

	不关注	较少关注	一般	相当关注	十分关注
A3b－1 电视上关于中央政府和政治的新闻	1	2	3	4	5
A3b－2 电视上关于地方政府和政治的新闻	1	2	3	4	5
A3b－3 广播中关于中央政府和政治的消息	1	2	3	4	5
A3b－4 广播中关于地方政府和政治的消息	1	2	3	4	5
A3b－5 报纸上关于中央政府和政治的消息	1	2	3	4	5
A3b－6 报纸上关于地方政府和政治的消息	1	2	3	4	5

A4. 您平时有没有和下面这些人通过面对面、打电话、发短信或写信的方式，讨论国内政治或时事问题？（每行单选）

	没有	很少	有时	经常	总是
A4a 和家庭成员	1	2	3	4	5
A4b 和亲戚	1	2	3	4	5
A4c 和邻居	1	2	3	4	5
A4d 和同学	1	2	3	4	5
A4e 和朋友	1	2	3	4	5
A4f 和熟人（交情不深的朋友）	1	2	3	4	5
A4g 和陌生人	1	2	3	4	5

A5. 除了您的班级组织之外，您是否加入过以下这些志愿组织或协会？（每行单选）

	没有加入	加入了但很少参与其组织的活动	加入了并积极参与其组织的活动
A5a 娱乐/文艺组织	1	2	3
A5b 健身/体育组织	1	2	3
A5c 经济/商业协会	1	2	3
A5d 教育/科学/文化/研究协会	1	2	3
A5e 同学、同乡、同行联谊组织/社交组织	1	2	3
A5f 公益/义务组织（如扶贫、社会救济、赈灾、扫盲、环保等组织）	1	2	3
A5g 宗教组织	1	2	3
A5h 其他组织	1	2	3

A6. 在过去两年内，是否有以下这些人通过当面、电话、短信或信件方式邀请或要求您参与政治？（即参加 A1a、A1b 题目中所包含的行动，如投票、向政府官员反映有关问题等）

	没有	很少	有时	经常	总是
A6a 家庭成员	1	2	3	4	5
A6b 亲戚	1	2	3	4	5
A6c 邻居	1	2	3	4	5
A6d 同事	1	2	3	4	5
A6e 朋友	1	2	3	4	5
A6f 熟人（交情不深的朋友）	1	2	3	4	5
A6g 陌生人	1	2	3	4	5
A6h 工作单位领导	1	2	3	4	5
A6i 政府官员	1	2	3	4	5
A6j 您所加入的志愿组织（即 A5 题目中的组织）的领导	1	2	3	4	5

B 部分——互联网使用状况

下面我们想了解您使用互联网参与政治的状况。

B1a. 到目前为止，您是否使用过互联网？（单选）

（1）是

（2）否→→如果选择“否”，则部分剩余题目不用回答，直接跳到 C 部分

B1b－1. 从您最早接触网络至今大约有多少年了？________（年）

B1b－2. 现阶段您平均每周上网多少天？________（天）

B1b－3. 现阶段您平均每周上网多少小时？________（小时）

B1c－1. 现阶段您主要使用哪种设备上网？（单选）

（1）电脑　（2）手机　（3）电脑和手机

B1c－2. 现阶段如果您用电脑上网的话，主要在哪里上网？（单选）

（1）家里　（2）办公室　（3）学校　（4）网吧　（5）其他

B1c－3. 现阶段如果您用电脑上网的话，网络接入方式是什么？（单选）

（1）宽带　（2）其他

B2. 以下问题了解您的互联网使用技能：（每行单选）

	会	不会
B2a 您是否会从网站上下载文件	1	0
B2b 您是否会在论坛上发帖	1	0
B2c 您是否会发送带附件的电子邮件	1	0
B2d 您是否会群发电子邮件	1	0
B2e 您是否会开通博客	1	0
B2f 您是否会设计互联网网页	1	0

B3. 对于互联网的以下功能，您平时主要使用的有哪些？（每行单选）

	没有	很少	有时	经常	总是
B3a 网络新闻	1	2	3	4	5
B3b 搜索引擎	1	2	3	4	5
B3c 即时通信（如 QQ/MSN 等）	1	2	3	4	5
B3d 电子邮件	1	2	3	4	5
B3e 博客应用	1	2	3	4	5

续表

	没有	很少	有时	经常	总是
B3f 论坛/BBS	1	2	3	4	5
B3g 社交网站（如开心网、人人网等）	1	2	3	4	5
B3h 网络音乐	1	2	3	4	5
B3i 网络游戏	1	2	3	4	5
B3j 网络视频	1	2	3	4	5
B3k 网络文学	1	2	3	4	5
B3l 网络购物	1	2	3	4	5
B3m 网上银行	1	2	3	4	5
B3n 网上支付	1	2	3	4	5
B3o 网络炒股	1	2	3	4	5
B3p 旅游预订	1	2	3	4	5

B4a. 在过去一个月内，您使用互联网了解政治新闻的频率如何？（每行单选）

	没有	很少	有时	经常	总是
B4a－1 浏览政治新闻网页	1	2	3	4	5
B4a－2 浏览评论时政的博客	1	2	3	4	5
B4a－3 浏览评论时政的帖子	1	2	3	4	5
B4a－4 访问政府部门网站	1	2	3	4	5

B4b. 当您从互联网上看到或听到下面的这些新闻时，您对它的关注度有多大？（每行单选）

	不关注	较少关注	一般	相当关注	十分关注
B4b－1. 互联网上关于中央政府和全国政治的新闻	1	2	3	4	5
B4b－2. 互联网上关于地方政府或地方政治的新闻	1	2	3	4	5

B5. 您平时有没有和下面这些人通过互联网（如电子邮件、聊天室、QQ 等）方式讨论国内政治或时事问题？（每行单选）

	没有	很少	有时	经常	总是
B5a 和家庭成员	1	2	3	4	5
B5b 和邻居	1	2	3	4	5
B5c 和同事	1	2	3	4	5
B5d 和朋友	1	2	3	4	5
B5e 和熟人（不太亲密的朋友）	1	2	3	4	5
B5f 和陌生人	1	2	3	4	5

B6. 您是否在互联网上注册过社交网站或论坛?（每行单选）

	没有注册	注册了但很少参与组织的活动（即很少发帖或回帖）	注册了并积极参与其组织的活动（即经常发帖或回帖）
B6a 社交网站（如校友录、校内网、新浪空间、51. com、开心网）	1	2	3
B6b 论坛、博客（如强国论坛、复兴论坛、新浪、搜狐、网易、腾讯等门户网站的论坛、天涯论坛、新浪微博、腾讯微博、中国博客等）	1	2	3

B7. 在过去两年内，您是否借助互联网通过以下方式参与过政治?（每行单选）

	没有	很少	有时	经常	总是
B7a 在博客中写反映个人或社会问题、评论国内时政的文章	1	2	3	4	5
B7b 在论坛上发表反映个人或社会问题、评论国内时政的文章	1	2	3	4	5
B7c 借助互联网（如网络社区等等方式）和其他人进行合作以解决公共事务问题	1	2	3	4	5
B7d 借助互联网（如电子邮件方式）向政府官员、人大代表、政协委员反映公共事务问题	1	2	3	4	5
B7e 借助互联网（如电子邮件、爆料栏等方式）向电台、电视台或报纸的编辑或记者反映公共事务问题	1	2	3	4	5
B7f 借助互联网（如电子邮件等方式）向政府官员、人大代表或者政协委员反映个人的合法权益问题	1	2	3	4	5
B7g 借助互联网（如电子邮件方式）向单位领导或村干部反映个人的合法权益问题	1	2	3	4	5
B7h 借助互联网（如电子邮件、爆料栏、论坛发帖等方式）向电台、电视台或报纸的编辑或记者反映个人的合法权益问题	1	2	3	4	5
B7i 在关于公共事务问题的网络请愿书上签名	1	2	3	4	5

B8. 在过去两年内，是否有以下人员曾经通过互联网动员（邀请）您参与政治（即参加 A1a、A1b、B7 题目中所包含的行动，如投票、向政府官员、新闻媒体反映问题等活动）？（每行单选）

	没有	很少	有时	经常	总是
B8a 家庭成员	1	2	3	4	5
B8b 亲戚	1	2	3	4	5
B8c 邻居	1	2	3	4	5
B8d 同事	1	2	3	4	5
B8e 朋友	1	2	3	4	5
B8f 熟人（交情不深的朋友）	1	2	3	4	5
B8g 陌生人	1	2	3	4	5
B8h 工作单位领导	1	2	3	4	5
B8i 政府官员	1	2	3	4	5
B8j 您所加入志愿组织（即 A5 题目中的组织）的领导	1	2	3	4	5
B8k 您所加入论坛或社交网站（即 B6 题目中的论坛或网站）的管理者	1	2	3	4	5

C 部分——政治心理状况

以下我们想了解一下您的政治心理状况。

C1. 您对这些说法的同意程度是怎样的呢？（每行单选）

	非常不同意	不同意	无所谓	同意	非常同意
C1a 有人说："像我这样的人的看法，政府官员是不会关心的。"您是否同意？	1	2	3	4	5
C1b 有人说："像我这样的普通百姓，对于政府的政策是没有发言权的。"您是否同意？	1	2	3	4	5
C1c 有人说："有时候政治和政府看起来很复杂，像我这样的人并不能真正理解政治是如何运行的。"您是否同意？	1	2	3	4	5

C2a. 人们对于政府有不同的想法，我们想知道您是怎么看待这些想法的：（每题单选）

C2a－1. 您相信政府部门所做的事情

（1）几乎总是正确的

（2）大部分时间是正确的

（3）只有一些时间是正确的

C2a－2. 您认为：政府

（1）是为自身利益服务

（2）为全体人民服务

C2a－3. 您认为政府官员

（1）浪费了我们所缴税款中的很多钱

（2）浪费了一部分钱

（3）没有浪费太多钱

C2a－4. 您觉得：

（1）绝大多数的政府官员相当聪明，通常清楚他们所做的事情

（2）相当多的政府官员看起来并不清楚他们所做的事情

C2a－5. 您认为：

（1）相当多的政府官员不诚实

（2）只有一部分政府官员不诚实

（3）很少有政府官员不诚实

C2b. 您对我国以下各级党委政府的信任程度如何？（每行单选）

	很低	较低	一般	较高	很高
C2b－1 对党中央国务院	1	2	3	4	5
C2b－2 对所在地省委省政府	1	2	3	4	5
C2b－3 对所在地市（地区）委市政府	1	2	3	4	5
C2b－4 对所在地县/区委县政府	1	2	3	4	5
C2b－5 对所在地乡镇/街道党委政府	1	2	3	4	5

C3. 您对以下两方面的政治问题兴趣有多大？（每行单选）

	一点不感兴趣	不太感兴趣	无所谓	有些感兴趣	非常感兴趣
C3a 对地方性政治问题或地方事务	1	2	3	4	5
C3b 对全国性政治问题或国家大事	1	2	3	4	5

C4、您是否同意以下说法？（每行单选）

	非常不同意	不同意	无所谓	同意	非常同意
C4a 有人说：“如果一个人不关心选举结果，他就不应该去投票。”您是否同意这种说法？	1	2	3	4	5
C4b 有人说：“和自己利益没有直接关系的公共事务，就不必管。”您是否同意这种说法？	1	2	3	4	5

C5. 下面 8 个问题主要是想了解一下您的政治方面的知识，如果您知道答案就填出来，不知道就不填________

C5a. 现任中国共产党总书记是________

C5b. 现任国务院总理是________

C5c. 现任全国人大委员长是________

C5d. 现任最高人民法院院长是________

C5e. 您所在省的省委书记是________

C5f. 您所在省的省长是________

C5g. 我国人大代表一届的任期是________年

C5h. 我国公民开始拥有选举权和被选举权是________岁

C6a. 以下各题中，每道题都有两种不同观点，您同意其中哪一种？（每题单选）

C6a－1. 一般来说，在与人交往时，您认为：

（1）大多数人是可以信任的

（2）要特别小心点的好

C6a－2. 您认为：大多数时间

（1）人们会尽量帮助他人

（2）大都只关心他们自己

C6a－3. 您认为：大多数人

（1）如果有机会的话他们将会试图利用您

（2）他们会尽量公平对待您

C6b. 您对以下人群的信任程度如何？（每行单选）

	很低	较低	一般	较高	很高
C6b-1 家庭成员	1	2	3	4	5
C6b-2 自家亲戚	1	2	3	4	5
C6b-3 邻居	1	2	3	4	5
C6b-4 同事	1	2	3	4	5
C6b-5 同乡	1	2	3	4	5
C6b-6 同学	1	2	3	4	5
C6b-7 朋友	1	2	3	4	5
C6b-8 熟人（交情不深的朋友）	1	2	3	4	5
C6b-9 社会上大多数人	1	2	3	4	5
C6b-10 网友	1	2	3	4	5
C6b-11 产品生产商	1	2	3	4	5
C6b-12 产品销售商人、服务供应商	1	2	3	4	5

D 部分——个人基本情况

下面，我想了解一下您个人的一些基本情况，仅供分析使用，希望您不要介意。

D1. 您的性别是

（1）男　　（2）女

D2. 您是哪一年出生的？__________年

D3a. 您现在的居住地是在：（单选）

（1）农村　　（2）乡镇

（3）县城　　（4）地级市

（5）省城

D3b. 您在现居住地大约已居住了________年

D4. 您目前最高的受教育程度是：（单选）

（1）文盲　　（2）小学

（3）初中　　（4）高中、中专

（5）大专、高职　　（6）大学本科

（7）研究生

D5. 您的家庭月收入大约是________________元

D6. 您的职业是：（单选）

（1）党政机关事业单位领导干部　（2）党政机关事业单位一般职员

（3）企业公司管理者　（4）企业公司一般员工或专业技术人员

（5）农村外出务工人员　（6）产业服务业工人

（7）个体户自由职业者　（8）农林牧渔劳动者

（9）退休　（10）无业失业下岗

（11）学生　（12）其他

D7. 您认为您家的社会经济地位在本地大体属于哪个层次？（单选）

（1）下层　（2）中下层

（3）中层　（4）中上层

（5）上层

D8. 您目前的政治面貌是：（单选）

（1）普通群众　（2）共青团员

（3）民主党派成员　（4）共产党党员

对于您花费宝贵时间填完本问卷，我们表示诚挚的感谢！为了保证资料的完整与翔实，请您再花几分钟，翻一下已填过的问卷，看看是否有填错、漏填的地方。谢谢！

非常感谢您对本次调查的支持，问卷到此结束。祝您身体健康，工作顺利！

参考文献

[1] Abramson, Paul R., *Political Attitudes in America: Formation and Change*, San Francisco: W. H. Freeman, 1983.

[2] Barnes, Samuel H., Max Kaase et al., *Political Action: Mass Participation in Five Western Democracies*, Beverly Hills, Sage, 1979.

[3] Beeghley, Leonard, Social Class and Political Participation: A Review and an Explanation, *Sociological Forum*, 1986, 1 (3), pp. 496 – 513.

[4] Best, S. J. and Krueger, B. S. Analyzing the Representativeness of Internet Political Participation, *Political Behavior*, 2005, 27 (2), pp. 183 – 216.

[5] Bimber, Bruce, The Internet and Political Transformation: Populism, Community, and Accelerated Pluralism, *Polity*, 1998, 31, pp. 133 – 160.

[6] Bimber, Bruce, The Internet and Political Mobilization: Research Note on the 1996 Election Season, *Social Science Computer Review*, 1998, 16, pp. 391 – 401.

[7] Bimber, Bruce, The Internet and Citizen Communication with Government: Does the Medium Matter? *Political Communication*, 1999, 16 (4), pp. 409 – 428.

[8] Bimber, Bruce, Measuring the Gender Gap on the Internet, *Social Science Quarterly*, 2000, 81 (3), pp. 868 – 876.

[9] Bimber, Bruce, Information and Political Engagement in America: The Search for Effects of Information Technology at the Individual Level, *Political Research Quarterly*, 2001, 54 (1), pp. 53 – 67.

[10] Bonfadelli, Heinz, The Internet and Knowledge Gaps: A Theoretical and Empirical Investigation, *European Journal of Communication*, 2002, 17, pp. 65 – 84.

[11] Brady, H. E., Verba, S., and Lehman, K., Beyond SES: A Re-

source Model of Political Participation, *American Political Science Review*, 1995, 89 (2), pp. 271 -294.

[12] Browning, Graeme, *Electronic Democracy: Using the Internet to Influence American Politics*, Wilton, CT: Pemberton Press, 1996.

[13] Burns, John P., *Political Participation in Rural China*, Berkeley: University of California Press, 1988.

[14] Cammaerts, Bart, *Internet-mediated Participation beyond the Nation State*, New York: Manchester University Press, 2008.

[15] Campbell, Angus, Gerald Gurin and W. Miller, *The Voter Decides*, Row, Peterson and Company. 1954.

[16] Campbell, A., Convers, P. E., Stokes, D. E., and Miller, W. E., *The American Voter*, New York: Wiley, 1960.

[17] Campbell, Bruce A., *The American Electorate: Attitudes and Action*, New York: Holt, Rinehart and Winston, 1979.

[18] Conway, Margaret. M., *Political Participation in the United States* (2nd ed.), Washington, DC: CQ Press. 1991.

[19] Corinna Di Gennaro and Willinam Dutton. The Internet and the Public: Online and Offline Political Participation in the United Kingdom, *Parliamentary Affairs*, 2006, 59 (2), pp. 299 -313.

[20] Dahl, Robert, *Who Governs? Democracy and Power in an American City*, New Heaven: Yale University Press, 1961.

[21] Dahlberg, Lincoln., The Internet and Democratic Discourse: Exploring the Prospects of Online Deliberative Forums for Extending the Public Sphere, *Information, Communication and Society*, 2001, 4, pp. 615 - 633.

[22] Davis, Richard, *The Web of Politics: the Internet's Impact on the American Political System*, New York: Oxford University Press, 1999.

[23] Davis, Richard and Diane Owen, *New Media and American politics*, Oxford: Oxford University Press, 1998.

[24] Delli Carpini, Michael X. and Scott Keeter, *What Americans Know About Politics and Why It Matters?* New Haven: Yale University Press, 1996.

[25] Digital Future Report, *Surveying the Digital Future: Ten Years, Ten Trends*, Los Angeles: University of California, 2010, http: // www. digital-

center. org/pages/ current _ report. asp? intGlobalId = 19.

[26] DiMaggio, Paul, Eszter Hargittai, W. Russell Neumann and John P. Robisom, Social Implication of the Internet, *Annual Review of Sociology*, 2001, 27, pp. 307 -336.

[27] Downs, Anthony, *An Economic Theory of Democracy*, New York: Harper and Row, 1957.

[28] Gennaro, Corinna Di and Willinam Dutton. The Internet and the Public: Online and Offline Political Participation in the United Kingdom, *Parliamentary Affairs*, 2006, 59 (2), pp. 299 -313.

[29] Graber, Doris A., *Processing Politics: Learning from Television in the Internet Age*, Chicago: University of Chicago Press, 2001.

[30] Gibson, Rachel. K, Wainer Lusoli and Stephen Ward. Online Participation in the UK: Testing a "Contextualized" Model of Internet Effects, *Political Studies Association*, 2005, 7, pp. 561 -583.

[31] Hill, Kevin A. and John E. Hughes, *Cyberpolitics: Citizen Activism in the Age of the Internet*, Lanham, MD: Rowman and Little field, 1998.

[32] Hindman, Matthew. Scott, *The Myth of Digital Democracy*, New Jersey: Princeton University Press, 2009.

[33] Huckfeldt and Sprague, Political Parties and Electoral Mobilization. Rosenau, James N., *Citizenship between Elections: An Inquiry into the Mobilizable American*, New York: Free Press, 1974.

[34] Huckfeldt, Robert, Political Participation and the Neighborhood Context, *American Journal of Political Science*, 1979, 23 (2), pp. 579 -592.

[35] Jennings, M. Kent, and Vicki Zeitner, Internet Use and Civic Engagement: A Longitudinal Analysis, *The Public Opinon Quartly*, 2003, 63 (3), pp. 311 -334.

[36] Katz, J. E., Rice, R. E. and Aspden, P. The Internet, 1995 - 2000: Access, Civic Involvement, and Social Interaction, *American Behavioral Scientist*, 2001, 45 (3), pp. 404 - 418.

[37] Kennedy, Christopher B. Political Participation and Effects from the Social Environment, *American Journal of Political Science*, 1992, 36 (1), pp.

259 – 267.

[38] Kraut, R., Patterson, M., Lundmark, V., Kiesler, S., Mukopadhyay, T., and Scherlis, W. Internet Paradox: A Social Technology that Reduces Social Involvement and Psychological Well-being? *American Psychologist*, 1998, 53, pp. 1017 – 1031.

[39] Krueger, Brian S. Assessing the Potential of Internet Political Participation in the United States: A Resource Approach, *American Politics Research*, 2002, 30, pp. 476 – 598.

[40] Krueger, Brian S. Government Surveillance and Political Participation on the Internet, *Social Science Computer Review*, 2005, 23, pp. 439 – 448.

[41] Lapolmbara, Joeph. Monaliths or pluralSystems: Through Conceptual Lenses Darkly, *Studies of Comparative Communism*, 1975, 8 (3), pp. 305 – 332.

[42] Lane, Robert E. Political Life: Why and How People Get Involved in Politics, Glencoe, Ill.: Free Press, 1959.

[43] Lawrence, David G. Towards an Attitudinal Theory of Political Participation, *Polity*, 1981. 14 (2), pp. 332 – 346.

[44] Lijphart, A. Unequal Participation: Democracy's Unresolved Dilemma, *American Political Science Review*, 1997, 91, pp. 1 – 14.

[45] Loader, Brian D., *Young Citizens in the Digital Age Political Engagement*, *Young People and New Media*, New York: Routledge, 2007.

[46] Lupia, Arthur and Tasha S. Philpot. Views from Inside the Nct: How Websites Affect Young Adults' Political Interest, *The Journal of Politics*, 2005. 67 (4), pp. 1122 – 1142.

[47] Milbrath, Lester W., *Political participation: how and why do people get involved in politics*? Chicago: Rand McNally, 1965.

[48] Milbrath, Lester W. and Madan Lal Goel, *Political Participation. How and Why People Get Involved in Politics*? Chicago: Rand McNally, 1977.

[49] Michael Margolis and David Resnick, *Politics as Usual: The Cyberspace "Revolution"*, Thousand Oaks, CA: Sage, 2000.

[50] Miller, A. H. Political Issues and Trust in Government: 1964 –

1970, *American Political Science Review*, 1974, 68, pp. 951 – 972.

[51] Mossberger, K., Tolbert, C. J. and Stansbury, M., with McNeal, R. and Dotterweich, L., *Virtual Inequality: Beyond the Digital Divide*, Washington, D. C.: Georgetown University Press, 2003.

[52] Muller, E. N. and Jukam, T. O. On the Meaning of Political Support, *American Political Science Review*, 1977, 71, pp. 1561 – 1595.

[53] Mutz, D. C. The Consequences of Cross-cutting Social Networks for Political Participation, *American Journal of Political Science*, 2002, 46 (4), pp. 838 – 855.

[54] Nah, Seungahn, Aaron S. Veenstra and Dhavan V. Shah, The Internet and Anti-War Activism: A Case Study of Information, Expression, and Action, Journal of Computer-Mediated Communication 2006, 12, pp. 230 – 247.

[55] Nelson, John M., *Access to Power: Politics and the Urban Poor in Developing Nations*, Princeton, Princeton University Press, 1979.

[56] Nie, N. Sociability, Interpersonal Relations, and the Internet: Reconciling Conflicting Findings, *American Behavioral Scientist*, 2001, 45, pp. 420 – 435.

[57] Norris, Pippa. Who Surfs? New Technology, Old Voter, and Virtual Democracy. In Elaine Ciulla Kamarck and Joseph S. Nye, Jr. (eds.), *Democracy. Com: Governance in a Networked World*, Hollis, NH: Hollis Publishing, 1999.

[58] Norris, Pippa, *Digital Divide: Civic Engagement, Information Poverty, and the Internet Worldwide*, New York: Cambridge University Press, 2001.

[59] Noveck, B. Simone, Paradoxical Partners: Electronic Communication and Electronic Democracy, *Democratisation*, 2000, 7, pp. 18 – 35,

[60] Papacharissi, Zizi. The Virtual Sphere: The Internet as a Public Sphere, *New Media and Society*, 2002, 4, pp. 9 – 27.

[61] Papacharissi, Zizi, *A Private Sphere: Democracy in a Digital Age*, Malden, MA: Polity Press, 2010.

[62] Parry, Geraint, George Moyser, and Neil Day, *Political Participation and Democracy in Britain*, Cambridge: Cambridge University Press, 1992.

[63] Postmes, Tom. and Burnsting, Suzanne, Collective Action in the Age of the Internet: Mass Communication and Online Mobilization, *Social Science Computer Review*, 2002, 20 (3), pp. 290 – 301.

[64] Putnam, Robert, *Bowling Alone: The Collapse and Revival of American Community*, New York: Simon and Schuster, 2000.

[65] Putnam, Robert. Bowling Alone: Americans Declining Social Capital, *Jounral of Democaracy*, 1995, 6 (1), pp. 65 – 78.

[66] Putnam, R. D. Tuning in, Tuning out: The Strange Disappearances of Social Capital in America, *PS: Political Science and Politics*, 1995, 28, pp. 664 – 683.

[67] Putnam, R. D. The Strange Disappearance of Civic America, *American Prospect*, 1996, 24, pp. 34 – 48.

[68] Quintelier, Ellen, and Sara Vissers. The Effect of Internet Use on Political Participation: An Analysis of Survey Results for 16-Year-Olds in Belgium. *Social Science Computer Review*, 2008, 26, pp. 411 – 427.

[69] Qvortrup, Matt, *The Politics of Participation: from Athens to E-democracy*, New York: Manchester University Press, 1988.

[70] Robinson, John P., Phillip R. Shaver, and Lawrence S. Wrightsman, *Measures of Political Attitudes*, San Diego: Academic Press, 1999.

[71] Rosenberg, Shawn W., *Deliberation, Participation and Democracy: Can the People Govern?* New York: Palgrave Macmillan, 2007.

[72] Rosenstone, S. J. and Hansen, J. M., *Mobilization, participation, and democracy in America*, New York: Macmillan, 1993.

[73] Rubin, Avi. Security Considerations for Remote Electronic Voting over the Internet. http: //avirubin. com/e-voting. security. html, 2000.

[74] Salisbury, Robert H. Research on Political Participation, *American Journal of Political Science*, 1975, 19 (2), pp. 323 – 341.

[75] Shah, Dhavan V., Nojin Kwak and R. Lance Holbert, "Connecting" and "Disconnecting" with Civic Life: Patterns of Internet Use and the Production of Social Capital, *Political Communication*, 2001, 18, pp. 141 – 162.

[76] Shah, Dhavan V., Jaeho Cho, William P. Eveland, JR. and Nojin

Kwak, Information and Expressiion in a Digital Age: Modeling Internet Effects on Civic Participation, *Communication Research*, 2005, 32 (5), pp. 531 -565.

[77] Shane, Peter M., *Democracy Online: The Prospects for Political Renewal Through the Internet*, New York: Routldge, 2004.

[78] Shi, Tianjian, *Political participation in Beijing*, Cambridge, Mass.: Harvard University Press, 1997.

[79] Smith, Percy. Digital Democracy: Information and Communication Technologies in Local Politics, Research Report No. 14, London: Commission for Local Democracy, 1995.

[80] Solop, F. I. Digital Democracy Comes of Age: Internet Voting and the 2000 Arizona DemocraticPrimary Election, *Political Science and Politics*, 2001, 34 (2), pp. 289 -293.

[81] Stanley, J. Woody and Christopher Weare. The Effects of Internet Use on Political Participation: Evidence from an Agency Online Discussion Forum, *Administration and Society*, 2004, 36 (5), pp. 503 -527.

[82] Stephen, Coleman, and Jay G. Blumler, *The Internet and Democratic Citizenship: Theory, Practice and Policy*, New York: Cambridge University Press, 2009.

[83] Teorell, J. Linking Social Capital to Political Participation: Voluntary Associations and Networks of Recruitment in Sweden, *Scandinavian Political Studies*, 2003, 26 (1), pp. 49 - 66.

[84] Teorell, Jan. Political Participation and Three Theories of Democracy: A Research Inventory and Agenda, *European Journal of Political Research*, 2006, 45, pp. 787 -810.

[85] The Internet and Campaign 2010, Pew Internet and American Life Project, Washington, DC: Pew Center. 2010, http: // www. pewinternet. org/ Reports/ 2011/ The-Internet-and-Campaign-2010, aspx.

[86] Tichenor, p., Donohue, G., and Olien, C., Mass Media Flow and Differential Groupth in Knowledge, *Public Opinion Quarterly*, 1970, 34, pp. 159 -170.

[87] Tolbert, C. J. and R. S. McNeal. Unraveling the Effects of the Inter-

net on Political Participation? *Political Research Quarterly*, 2003, 56 (2), pp. 175 – 185.

[88] Toulouse, Chris and Timothy W. Luke, *The Politics of Cyberspace: a New Political Science Reader*, New York and London: Routledge, 1998.

[89] Townsend, James, *Political Participation in Communist China*, Berkeley: University of California Press, 1969, pp. 4 – 6.

[90] Van Deth, Jan W. Studying Political Participation: Towards A Theory of Everything? Introductory paper prepared for delivery at the Joint Sessions of Workshops of the European Consortium for Political Research Workshop "Electronic Democracy: Mobilization, Organization and Participation via new ICTs", *Grenoble*, 2001, April, 6 – 11.

[91] Van Dijk, Jan and Kenneth Hacker, The Digital Divide as a Complex and Dynamic Phenomenon, Special Issue: Remapping the Digital Divide, *The Information Society*, 2003, 19, pp. 315 – 326.

[92] Verba, Sidney and Norman H. Nie, *Participation in America: Political Democracy and Social Equality*, New York: Harper and Row, 1972.

[93] Verba, Sidney, Norman H. Nie, and Jae-on Kim, *Participation and Political Equality: a Seven-nation comparison*, Cambridge, Eng.; New York: Cambridge University Press, 1978.

[94] Verba, Sidney, K. L. Schlozman and H. E. Brady, *Voice and Equality: Civic Voluntarism in American Politics*, Cambridge, MA: Harvard University Press, 1995.

[95] Verba, Sidney and Lucian W. Pye, eds., *The Citizen and Politics: A Comparative Perspective*, Stamford, Conn.: Greylock Publishers, 1978, p. 172.

[96] Verba, Sidney, K. L. Schlozman and H. E. Brady, *Voice and Equality: Civic Voluntarism in American Politics*, Cambridge, MA: Harvard University Press, 1995.

[97] Verba, Sidney and Gary Orren., *Equality in American: The View from the Top*, Cambridge: Harvard University Press, 1985, p. 67.

[98] Warren, Mark E., What can Democratic Participation Mean Today? *Political Theory*, 2002, 30, pp. 677 – 701.

[99] Weare, Christopher, The Internet and Democracy: The Causal Links between Technology and Politics, *International Journal of Public Administration*, 2002, 25, pp. 659 - 691.

[100] Weaver, D. H. What Voters Learn from Media, *Annual of the AAPSS*, 1996, July, pp. 34 - 47.

[101] Weber, L. M. and J. Bergman. Who Participates and How? A Comparison of Citizens "online" and the Mass Public. Presented at the Annual Meeting of the Western Political Science Association, 2001, March 15 - 17, Las Vegas, NV.

[102] Weber, L. M., Loumakis, A., and Bergman, J. Who Participates and Why? An Analysis of Citizens on the Internet and the Mass Public, *Social Science Computer Review*, 2003, 21 (26), pp. 26 - 42.

[103] Wenner, L. A. Political News on Television: A Reconsideration of Audience Orientation, *Western Journal of Speech Communication*, 1983, 47, pp. 380 - 395.

[104] Wellman, Barry, Anabel Quan-Haase, James Witte and Keith Hampton. Does the Internet Increase, Decrease, or Supplement Social Capital? *American Behavioral Scientist*, 2001, 45, pp. 436 - 455.

[105] White, C. S. Citizen Participation and the Internet: Prospect for Civic Deliberation in the Information Age, *Social Studies*, 1997, 88, pp. 23 - 28.

[106] Wilhelm, Anthony G., Virtual Sounding Boards: How Deliberative is Online Political Discussion? *Information, Communication, and Society*, 1998, 1, pp. 313 - 338.

[107] Wilhelm, Anthony G. Democracy in the Digital Age: Challenge to Political Life in Cyberspace. New York: Routledge, 2000.

[108] Wolfinger, Raymond E. and Steven J. Rosenstone. *Who votes?* New Haven: Yale University Press, 1980.

[109] Zaller, John R., *The Nature and Origins of Mass Opinion*, Cambridge: Cambridge University Press, 1992.

[110] [美] 约瑟夫·熊彼特:《资本主义、社会主义与民主》,吴良健译,商务印书馆1999年版。

［111］［美］乔·萨托利：《民主新论》第2版，冯克利、阎克文译，东方出版社1998年版。

［112］［美］罗伯特·达尔：《民主及其批评者》，曹海军、佟德志译，吉林人民出版社2006年版。

［113］［美］罗伯特·达尔：《多元主义民主的困境：自治与控制》，周军华译，吉林人民出版社2006年版。

［114］［美］罗伯特·达尔：《多头政体——参与和反对》，谭君久、刘惠荣译，商务印书馆2003年版。

［115］［美］罗伯特·达尔：《论政治平等》，谢岳译，上海人民出版社2010年版。

［116］［美］卡尔罗·佩特曼：《参与和民主理论》，陈尧译，上海人民出版社2006年版。

［117］［美］巴伯：《强势民主》，彭斌、吴润州译，吉林人民出版社2006年版。

［118］［美］詹姆斯·博曼、威廉·雷吉主编：《协商民主：论理性与政治》，陈家刚等译，中央编译出版社2006年版。

［119］［德］尤尔根·哈贝马斯：《公共领域的结构转型》，曹卫东等译，学林出版社1999年版。

［120］［美］曼瑟尔·奥尔森：《集体行动的逻辑》，陈郁、郭宇峰、李崇新译，上海三联书店、上海人民出版社2007年版。

［121］［美］安东尼·唐斯：《民主的经济理论》，姚洋、邢予青、赖平耀译，上海人民出版社2005年版。

［122］［美］加布里埃尔·阿尔蒙德、西德尼·维巴：《公民文化——五个国家的政治态度和民主制》，徐湘林等译，东方出版社2008年版。

［123］［美］罗伯特·帕特南：《使民主运转起来》，王列、赖海榕译，江西人民出版社2001年版。

［124］［美］马克·沃伦：《民主与信任》，吴辉译，华夏出版社2004年版。

［125］［波］彼得·斯托姆普卡：《信任：一种社会学理论》，程胜利译，中华书局2005年版。

［126］［美］戴维·伊斯顿：《政治生活的系统分析》，王浦劬译，

华夏出版社 1999 年版。

[127] [美] 弗朗西斯·福山：《信任：社会美德与创造经济繁荣》，彭志华译，海南出版社 2001 年版。

[128] [德] 托马斯·海贝勒、君特·舒耕德：《从群众到公民：中国的政治参与》，张文红译，中央编译出版社 2009 年版。

[129] [日] 蒲岛郁夫：《政治参与》，解莉莉译，经济日报出版社 1989 年版。

[130] [美] 萨缪尔·亨廷顿、琼·纳尔逊：《难以抉择：发展中国家的政治参与》，汪晓寿、吴志华、项继权译，华夏出版社 1989 年版。

[131] [美] 阿尔温·托夫勒：《创造一个新的文明：第三次浪潮的政治》，陈峰译，上海三联书店 1996 年版。

[132] [美] 阿尔温·托夫勒：《第三次浪潮》，朱志焱、潘琪、张焱译，三联书店 1984 年版。

[133] [美] 尼古拉·尼葛洛庞蒂：《数字化生活》，胡泳、范海燕译，海南出版社 1997 年版。

[134] [英] 安德鲁·查德威克：《互联网政治学：国家、公民与新闻传播技术》，任孟山译，华夏出版社 2010 年版。

[135] [美] 凯斯·桑斯坦：《网络共和国——网络社会的民主问题》，黄维明译，上海人民出版社 2003 年版。

[136] [美] 詹姆斯·凯茨、罗纳德·莱斯：《互联网使用的社会影响：上网、参与与互动》，郝芳、刘长江译，商务印书馆 2007 年版。

[137] [美] 布鲁斯·宾伯尔：《信息与美国民主 ：技术在政治权力演化中的作用》，刘钢等译，科学出版社 2011 年版。

[138] [英] 戴维·米勒、韦农·波格丹诺：《布莱克维尔政治学百科全书》（修订版），邓正来译，中国政法大学出版社 2002 年版。

[139] 陶东明：《当代中国政治参与》，浙江人民出版社 1998 年版。

[140] 魏星河：《当代中国公民有序政治参与研究》，人民出版社 2007 年版。

[141] 赵丽江：《中国私营企业家的政治参与》，中国经济出版社 2006 年版。

[142] 王晓燕：《私营企业主的政治参与》，社会科学文献出版社 2007 年版。

［143］王维国：《公民有序政治参与的途径》，人民出版社 2007 年版。

［144］邱永文：《当代中国政治参与研究》，中共中央党校出版社 2009 年版。

［145］林聚任：《社会信任和社会资本重建：当前乡村社会关系研究》，山东人民出版社 2007 年版。

［146］李惠斌、杨雪冬：《社会资本与社会发展》，社会科学文献出版社 2000 年版。

［147］胡荣：《社会资本与地方治理》，社会科学文献出版社 2009 年版。

［148］孙永芬：《中国社会各阶层政治心态研究：以广东调查为例》，中央编译出版社 2007 年版。

［149］郭秋永：《当代三大民主理论》，新星出版社 2006 年版。

［150］郭秋永：《政治参与》，中国台北，联经出版事业公司 2001 年版。

［151］林嘉诚：《政治心理形成與政治參與行爲》，中国台北台湾商务印书馆 1989 年版。

［152］李斌：《网络政治学导论》，中国社会科学出版社 2006 年版。

［153］刘文富：《网络政治：网络社会与国家治理》，商务印书馆 2002 年版。

［154］谢泽明：《网络社会学》，中国时代经济出版社 2002 年版。

［155］袁峰：《网络社会的政府与政治：网络技术在现代社会中的政治效应分析——当代政治发展论丛》，北京大学出版社 2006 年版。

［156］胡泳：《众声喧哗：网络时代的个人表达与公共讨论》，广西师范大学出版社 2008 年版。

［157］纪秋发：《中国数字鸿沟——基于互联网接入、普及与使用的分析》，社会科学文献出版社 2010 年版。

［158］陈家刚：《协商民主与当代中国政治》，中国人民大学出版社 2009 年版。

［159］陈家刚：《协商民主》，上海三联书店 2004 年版。

［160］胡荣：《理性选择与制度实施：中国农村村民委员会选举的个案研究》，远东出版社 2001 年版。

[161] 孙永芬：《西方民主理论史纲》，人民出版社 2008 年版。

[162] 吴明隆：《问卷统计分析实务——SPSS 操作与应用》，重庆大学出版社 2010 年版。

[163] [美] 乔治·瓦拉德兹：《协商民主》，《马克思主义与现实》2004 年第 3 期。

[164] [美] 希瑟·萨维尼：《公共舆论、政治传播与互联网》，《国外理论动态》2004 年第 9 期。

[165] 万斌、章秀英：《社会地位、政治心理对公民政治参与的影响及其路径》，《社会科学战线》2010 年第 2 期。

[166] 涂圣伟：《农民主动接触、需求偏好表达与农村公共物品供给效率改进》，《农业技术经济》2010 年第 3 期。

[167] 李伟民、梁玉成：《特殊信任与普遍信任：中国人信任的结构与特征》，《社会学研究》2002 年第 3 期。

[168] 王正祥：《传媒对大学生政治信任和社会信任的影响研究》，《青年研究》2009 年第 2 期。

[169] 邓秀华：《长沙、广州两市农民工政治参与问卷调查分析》，《政治学研究》2009 年第 2 期。

[170] 张云武、杨宇麟：《城市居民的政治参与及其影响因素的实证研究》，《内蒙古大学学报》（哲学社会科学版）2009 年第 4 期。

[171] 张翼：《当前中国中产阶层的政治态度》，《中国社会科学》2008 年第 2 期。

[172] 孙秀林：《村庄民主及其影响因素：一项基于 400 个村庄的实证分析》，《社会学研究》2008 年第 6 期。

[173] 陈赵阳：《当代青年农民工政治参与心理研究——对福州市区青年农民工的调查与分析》，《青年研究》2007 年第 4 期。

[174] 秦馨、唐清云：《城市居民政治参与的主要影响因素及特点研究——对广西桂林市的实证分析》，《广西师范学院学报》（哲学社会科学版）2006 年第 3 期。

[175] 孙昕、徐志刚、陶然、苏福兵：《政治信任、社会资本和村民选举参与基于全国代表性样本调查的实证分析》，《社会学研究》2007 年第 4 期。

[176] 程玥、马庆钰：《关于非政府组织分类方法的分析》，《政治学

研究》2008 年第 3 期。

［177］肖唐镖、邱新有：《选民在村委会选举中的心态与行为——对 40 个村委会选举情况的综合分析》，《中国农村观察》2001 年第 5 期。

［178］王丽萍、方然：《参与还是不参与：中国公民政治参与的社会心理分析——基于一项调查的考察与分析》，《政治学研究》2010 年第 2 期。

［179］胡荣：《农民上访与政治信任的流失》，《社会学研究》2007 年第 3 期。

［180］胡荣：《社会资本与中国农村居民的地域性自主参与》，《社会学研究》2006 年第 2 期。

［181］胡荣：《社会资本与城市居民的政治参与》，《社会学研究》2008 年第 5 期。

［182］胡荣、胡康、温莹莹：《社会资本、政府绩效与城市居民对政府的信任》，《社会学研究》2011 年第 1 期。

［183］郭庆光：《大众传播、信息环境与社会控制》，《新闻与传播研究》1995 年第 3 期。

［184］谢新洲：《“沉默的螺旋”假说在互联网环境下的实证研究》，《现代传播》2003 年第 6 期。

［185］李蓉蓉：《政治效能感：内涵与价值》，《晋阳学刊》2010 年第 2 期。

［186］王飞雪、山岸俊男：《信任的中、日、美比较研究》，《社会学研究》1999 年第 2 期。

［187］王绍光、刘欣：《信任的基础： 种理性的解释》，《社会学研究》2002 年第 2 期。

［188］刘晓苏：《论互联网对政治参与的积极影响：成本—收益分析》，《理论与改革》2002 年第 4 期。

［189］蔡前：《以互联网为媒介的集体行动研究：基于网络的视角》，《求实》2009 年第 2 期。

［190］李斌：《网络政治参与的机理初探》，《中共福建省委党校学报》2007 年第 8 期。

［191］李斌：《论网络政治参与的发展趋势》，《中共福建省委党校学报》2008 年第 2 期。

[192] 李斌：《网络共同体：网络时代新型的政治参与主体》，《中共福建省委党校学报》2006 年第 4 期。

[193] 刘文：《论网络政治参与的特点及影响》，《信阳师范学院学报》（哲学社会科学版）2004 年第 3 期。

[194] 刘文：《网络时代政治参与的难题及对策》，《中州学刊》2003 年第 6 期。

[195] 郭小安：《网络政治参与：政治冲突的催化剂还是缓冲带》，《党政论坛》2008 年第 4 期。

[196] 郭小安：《网络政治参与和政治稳定》，《理论探索》2008 年第 3 期。

[197] 陶建钟：《网络政治参与的局限及其治理策略选择》，《重庆社会主义学院学报》2008 年第 3 期。

[198] 陶建钟：《组织性：网络政治参与的新趋向——以某艺员杭州受阻事件为例》，《中国青年研究》2005 年第 7 期。

[199] 陶建钟：《网络发展对政治参与的影响》，《社会科学》2002 年第 2 期。

[200] 陶建钟：《网络政治参与的有效性分析》，《中共浙江省委党校学报》2007 年第 6 期。

[201] 陶建钟：《我国网络政治参与的发展条件分析及前景展望》，《学习与实践》2008 年第 5 期。

[202] 齐杏发：《大学生网络政治参与状况实证研究》，《理论与改革》2011 年第 1 期。

[203] 罗迪：《青年网络政治参与与政治稳定》，《中国青年研究》2007 年第 3 期。

[204] 刘远柱：《公民网络政治参与和政府管理创新》，《学习论坛》2008 年第 9 期。

[205] 黄永言、陈成才：《21 世纪网络技术对中国政治参与的影响》，《理论与改革》2001 年第 1 期。

[206] 唐亚林：《网络政治空间与公民政治参与》，《文汇报》2009 年 3 月 17 日。

[207] 盛馨莲：《网络环境下公民参与政策过程的问题与对策》，《东南学术》2007 年第 4 期。

［208］胡同新：《网络政治参与的民主价值透视》，《求实》2005 年第 9 期。

［209］赵春丽：《网络政治参与：协商民主的新形式》，《中共天津市委党校学报》2007 年第 4 期。

［210］朱碧波、尹向阳：《政治心理视角下的网络政治参与》，《云南行政学院学报》2010 年第 2 期。

［211］郑曙村：《互联网给民主带来的机遇与挑战》，《政治学研究》2001 年第 2 期。

［212］陈家刚：《协商民主引论》，《马克思主义与现实》2004 年第 3 期。

［213］卢瑾：《当代西方协商民主理论研究：现状与启示》，《政治学研究》2008 年第 5 期。

［214］周红云：《社会资本：布迪厄、科尔曼和帕特南的比较》，《经济社会体制比较》2003 年第 4 期。

［215］孔凡义：《信任、政治信任与政府治理：全球视野下的比较分析》，《中国行政管理》2009 年第 10 期。

［216］《第 27 次中国互联网络发展状况统计报告》，2011 年 1 月。http：//www. cnnic. net. cn/dtygg/dtgg/201101/P020110119328960l9228. pdf.

［217］中国社会科学数据库，http：//www. cssod. org/search. php?key = CGSS。

后　记

本书是在我的博士论文基础上修订完成的，在书稿即将出版之际，谨向所有关心、帮助和教导过我的人表示衷心的感谢！

感谢我的导师武汉大学政治与公共管理学院的柳新元教授。我的博士论文是在柳老师的悉心指导下完成的，从论文选题、具体研究方案的确定，直到论文定稿无不倾注了导师的心血。导师渊博的学识、严谨的治学精神，以及豁达的人生态度将永远激励着我，成为我学习的楷模。

感谢武汉大学政治与公共管理学院的谭君久教授、张星久教授、储建国教授和虞崇胜教授，在论文写作过程中对论文框架结构和具体内容提出的宝贵建议，感谢武汉大学社会学系的罗教讲教授对论文调查问卷设计和统计分析方法提供的宝贵指导。

感谢博士生期间的同学罗亮、唐斌、时影、曹芳、彭姝、黄华梨、孙龙桦和张敏在学习和生活上的关心与帮助，感谢师弟、室友别红暄在我博士论文写作过程中所提的宝贵建议，和他的每一次交流都让我深受启发、获益匪浅。

感谢武汉大学社会学系社会学专业 2009 级部分本科生，武汉大学政治与公共管理学院政治学与行政学专业 2009 级部分本科生，硕士同学、好友武汉警官职业学院施柳周副教授及其学生，同事、好友仙桃职业学院的杨剑老师及其学生，为论文调查问卷发放和问卷数据录入的辛勤付出。

感谢我的家人的无私支持和深切关爱，使我能够安心学习，顺利完成学业。特别要感谢我的儿子和孩子他妈，因为读博，很少陪他们，常深感内疚。祝愿儿子天天快乐、健康成长，并以此书送给他。

本书是贵州师范大学博士科研启动项目的最终成果，在此也对贵州师范大学有关部门领导的关心与支持表示感谢！

由于水平和资料所限，本书的浅薄和粗糙显而易见，可能还有不少谬误，敬请各位学人批评指正！

罗爱武

2014 年 4 月于贵阳